当代世界经济与我国对外贸易

主　编　马晶梅　赵丽梅　费金龙

哈尔滨工程大学出版社

内容简介

本书分为两篇，共十二章。第一篇为当代世界经济，阐述了世界经济的形成与发展、经济全球化、区域经济一体化、关贸总协定与世界贸易组织、国际贸易与国际投资、国际金融与国际货币体系等内容。该篇内容展示了当代世界经济动态发展的趋势，并对当代世界主要国家的经济发展情况进行了介绍和分析。第二篇为我国对外贸易，主要分析了改革开放以来我国对外贸易发展及其经济贡献、我国对外贸易体制改革及发展战略、引进外国直接投资和对外投资等问题。

本书的编写突出其实用性和适用性，适合经济类尤其是国际经济与贸易专业和国际商务专业学生学习。

图书在版编目(CIP)数据

当代世界经济与我国对外贸易/马晶梅，赵丽梅，费金龙主编.—哈尔滨:哈尔滨工程大学出版社，2012.8

ISBN 978-7-5661-0448-9

Ⅰ.①当… Ⅱ.①马… ②赵… ③费… Ⅲ.①世界经济-关系-对外贸易-研究-中国 Ⅳ.①F11 ②F752

中国版本图书馆 CIP 数据核字(2012)第 218043 号

出版发行 哈尔滨工程大学出版社
社　　址 哈尔滨市南岗区东大直街 124 号
邮政编码 150001
发行电话 0451-82519328
传　　真 0451-82519699
经　　销 新华书店
印　　刷 肇东市一兴印刷有限公司
开　　本 787mm×960mm 1/16
印　　张 16.5
字　　数 338 千字
版　　次 2012 年 8 月第 1 版
印　　次 2012 年 8 月第 1 次印刷
定　　价 39.00 元
http://press.hrbeu.edu.cn
E-mail:heupress@hrbeu.edu.cn

前　言

二战结束以来的半个多世纪中，当代世界经济不断复苏并呈现出崭新的变化。经济全球化使世界成为一个整体，各个国家在新的经济形势下前所未有地相互依赖、彼此影响。然而，不同的经济发展水平又使得不同国家在世界经济中发挥着截然不同的作用。与此同时，大型跨国公司已经从全球范围规划其生产与经营，成为决定世界经济的又一主体，推动着世界经济的不断加速发展。

作为世界上最大的发展中国家，自改革开放以来，我国国民经济快速增长，对外贸易发展迅速，目前已发展成为世界的制造大国和贸易大国，国家的经济实力以及在世界经济中的地位也不断上升。伴随着我国对外开放程度和参与世界市场程度的不断加深，研究各国世界经济发展的特征及规律，学习其他国家在经济发展中的经济管理经验，总结我国在对外开放过程中的成绩和教训，对于进一步探索和研究经济全球化条件下我国对外贸易发展的对策和战略具有重要的理论和现实意义。

本书分为两篇，第一篇为当代世界经济，包括九章。第一章为当代世界经济概述，阐述了世界经济的形成与发展、当代世界经济的主体及运行机制、发展的特点及面临问题；第二章介绍了经济全球化，内容包括经济全球化的含义与动因、表现与特征以及对世界经济贸易的影响；第三章为当代国际贸易与国际贸易体制，阐述了国际贸易的产生与发展以及当代国际贸易的特点；第四章是区域经济一体化，主要介绍了区域经济一体化的含义及形式、动因及作用，以及当前主要的区域经济一体化组织；第五章是关税与贸易总协定与世界贸易组织；第六章介绍了国际投资与国际贸易，内容包括国际投资概述、战后国际投资的特点与原因、国际投资对国际贸易的影响，以及跨国公司与国际贸易；第七章是国际金融与国际货币体系，介绍了国际货币体系、布雷顿森林体系与牙买加体系、国际金融市场、国际资本市场和国际金融机构；第八章和第九章介绍了当代世界主要国家的经济发展情况。第二篇为我国对外贸易，分为三章。第十章阐述了我国对外贸易的历史与发展，内容包括我国对外开放、我国对外贸易的发展、我国引进外资和对外投资的发展、我国对外贸易发展对世界的贡献以及我国对外贸易不平衡问题；第十一章是我国对外贸易体制改革及发展战略；第十二章介绍了世界贸易组织与我国对外贸易，内容包括我国加入世界贸易组织历程、我国加入世界贸易组织的基本承诺以及加入世界贸易组织对我国经济发展的意义。

本书的编写突出其实用性和适用性,适合高等学校经济类,尤其是国际经济与贸易专业学生学习。

本书由哈尔滨理工大学马晶梅、黑龙江工程学院赵丽梅、黑龙江省招生办费金龙主编。各章编写分工具体如下:马晶梅撰写第三章、第四章、第五章、第六章、第十二章;赵丽梅撰写第八章、第九章、第十章、第十一章;费金龙撰写第一章、第二章、第七章。全书最后由马晶梅统一修改、定稿。

本书编写过程中,参考或引用了一些专家学者的论著,在此一并表示感谢。限于作者水平,本书难免有各种不足之处,敬请同行专家和读者提出宝贵的意见和建议。

编　者
2012 年 5 月

目　　录

第一篇　当代世界经济

第一章　当代世界经济概述 ………… 1
第一节　世界经济的形成与发展 ………… 1
第二节　当代世界经济的主体及运行机制 ………… 7
第三节　当代世界经济发展的特点及面临问题 ………… 10
思考题 ………… 14
第二章　经济全球化 ………… 15
第一节　经济全球化的含义与动因 ………… 15
第二节　经济全球化的表现与特征 ………… 17
第三节　经济全球化对世界经济贸易的影响 ………… 22
思考题 ………… 28
第三章　当代国际贸易与国际贸易体制 ………… 30
第一节　国际贸易概述 ………… 30
第二节　国际贸易的产生与发展 ………… 45
第三节　当代国际贸易的特点 ………… 52
思考题 ………… 56
第四章　区域经济一体化 ………… 57
第一节　区域经济一体化的含义及形式 ………… 57
第二节　区域经济一体化的动因及作用 ………… 61
第三节　当前主要的区域经济一体化组织 ………… 68
思考题 ………… 89
第五章　关税与贸易总协定与世界贸易组织 ………… 90
第一节　关税与贸易总协定 ………… 90
第二节　世界贸易组织 ………… 96

思考题 …… 107
第六章 国际投资与国际贸易 …… 108
第一节 国际投资概述 …… 108
第二节 战后国际投资的特点与原因 …… 113
第三节 国际投资对国际贸易的影响 …… 117
第四节 跨国公司与国际贸易 …… 119
思考题 …… 134
第七章 国际金融与国际货币体系 …… 135
第一节 国际货币体系 …… 135
第二节 布雷顿森林体系与牙买加体系 …… 139
第二节 国际金融市场 …… 144
第三节 国际资本市场 …… 155
第四节 国际金融机构 …… 160
思考题 …… 164
第八章 当代世界主要国家经济(上) …… 165
第一节 发达资本主义国家的经济 …… 165
第二节 美国 …… 170
第三节 日本 …… 174
第四节 德国 …… 178
第五节 法国 …… 180
第六节 英国 …… 182
思考题 …… 184
第九章 当代世界主要国家经济(下) …… 185
第一节 当代世界发展中国家的经济发展 …… 185
第二节 印度 …… 189
第三节 韩国 …… 191
第四节 新加坡 …… 193
第五节 俄罗斯 …… 195
思考题 …… 197

第二篇　我国对外贸易

第十章　我国对外贸易的历史与发展 …… 198

第一节　我国对外开放概述 …… 198

第二节　我国对外贸易的发展 …… 201

第三节　我国引进外资和对外投资的发展 …… 206

第四节　我国对外贸易发展对世界的贡献 …… 215

第五节　我国对外贸易不平衡问题 …… 216

思考题 …… 219

第十一章　我国对外贸易体制改革及发展战略 …… 220

第一节　我国外贸体制改革 …… 220

第二节　我国对外贸易发展战略 …… 228

思考题 …… 239

第十二章　世界贸易组织与我国对外贸易 …… 241

第一节　我国加入世界贸易组织历程 …… 241

第二节　我国加入世界贸易组织的基本承诺 …… 243

第三节　加入世界贸易组织对我国经济发展的意义 …… 249

思考题 …… 253

参考文献 …… 254

第一篇　当代世界经济

世界经济，是社会生产力发展到一定历史阶段的产物。它是世界各国和地区在经济相互联系中所形成的一定国际生产关系的统一体。各国、各地区的国民经济是世界经济的基础，反过来，世界经济状况会对各国、各地区的经济发展产生巨大影响。但世界经济并不是各个国家和地区经济的简单总和，而是通过国际分工、国际贸易、金融往来、技术和劳动力流动等经济活动而形成的一个既互相依赖又矛盾斗争的有机整体。资本主义生产方式产生之前，生产力水平低下，不存在国际分工和世界市场，也就不可能形成世界经济。随着资本主义生产方式的确立，以国际分工为基础的各国间商品交换和世界市场随之出现。19世纪末20世纪初，经济活动进一步国际化，国际分工和世界市场向纵深发展，世界经济形成了。第二次世界大战后，世界经济进入了一个迅猛发展的崭新阶段，特别是在新科技革命的推动下，世界范围内的生产、贸易、金融和国际投资迅速发展，经济结构调整和经济体制改革方兴未艾。与此同时，世界经济格局不断趋向多极化，各国间在经济领域的相互依存不断加深，经济全球化迅速发展，国际经济竞争日趋激烈。然而，20世纪90年代以来，人口、粮食、能源、水资源、生态环境等一些全球性经济问题仍然十分突出，发达国家与发展中国家的经济发展严重不平衡，南北差距进一步扩大。促进世界经济的发展，仍然需要世界各国的共同努力。无论生产力的发展，还是经济体制的改革和国际经济关系的变化，都有重大突破。

第一章　当代世界经济概述

第一节　世界经济的形成与发展

一、世界经济的形成

世界经济的形成大体经历了以下三个历史阶段。

1. 萌芽时期（15世纪末—18世纪中后期）

15世纪末16世纪初的“地理大发现”为世界市场的形成准备好了地理上的条件。社会分工开始具有国际性质,形成了最初的世界市场。资本主义萌芽、地理大发现和重商主义使西欧跨洋贸易有了发展,形成了以西欧为中心的商品国际化。然而,这一时期的商品国际交换基本上还未成为各国再生产过程的必要环节。这时的国际分工还不是真正意义上的国际分工,而是宗主国与殖民地之间带有强制性的特殊分工。

2. 初步形成时期(18 世纪 60 年代—19 世纪 70 年代)

这一时期世界经济的形成,是在机器大工业的基础上以国际分工体系的建立和世界市场的形成为主要标志的。从 18 世纪 60 年代起,以英国为首兴起的工业革命推动了商品国际化,使国际贸易发展为资本主义再生产过程的必要条件。与此同时,国际金本位制度出现,资本主义国家的经济危机开始具有世界性和同步性。

3. 最终形成时期(19 世纪 70 年代—20 世纪初)

从 19 世纪 70 年代开始的第二次科技革命促成了世界经济的最终形成。资本主义由自由竞争走向垄断,工业资本集中,银行资本集中,银行业与工业中的垄断资本互相渗透和结合,形成所谓的金融资本。各国垄断组织聚敛起来巨额资本,但国内投资场所不足,转向海外追逐利润,即资本输出,使资本主义的生产方式扩展到整个世界,资本国际化逐步形成并发展,世界经济基本形成。其主要体现为国际分工进一步深化、世界市场的范围进一步扩大以及世界市场的内涵更为广泛。

二、战后世界经济的发展

第二次世界大战后,世界经济发生了前所未有的变化,国际分工日益由纵向的垂直依附型向横向的相互依存发展。世界各大国或大国集团之间的经济实力此消彼长,由此构成的支配世界经济的权力分配状况也相应变动,经历了从一国独霸到多种力量并存竞争的演变过程。

(一)战后初期美国独霸世界经济领域

战后初期,美国的经济霸权是在第二次世界大战中逐步确立的。战前,欧洲国家凭借先进的工业、技术和雄厚的经济实力,以殖民统治和海外贸易为手段,建立了以欧洲为中心、世界其他地区为外围的世界经济体系。尽管 19 世纪末以后,由于美国和日本资本主义经济的发展,欧洲中心受到挑战,但直至第二次世界大战爆发,其经济中心地位仍未改变。第二次世界大战不仅中断了世界经济的正常发展,而且造成了巨大的破坏,以前所未有的力量冲击了欧洲的世界中心地位,使原有的世界经济体系发生了深刻的变化。战争结束时,德国、意大利、日本这些战败国几乎成了一片废墟,战胜国中的英国、法国也是遍体鳞伤。唯独美国在战争中大大膨胀起来,远离战场使它没有像其他国家那样遭受战火的破坏,战时《租借法案》的实施为它的军火生产和过剩的农产品打开了销路。战时美国的工业生产能力提高了 1.2 倍,实物出口量增加了 2 倍,进口增加了 20%,资本输出增加了 34.1%。到 1945 年,美国独占资本主义世界工业产量的 60%,占对外贸易的 32.5% 以及黄金储备总量的59%。

这种压倒性优势,为美国争夺世界经济霸权提供了物质基础,使美国得以按照自己的设想构筑战后世界经济体系。

1. 在国际金融领域,建立了以美元为中心的国际货币体系

1944年7月,在美国的新罕布什尔州布雷顿森林召开了有44国参加的国际货币金融会议,通过了《联合国货币金融会议的最后协定书》及《国际货币基金组织协定》《国际复兴开发银行协定》两个附件(总称"布雷顿森林协定")。1945年底,在华盛顿成立了国际货币基金组织(IMF)和国际复兴开发银行(IBRD,即世界银行WB)。"布雷顿森林协定"建立的以美元为中心的货币体系,实际上是一种国际金汇兑本位制,主要包含两个基本要素,一个是美元与黄金的自由兑换,另一个是美元及其他货币的固定汇率制。这就意味着美元成了主要的国际储备货币,可以替代黄金作为国际支付手段,确立了美元在战后资本主义世界金融领域的中心地位。由于国际货币基金组织和国际复兴开发银行两个组织内部均实行按缴纳资金的份额多少决定各国投票权力大小的原则,美国凭借资金优势掌握了相当的投票权,从而保证了对这两个金融机构的控制。

2. 在国际贸易领域,美国积极倡导和推动贸易自由化

1947年,筹组了一个多边性的"关税及贸易总协定"(GATT,简称关贸总协定),主张大幅度削减关税及其他贸易障碍,取消国际贸易中的歧视待遇,目的是大量输出美国商品,抢占国际市场。关贸总协定为战后美国的对外经济扩张提供了便利,在客观上对推动国际贸易和世界经济的发展也起到了一定的作用。它作为布雷顿森林会议的补充,连同"布雷顿森林协定",被统称为"布雷顿森林体系",即以外汇自由化、资本自由化和贸易自由化为主要内容的多边经济体制,是美国制定的实现其经济霸权的体制。

对西欧和日本等资本主义国家,美国采取了扶植的政策。1947年6月5日,美国国务卿马歇尔提出了"复兴欧洲计划",后来被人们称为"马歇尔计划"。到1952年6月,美国通过"马歇尔计划"共向西欧拨款1 315亿美元,其中贷款约1/10,其余部分为赠予,这对西欧经济的恢复起到了显著的促进作用。对日本,1949年美国为其制定了经济复兴的"道奇路线",在"占领地区救济基金"和"占领地区经济复兴基金"的名义下,向日本提供了大量贷款和援助,同时迫使日本在经济上对美国开放,为美国控制日本提供了基础。

对亚非拉民族独立国家,美国则采取新殖民主义的手法。1949年1月20日,杜鲁门在其第二届就职演说中提出了援助和开发落后地区的"第四点计划",通过对亚非拉的经济渗透,扩大美国的经济影响。

对社会主义国家,美国则实行经济、技术封锁,遏制社会主义国家的发展。第二次世界大战后,社会主义从一国发展到多国,形成了一个以前苏联为首的社会主义阵营。受战后初期美苏两国国家利益和意识形态对立的影响,前苏联等社会主义国家没有参加国际货币基金组织、国际复兴开发银行和关贸总协定,拒绝了美国的贷款和"马歇尔计划";采取了针

锋相对的措施,在社会主义国家内部签订贸易协定和双边条约,并在1949年初成立了"经济互助委员会"(简称"经互会")。美国早在1947年就宣布对社会主义国家实行战略物资禁运。1949年11月,美国又操纵英、法、意等15个西方国家成立了"巴黎统筹委员会"(简称"巴统"),严格控制向社会主义国家的出口,导致了东西方经济关系的隔绝。

在相对稳定的国际经济环境中,科技革命的发展进一步加快了劳动生产率的提高,各国经济迎来了20世纪五六十年代高速增长的"黄金时代",其持续时间之长,范围之广,增长速度之快,都是世界经济史上前所未有的。尽管世界各类国家各自的条件和状况不同,但国民经济都得到了较快的增长。根据世界银行的统计,从1955年到1970年,全世界年平均国民生产总值的增长率高达5.1%。

(二)20世纪70年代后世界经济向多极化方向转变

进入20世纪70年代,世界经济的发展发生了巨大的转折,进入了一个低速发展和激烈动荡的新阶段。造成这种变化有以下几个原因。

1. 国际金融体系在20世纪70年代初受到了巨大冲击

美国的国际收支状况从20世纪50年代后期开始不断恶化,多次引起抛售美元、抢购黄金的浪潮,爆发美元危机。尼克松政府于1971年12月和1973年3月,两次宣布美元贬值,各西方国家货币对美元的关系由固定汇率制转为浮动汇率制,标志着"布雷顿森林体系"的瓦解。然而,在这一体系瓦解之后,又无法建立一个新的、相对稳定和统一的体系来替代它,货币汇率剧烈动荡,国际贸易和国际收支严重不平衡,国际经济环境趋于恶化。

2. 发展中国家石油斗争引发的能源危机

1973年10月,在第四次中东战争期间,阿拉伯石油输出国以石油为武器,打击以色列和支持以色列的国家。它们不仅减少石油生产,对一些国家实行禁运,而且大幅度提高油价,从原来的每桶3.01美元提高到11.65美元,对各国经济,特别是发达资本主义国家经济形成巨大冲击,同时带动了一系列原料生产国组织的建立,从而打乱了国际贸易旧有的价格体系,影响了国际贸易的实际增长速度。

3. 发达资本主义国家国内经济状况发生较大变化

长期推行的凯恩斯主义经济政策使资本主义国家连年出现庞大的财政赤字,刺激经济增长的各种国家垄断资本主义的措施开始带来日益增大的消极作用。发达国家逐渐陷入了经济增长缓慢而通货膨胀、失业严重的困境。1973年爆发了战后最严重的一次经济危机,美国的工业生产持续下降16个月,降幅达15.1%;日本的工业生产也持续下降16个月,降幅达19.3%;西欧国家中以英国的危机持续时间最长,达27个月;这次危机对其他国家经济的影响也都比战后的历次危机严重。

在上述因素的作用下,战后经济高速增长的黄金时代结束了。在20世纪六七十年代,美国的经济增长率一直慢于大多数西方国家,欧洲和日本等发达国家的经济实力发生了不利于美国的变化。如按贸易量计算,20世纪60年代,美国的出口年均增长速度为5.9%,远远落后于日本的17.3%和联邦德国的8.8%。1960年,美国、欧共体和日本各占世界出口总额的16.2%,23.6%和3.2%。到1970年,美国的比重下降到13.8%,欧共体、日本则上升为28.6%和6.2%。美日欧三方经济发展水平呈现均衡化,原有的一国独霸的局面开始向三足鼎立的局面过渡。20世纪70年代后,美日欧在贸易、金融、投资领域的矛盾和斗争日益尖锐突出。美国处于被动地位,面临西欧、日本的强劲挑战,1971年,美国首次出现贸易逆差,此后除个别年份外,赤字一直居高不下。1985年,外国拥有的美国资产超过了美国拥有的外国资产,美国从最大的债权国变成了最大的债务国。美国经济霸权逐渐丧失,而西欧和日本经济实力大大增强。美国、欧洲共同体(EC,简称"欧共体")、日本三足鼎立的局面日益明显,世界经济开始向多极化方向演变。

由于发展中国家与发达国家有着密切的经济关系,发达国家20世纪70年代的经济停滞也对发展中国家产生了不利的影响。大多数发展中国家都面临着严重的通货膨胀、沉重的债务负担和日益恶化的国际经济环境等不利条件,加之一些国家经济政策的失误,许多发展中国家经济发展缓慢,只有少数经济体崛起成为引人注目的新兴工业化国家和地区,成为战后世界经济的重要力量。

这一时期,苏联东欧各社会主义国家经济相继出现停滞下滑,经济体制中普遍采用的苏联模式的弊端逐渐暴露出来。20世纪70年代末之前,苏联东欧各国都进行了不同程度的改革,但是未能从根本上触动传统的计划经济体制的深层次问题,没有对本国的经济全局产生明显效果。

1982年以后,资本主义国家经济开始回升,但增长速度不高。在世界经济不稳定、增长速度减缓的大背景下,各种不同类型的国家普遍进行了带有根本、转折性质的经济调整与改革,构成了20世纪80年代世界经济的主旋律。发达国家进行了产业结构调整并使之高级化,发展中国家则在调整宏观经济政策的同时,更着眼于对经济体制和经济发展战略的调整。中国从1978年开始实行对外开放的经济政策,开创了社会主义国家发展市场经济的探索。苏联东欧国家则由于指导思想发生偏离,导致对社会主义经济的改革演化成为由社会主义向资本主义私有化的全面过渡。上述调整的不同结果,促使世界经济进一步发生变化。

(三)新科技革命产生深远影响

科学技术进步是世界经济发展的主要动力。历史表明,科技进步不仅为人类认识自然、利用自然、改造自然提供了有利的手段,而且改变了各国实力对比,推动国际关系乃至人类历史的变动和演化。一般认为,人类社会自资本主义时期以来,已发生了三次重大的科学技术革命。第一次科技革命发生于18世纪下半叶,以蒸汽机的发明和广泛应用为主要标志,它导致了近代机器制造业的蓬勃兴起,使工场手工业进化为机器大工业,引起了社会生产力的飞跃发展。19世纪下半叶,发生了第二次科技革命,以电力的广泛应用为主要标志,使生产社会化程度大大提高,国际经济联系迅速扩大。第二次世界大战后,原子能技术、电子计算机、合成材料、宇航技术相继出现,人类社会迎来了第三次科技革命,它在深度和广度上都超过了前两次,成为推动半个世纪世界经济增长的基本因素,科学技术的第一生产力的作用表现得格外突出。进入20世纪70年代,第三次科技革命掀起了新的高潮,它以信息技术、生物工程、新能源、新材料为主要内容,大规模地向多层次的应用领域推进,对世界经济乃至国际关系产生了深刻的影响。

在新科技革命的推动下,各国经济增长方式由"外延式"向"内涵式"转化,追求数量和速度的增长方式将让位于追求质量和效益的增长方式。对自然资源的依赖程度相对减少,而对科学技术、信息和人的素质的依赖大大加强。目前西方发达国家的经济增长中,科学技术所起的作用在70%左右,这才是能保证经济持续增长的具有高度竞争力的现代化经济。新科技革命还引发了世界性的产业结构调整,产业因技术水平高低不同,从高科技的知识和信息密集型产业,到资本密集型产业,再到劳动密集型产业,依次从发达国家向新兴工业化国家和地区以及发展中国家转移,形成新的国际分工格局。在新科技革命的推动下,各国的经济联系和协作关系更加紧密,为国际交往提供了前所未有的高效率信息载体,为全球性世界市场的形成提供了技术手段,经济全球化趋势进一步加强。与此同时,新科技革命加剧了国际经济竞争。各国均认识到科技进步在整个经济发展中的关键地位,发达国家、新兴工业化国家和地区,以及部分发展中国家,都把未来寄托在科技上,增加对科技教育的投资,制定雄心勃勃的发展高科技的计划,力争在围绕高科技的新一轮角逐中占据领先地位。科学技术成为国家间综合国力较量的核心。

由于信息技术和信息产业在这次新科技革命中的"火车头"作用,新科技革命也被称为信息革命。信息技术是一种基础技术,它不仅可以使用于经济的各个领域,而且可以应用于企业经营的各个环节,它在对其他产业的生产和销售产生革命性影响的同时,又源源不断地推出各种各样的新产品。信息技术是一种知识产品,它消耗的自然资源少,可以反复使用,而且使用的次数越多获利越多。信息技术还是一门年轻的技术,待开发的潜力巨大,在信息时代所要着重开发的是对知识的理解和运用的能力,而这一点是没有止境的。因此,有人评价说,电子计算机的问世同蒸汽机的发明一样,对人类来说具有划时代的意义。20世纪90年代中期以来,信息技术革命的最新进展是全球互联网的迅速普及。据统计,1996年全球互联网用户为3 000万,2000年就突破了3亿。随着网络技术日益丰富和提高,全新的信息网络产业异军突起。电子商务的迅速蔓延使世界经济的运行模式发生深刻变革,成为世界经济新的增长点。

与此同时,生物工程技术的突破性进展同样引人注目。早在1953年DNA分子双螺旋结构的发现,就标志着生物经济的开始。1997年,克隆羊多莉诞生,在全球范围引发了有关克隆技术的激烈争论。2000年6月,人类基因组序列的工作框架图绘制完毕;2003年4月,人类基因组序列的完成图正式发表。这是生物工程技术发展的里程碑。生物工程技术因此被视为将在21世纪取代信息技术主导世界经济的又一力量。但是,生物技术的突飞猛进也引起围绕转基因产品和基因资源的激烈争论和冲突，由此可能导致的伦理道德问题和法律难题也给国际社会带来了挑战。

基于高新科技在当前世界经济中的重要地位，一些权威机构在20世纪90年代开始提出“知识经济”这一全新概念，认为知识经济正在替代工业经济，21世纪是知识经济时代。知识经济是以知识为基础的经济，建立在知识的生产、分配和使用（消费）之上，其主要特征是产业结构进一步高级化，知识密集型产业在国内生产总值中的比重越来越大。在知识经济时代，资源配置以智力资源（包括科学技术及其一切成果和信息）为第一要素，对智力资源的占有比工业经济中对自然资源的占有更为重要。但是，知识毕竟不能完全代替物质，农业生产和工业生产等物质生产活动，仍然是人类赖以生存和发展的基础。如今知识经济只是初见端倪，它对世界经济和整个人类社会的影响会在未来逐步表现出来。

第二节　当代世界经济的主体及运行机制

世界经济是一个由各个国家、各区域性经济集团、各企业单位、商业与金融机构等相互联系、相互制约而形成的统一体。正是主权国家和由跨国公司、国际组织、国家集团等组成的非国家主体通过国际分工、贸易、金融等纽带建立起来的各种经济关系，构成了当代世界经济体系的主要内容，推动着世界经济的运行。

一、世界各国相互依存和竞争

世界经济的发展总是力图冲破民族国家的疆界，把各国经济融合为一个有机整体，但这并不意味着世界经济的各个组成部分将变成性质单一、结构相同的无差别经济。实际上，迄今为止，主权国家依然是世界经济运行的基本主体。世界上有200多个主权国家，按经济发展水平划分，大体可以分为发达国家和发展中国家。

目前，发达国家的经济规模已经达到相当高的水平，在当今世界经济中占据绝对优势，处在由工业社会向后工业社会的过渡之中。发展中国家作为一个整体经过不懈努力，战后经济取得了可喜的成就，成为当代世界经济中的一支不可忽视的力量。据统计，1950年至1980年间，发展中国家在世界国民生产总值中的比重，从9.1%提高到16.5%。20世纪80年代，发展中国家普遍陷入严重困难和危机，被称作“失去的十年”。这种状况迫使发展中国家进行调整与改革，亚非拉不同地区和国家开始走上不同的道路。被誉为“亚洲四小龙”的新加坡、韩国、中国香港和中国台湾等抓住了发达国家经济结构调整的时机，积极引进发达国家的资金、技术和先进的经验，大力发展外向型经济，推进出口贸易，促进了经济的迅速发展。它们被称作新兴工业化国家和地区，其发展程度处于从发展中国家向发达国家水平过渡的阶段。与此相对应，主要分布在撒哈拉以南地区和南亚地区的40多个国家经济长期停滞,贫困现象进一步恶化,与其他国家的差距继续拉大,被划入最不发达国家行列。因此,就经济发展水平而言,发展中国家内部已经分化为不同类型。冷战结束后,各类发展中国家均迎来了经济的回升,亚非拉都涌现了一些新的增长点。这一时期,苏联和东欧国家的经济,处在从原来的以公有制经济为基础的计划经济体制向以私有化为基础的市场经济体制转变的过渡中,有的国家已摆脱危机,实现稳定发展,有的则有了回升迹象,有的仍未完全摆脱转型危机,构成转型国家经济,成为世界经济自20世纪90年代以后出现的一类新的主体。

总体来看,不同发展水平国家之间经济实力的消长关系构成了世界经济格局变化的基础,决定着世界经济发展的方向。虽然从长期发展来看,发展中国家以及转型国家的整体实力呈上升趋势,但发达国家的优势地位在很长一段时间内不会发生动摇。当代世界经济,在很大程度上仍是由发达资本主义国家主导的。

二、跨国公司是世界经济中重要的非国家主体

二战后,在新科技革命的推动下,跨国公司迎来了蓬勃发展的黄金时代。据统计,目前跨国公司的生产总值约占世界总产值的40%,世界贸易占50%,工业研究占80%,生产技术占90%,左右着世界技术转让的3/4以及对发展中国家技术贸易的90%,跨国公司在国际经济活动中的主体地位日益显著。

之所以出现如此迅猛的发展,原因在于跨国公司的优势非常明显。它资本雄厚,科技开发水平先进,生产和销售网络遍及世界各地,并且拥有良好的信誉。设立在海外的分公司,一方面接受母公司的管理,另一方面又是东道国经济的重要组成部分,在一定程度上与当地经济结合。因此,作为跨国的资源配置者,打破了经济发展的民族国家界限,把国外市场变成国内市场的自然延伸,从而把各国经济直接联系起来。就其影响来看,跨国公司推动了国际分工的深化,促进了产业结构的调整,弥补了东道国的资金不足,加速了先进技术的转移传播,有利于各国经济和世界经济的发展。

跨国公司的是各国对外直接投资的主体。其投资主要动因包括降低生产成本、占领国际市场、避开关税壁垒、获取规模经济效益等。20世纪90年代中期以后,国际直接投资出现了新一轮的高潮,西方发达国家仍然是世界上主要的对外投资国,其中,美、德、日、英、法五个最大的对外投资国占了世界对外投资总量的2/3。与此同时,由于发达国家投资风险小,市场容量大,吸引了约全世界四分之三的直接投资额,而投向发展中国家的资本大部分又投向了新兴工业国家和地区。

三、国际贸易是世界经济增长的动力

贸易是各国间最古老、最重要的经济联系。国际贸易是指国际间商品、劳务、技术、管理及其他知识所有权方面的交换关系的总和,由世界各国的对外贸易构成。第二次世界大

战以后,各国经济生活日益国际化,商品和劳务等越来越多靠世界市场来实现。参与的国家和交换的种类急剧增加,尤其是服务贸易和高新技术产品贸易蓬勃兴起。世界贸易的广度、深度和规模,都达到了前所未有的水平。其增长速度,不仅超过了世界贸易史上任何一个时期,而且快于整个世界经济的增长速度,成为世界经济增长的强大推动力。20 世纪 90 年代后,世界范围的信息革命促成了贸易手段的革命,电子化、数字化、网络化技术已成为当今世界贸易常用的手段和方式。并且,近年来国际贸易的年均增长率一直远高于世界各国国民生产总值年均增长率,这充分表明世界贸易高速增长的态势,极大地推动了世界经济一体化的进程。

四、国际金融是世界经济运行的核心

金融业由银行、保险公司、财务公司、投资公司、证券公司等金融机构组成。所谓国际金融,就是资金在国际范围内融通,即金融机构通过债券、股票和外汇等金融工具经营货币资金,实现巨额货币资金的转移运动,支持各国发展中的资金需求,提高全球资金的利用效率。从表现上看,国际金融过程就是国际资本流动。据统计,当今国际资本的交易额每日超过 2 万亿美元,遍布全球的国际金融网,维系着世界经济的运转。金融因此被称作现代市场经济运行的核心。国际货币基金组织和世界银行是国际金融领域最具权威性的机构,在稳定国际金融秩序、监督各成员国货币金融政策、推动国际金融合作、协调金融矛盾等方面发挥着不可替代的作用。

战后的国际金融格局经历了从单极转向多极的深刻变化。初期,各国忙于解决国内经济问题,只有美国以低息贷款为其盟国提供援助,以营利为目的的国际资本流动数量比较少。国际金融活动的整体水平很低,美元基本上是唯一的国际货币,占据了国际金融霸主的地位。到了 20 世纪 50 年代末 60 年代初,随着战后经济复兴的完成,西方主要资本主义国家先后取消了外汇管制,实行多边支付,金融市场的开放程度大大提高。各国利率水平的差异使私人资本在国际金融市场上为套汇套利而大规模流动,不可避免地加剧了各国政府之间为争夺黄金储备、限制资本流动而展开“货币战”,并最终导致以固定汇率制度为核心的布雷顿森林体系的崩溃。受此影响,国际货币关系动荡,汇率波动剧烈,全球国际收支失衡现象严重,改革世界货币体系成了国际金融领域的中心问题。1976 年《牙买加协定》后逐渐形成的新的国际货币体系,其最重要的特征就是浮动汇率合法化。日元、马克等货币加入了国际货币的行列,国际货币格局呈现多元化的局面。1999 年欧元启动后,作为国际储备和结算支付手段的地位逐步上升,对世界金融关系产生了重要影响。

迄今为止,国际金融是世界经济中一体化程度最高的领域。科技的进步、生产的社会化和国际化程度的提高,使发达国家出现了生产过剩和资本过剩,它们迫切需要寻找国外市场和投资机会,首先需要一个完善的金融市场为自己提供筹资和投资服务,从而带动了国际金融市场的活跃。而世界通信技术和电子网络技术的发展,为金融一体化提供了物质技术基础。世界各个金融机构和金融市场通过电脑、电话、电报、电传等方式连成一体，国际间的资金结算划拨程序简化，成本大大降低。在此背景下，各国、各地区的金融政策、金融业务也越来越超越一国界限，变成一种国际性的政策行动，各中央银行往往在货币政策、汇率政策、国际收支的调节政策等管理方面采取一致行动。总体上看，金融一体化促进了生产国际化和资本国际化，推动了国际投资的发展，使一国的经济规模不完全受制于本国的国内储蓄和资金积累，为新兴工业化国家和地区实现经济起飞创造了有利条件。但另一方面，市场的多变使国际金融业务的风险不断加大，如不及时有效地防范和化解，就会爆发极具破坏性的金融危机。

五、世界经济的协调机制是当今世界经济运行的重要内容

世界经济协调，是指两个以上国家为了解决涉及当事国各方利益的世界经济领域的问题与矛盾，通过某种形式的协商，采取共同干预行动的行为。战后，国际贸易的日益频繁，国际金融联系的日益密切，资本、劳务的大规模跨国流动，使世界经济越来越成为一个统一的有机整体。然而，在主权国家仍然是国际社会主要行为主体的今天，国家利益仍然是国际关系行为的基本动因。各国追求的目标、要求和利益大不相同。不同的国家利益必然导致国与国之间的经济摩擦和矛盾。各国经济联系越密切，彼此间发生矛盾和冲突的机会就越多。为了避免这种矛盾发展到激烈对抗的地步，避免由于一国经济危机或政策失误对别国造成不利影响，就产生了加强协调与合作的共同要求。有关国家或国际机构为实现世界经济的稳定，对国际经济活动进行联合磋商和调节，由此逐步建立并完善的国际组织和国际会议，以及大量国际规则、国际惯例，一起构成当今世界经济的协调机制。

国际货币基金组织、世界银行、关贸总协定以及后来的世界贸易组织等世界性经济组织和机构是战后初期世界经济秩序的维护者。这些全球组织作为各国共同利益的代表，是多边协调的最高层次，其成果具有全球适用性。此外，地区层次的区域化经济集团在区域内开展广泛的经济合作和协调，国别层次的两国或多国之间不定期的贸易谈判或定期的协商制度，作为各国经常采用的协调方式，促进了世界经济的协调发展。

第三节　当代世界经济发展的特点及面临问题

一、世界经济发展不平衡加剧

发展不平衡是世界经济的基本规律。“不平衡”既是指发展速度上的差距，又指发展水平、经济实力的差距。世界经济发展不平衡的重要表现是最先进的国家发展迟缓，而后进国家可以利用“后发优势”赶上甚至超过先进国家，打破原有的均势。当前世界经济不平衡

规律作用的范围更广,也更为复杂,主要表现在三个方面。

1. 发达资本主义国家之间的经济不平衡

从战后到20世纪80年代,资本主义内部发展不平衡造成美日欧实力对比趋向均衡化,其总体趋势是:战后初期,美国的经济实力不断相对减弱,西欧、日本的经济实力不断相对增强,三者之间差距逐渐缩小,形成了三足鼎立的世界经济体制。然而,伴随着西方国家经济增长方式从单纯追求经济规模和数量向提高效益和质量转变,不平衡发展有了新的变化。美国科技基础雄厚,高科技占有优势,率先从工业经济走向信息经济。20世纪90年代初,美国最先走出西方周期性经济危机,经济增长率同欧日相比居于领先地位,产业结构优于欧日,失业率低,重新夺回国际竞争力,总体实力转向加强。日本和欧盟国家则因内部困难较多,经济调整进展相对缓慢。这表明资本主义国家的经济不平衡问题更为复杂化。

2. 发展中国家与发达国家的经济不平衡

战后大部分时间里,南北不平衡突出反映在南北贫富差距的进一步拉大。20世纪80年代以前,作为整体的发展中国家的经济平均增长率高于发达国家,但因其人口增长率过高,按人均产值衡量,差距并未缩小。20世纪80年代许多发展中国家陷入危机,南北差距明显扩大。据统计,1960年,发达国家的人均收入是发展中国家的30倍,1990年这一差距扩大到60倍。20世纪90年代,世界经济的增长有70%是由发展中国家贡献的。东亚、拉美国家总体保持较快增长,非洲部分国家20世纪90年代中期后持续好转。西方国家为此积极调整对发展中国家的政策,以开拓新的贸易和投资机会。虽然南北总体差距依然很大,但发展中国家中那些在经济政治改革和社会进步方面取得了显著进展的佼佼者,它们的“后发优势”一旦得到发挥,将会对西方的优势产生强有力的挑战。这是不平衡规律带来的一个有着重大意义的变化趋势。

3. 发展中国家之间的经济不平衡

最引人注目的是各发展中国家和地区之间增长差距十分悬殊,尤其是20世纪80年代,既是整个发展中国家“失去的十年”,也是南南差距明显扩大的十年。亚洲特别是东亚地区遥遥领先,而其他地区的经济增长则仅相当于或赶不上人口的增长。世界银行按人均国民生产总值计算,拉美和非洲经济都有所倒退。即使在同一个地区,那些政局稳定、经济政策符合实际的,脱颖而出成为新兴工业化国家和地区;而那些国内政治不稳定、经济措施混乱、自然灾害频繁的,经济发展则非常缓慢甚至停滞不前,沦为最不发达国家。进入21世纪,各发展中国家和地区经济增长差距虽在缩小,但发展中国家内部因不平衡而造成的两极分化的基本趋势不会改变。

正是在上述三方面的不平衡的作用下,各国实力对比发生变化,其结果是大国力量逐步均衡化,世界经济格局向多极化转变。另一方面,世界经济形势也由于不平衡规律的作用而更加错综复杂和动荡不安。美日欧为争夺世界市场掀起新贸易保护主义,西西矛盾激化。发展中国家分化,对南南合作产生不利影响。新兴工业化国家在成功地缩小与先进国家的差距的同时,面临更加激烈的市场竞争和规则之争。最不发达国家和地区的长期贫困化,阻碍了世界经济的整体繁荣,消除贫困是国际社会面临的艰巨而迫切的任务。由此可见,地区之间和国家之间不平衡的加剧,是21世纪世界经济发展中所必须重视的问题。

二、国际金融市场动荡频繁

布雷顿森林体系崩溃后,各国纷纷以浮动汇率制取代固定汇率制,此后国际金融市场动荡时有发生。1978年10月,美元对其他主要西方货币汇价暴跌,引起整个西方货币金融市场的混乱。1987年10月"黑色星期一"的股市狂泄再次显示金融市场的脆弱性。20世纪90年代后国际金融市场动荡更加频繁,且破坏性日益扩大。1994年12月,爆发了墨西哥金融危机,墨西哥中央银行的外汇储备几乎在一夜间骤减为零,而外债高达1830亿美元,国家濒临破产,殃及其他拉美国家,并引发全球美元危机。1995年2月,英国著名的巴林银行因一名交易员的投机失败而倒闭,并引起欧洲、日本金融市场的恐慌。同年上半年,欧洲货币体系因意大利里拉、西班牙比索、瑞典克朗的急剧贬值几近崩溃,美元对日元和马克的汇率降到历史最低点。1997年7月泰国爆发金融危机,并很快席卷东亚,波及全球,造成的绝对损失量超过世界历史上任何一次经济危机。货币贬值使菲律宾、马来西亚和印尼的中产阶级的财政预算分别下降了50%,61%和37.7%,股市暴跌使香港、新加坡和泰国三地居民的资产分别下降了44%,43%和41%。世界第11大经济实体——韩国在货币贬值中损失了一半的国民生产总值,日本接二连三地倒闭数十亿美元资产的巨型银行和证券公司。甚至到了1998年,东亚金融风暴的余波仍在全球股市汇市肆虐横行。2007年8月,源起美国"零首付"买房政策的美国次贷危机席卷美国、欧盟和日本等世界主要金融市场,引发了全球性的金融危机,使得世界经济面临巨大压力和挑战。

之所以会发生金融危机,是由于在一个经济全球化的时代,各国间的经济合作、市场开拓、贸易往来、技术开发等,日益严重依赖于国际资本流通、国际资金融通和国际金融服务的支持和保障。但金融市场的运作已脱离了物质生产和国际贸易活动而独立存在。当大量国际资本投向金融市场,必然带来金融业的极度膨胀,从而对东道国的货币政策、银行系统和金融监督机制乃至宏观经济调控能力形成巨大压力。一旦东道国经济体系存在漏洞且处理不当,受到数额巨大的短期资本的冲击,便会在短时间内酿成金融危机。再加之金融市场的透明度和迅捷的传播速度,金融风险的多米诺骨牌效应与日俱增,一国的金融危机可能引发其他国家甚至全球的金融动荡。

然而,金融危机的出现往往是经济出现问题的表现。例如,1997年东亚金融危机的根本原因在于这些国家的经济体制中的结构性失调,如金融监管体系不健全,房地产过热引起呆账、坏账,经常项目赤字过高,国际收支不平衡,等等。一般而言,发达国家的金融业已进入成熟期,它们资金充裕,技术设备发达,经营管理老练,防范金融风险能力较强。而发展中国家"赶超型"的增长方式本身就存在明显的结构性缺陷,金融业更是起步迟,规模小,监管体系脆弱,过早开放金融市场不但不能促进经济增长,反而可能招致金融危机。因此,对发展中国家来说,应在建立完善的金融体系和风险预警机制的基础上,加强国际金融合作,循序渐进地开放金融市场。在经济全球化的大背景下,金融稳定不仅影响到世界经济的发展,而且关系到世界政治的安全与稳定。

三、可持续发展道路并不平坦

可持续发展作为一种全新的经济发展观已成为国际潮流。它是针对片面追求经济高速增长带来一系列社会问题而提出来的。从英国工业革命至今,200 多年的工业化过程创造了大量财富,也以惊人的速度消耗了并仍在大规模地消耗着地球上的自然资源,严重破坏了生态平衡和人类的生存环境。要彻底改变这种局面,就需要探索出一条经济、社会、环境协调发展的道路。1987 年 4 月,联合国世界环境与发展委员会在《我们共同的未来》的研究报告中,第一次正式使用了"可持续发展"的概念,并将其定义为:满足当代人的需求,又不损害子孙后代满足其自身需要的能力。1992 年在巴西里约热内卢举行的联合国环境与发展大会上,通过了《里约环境与发展宣言》以及《21 世纪议程》等关于可持续发展的纲领性文件。"可持续发展"成为世界各国共同奋斗的目标。

所谓"可持续性"是指能够持续到将来的能力,而科学界普遍认为目前的人类环境总体上不具备这种能力,主要表现为:污染(包括全球气候变暖和臭氧破坏)、可再生资源枯竭、不可再生资源枯竭和废弃物问题。提出"可持续发展"概念的出发点是解决人类面临的上述环境问题,但一经提出,它就不再仅仅限于环境保护。事实上,可持续发展关注的是所有影响发展的因素,包括环境的可持续性、经济的可持续性和社会的可持续性。它不仅对传统的发展观念提出了挑战,而且直接影响新世纪世界经济的前途。

就可持续发展对世界经济的影响来看,它强调保持经济的适度增长。在此前提下,首先要求改变传统的生产方式。在资源使用方面,提高自然资源价格,压缩对自然资源的需求,开发新技术和替代产品,节约自然资源。在产业结构的调整方面,那些过多使用稀缺原料或在生产过程中排放有害物质过多的产业将逐步被淘汰。在技术创新方面,投入更多的人力和财力从事防治污染的新技术的研究,在生产过程中做到"边建设,边治理",改变以往"先建设,后治理"的方式。其次,可持续发展要求改变传统的生活方式。随着人的素质的提高和环保意识深入人心,人们更加崇尚人与自然的协调发展,注重在与自然界的融洽相处中享受健康而丰富的生活。观念的改变带动了消费结构的变化,这从另一个侧面促进经济增长方式的转变。此外,可持续发展还要求改变南北经济关系不平等的现状。人类只有一个地球,发达国家和发展中国家在可持续发展问题上有共同利益,这就需要各国采取协调合作的行动,约束跨国公司的生产活动。发达国家在其工业化过程中无限制地开采自然资源,造成生态环境的严重恶化,理应担负起更大的责任,从根本上改善南北关系,实现人类作为整体的共同繁荣。

为了实现可持续发展,首先提上各国议事日程的是环境污染问题。《21 世纪议程》当中有大量篇幅描述生态环境问题,提出了许多环保政策措施。1997 年 12 月在日本京都召开了联合国《气候变化框架公约》第三次缔约国大会,以控制温室气体排放量为突破口,通过了《京都议定书》,首次确定发达国家减少温室气体排放量的具体指标,区分了发达国家和发展中国家的不同义务。这是里约会议后的第一次重大突破,开始了世界各国共同探索可持续发展道路的第一步。

然而,在当前的国际关系现实条件下,要落实《京都议定书》的成果并非一帆风顺。迄今为止,发达国家和发展中国家围绕如何实现可持续发展存在严重分歧,发达国家片面强调环境保护优先,而发展中国家则要捍卫自己的发展权。一方面,发达国家出于经济上的利己考虑,还不愿意承担起解决全球性环境问题的主要责任,不愿意在资金和技术上增加对发展中国家治理环境的支持,反而以环境保护为名行贸易保护主义之实,甚至向发展中国家转移污染产业或排放污染物。2001 年 3 月,美国布什政府宣布退出《京都议定书》,致使国际社会追求可持续发展的努力遭受重大挫折。另一方面,发展中国家则还没有能够找到一个既能实现经济快速增长,又能保护自然资源和生态环境的切实可行的发展模式。世界各国要实现真正的环境、经济和社会的协调发展,还有很长的路要走。

冷战结束后,大国实力较量的主战场转向经济领域。为了增强综合国力,提高国际竞争能力和在世界经济中的地位,各种不同类型的国家都在进行调整,探索适合本国国情的发展道路。世界经济迎来了发展的新高潮,同时也面临一些焦点问题的制约。这些问题是世界上所有国家共同面对的,它们不仅妨碍了世界经济的正常运转,而且会长期制约未来世界经济的走向,需要各个国家合作协调,采取有效措施加以解决。

思考题

1. 哪些方面可以体现出战后初期美国独霸世界经济领域?
2. 当代世界经济发展有哪些特点?

第二章　经济全球化

当今世界,我们生活在一个技术、资本、商品和人员越来越自由流动的世界,世界各国的经济实力和经济安全越来越依赖于经济开放和经济全球化的世界。因此,经济全球化已成为世界各国都颇为关注的问题。随着经济全球化进程的不断加快,世界各国的相互依存进一步加强,经济全球化在促进资源配置、推动全球经济社会发展等方面的作用日益显著。

第一节　经济全球化的含义与动因

一、经济全球化的含义

自20世纪80年代以来,"全球化"一词成为包容政治、经济、文化、技术等各个方面的超越国家和民族界限行为的共同用语。一般认为,"全球化"一词最初是由经济学家T.莱维在1985年提出,用来形容之前20年间国际经济的巨大变化,即商品、服务、资本和技术在世界性生产、消费和投资领域的扩散。因此,实际上他所指的"全球化"就是经济全球化。

经合组织(OECD)在1990年提出"全球化"是生产要素以空前速度和规模在全球范围内流动,以寻找适当的位置进行最佳的配置。因此,全球化主要指经济全球化,其他领域的全球化或是经济全球化的延伸,或是经济全球化的结果。国际货币基金组织(IMF)则将全球化定义为"通过正在日益增长的大量与多样的商品和劳务的广泛跨国运动,通过国际资本的大量而多样的流动,通过技术更快捷而广泛的传播所形成的世界各国经济相互依赖增强的现象"。但是,迄今为止,经济全球化尚没有一个被普遍接受的权威性定义,各国学者均从各自不同的立场和角度对这一概念进行诠释。

总括来说,可以认为,经济全球化是以当代科技革命、市场经济和跨国公司的大发展为推动力,在国际贸易、国际金融、国际投资、国际信息交流大发展的基础上所形成的生产要素在全球范围内优化组合和优化配置,从而使世界各国经济相互依存和融合的速度和程度不断加速和深化的状态和过程。

二、经济全球化的发展过程

1.第一阶段(初始阶段)

经济全球化潮流发端于西方世界,多数专家认为开始于15世纪末的航海大发现。航海技术克服了海洋障碍,人类的洲际交通成为可能,加上后来以机械化大生产为特征的工业革命,使西方那些生产力领先的国家向世界各地的扩张成为可能。它们对世界市场的拓展和向亚非国家的殖民活动是全球化过程开始阶段的根本特征。此后,到19世纪70年代告一段落。在这一阶段,最具典型意义的例子是大英帝国霸权的确立。

2. 第二阶段(加快阶段)

大约从19世纪末叶到20世纪70年代初,美国崛起,并长期保持着生产力领先的地位,全球化进程明显加快。运输和通信技术的革新,使物资与信息的流动可以跨越种种空间障碍。经济交往的规模和频次大为提高,促进了经济组织的革新,以跨国公司为代表的经济力量对生产要素和世界市场进行新的整合。所谓国际惯例即市场上共同游戏规则的出现,是经济全球化进程在贸易交往制度上的反映,是与经济活动伴生的文化现象。

3. 第三个阶段(发展阶段)

从20世纪70年代到现在,目前还在继续发展。这个历史时期最突出的特点,是霸权受到强有力的挑战并在事实上将逐渐淡出中心地位,全球化进程的参与者以及驱动力呈现多元化局面。许多曾经被压制的力量和众多的新兴力量在全球化进程中积极强化自身的角色分量和参与权利。随着各种金融衍生工具的不断推出,交易手段的不断更新,尤其是电子计算机远程终端及国际信息网络技术的广泛应用,一方面在一定程度上为资金在国际间的快速移动提供了便利,另一方面也将导致世界经济非物质化倾向的日益增强。国际资本的发展趋势是"流动空间"正取代"地域空间",也就是说,地域正在被网络取代,而网络不再对应于某一具体区域。

三、经济全球化的主要动因

进入20世纪90年代以来,经济全球化成为世界经济发展不可逆转的趋势。本次全球化浪潮比19世纪末更引人注目,是因为在经济领域里,以贸易、投资和金融的国际间流动为主要标志的相互依存度日益增强,各种推动因素在20年里得到了前所未有的发展。

1. 国际贸易快速发展

国际贸易作为联系世界各国经济的重要纽带,在20世纪得到迅速发展。世纪之初,国际商品贸易总额约为200亿美元,到2009年国际贸易总额超过25万亿美元,100年间增长了1 000倍。2009年,国际出口贸易额占全球GDP的比重为29%,新加坡则高达220%。国际贸易得以如此迅猛发展,主要是由于国际上阻碍经济交往的力量逐步削弱。目前,世界平均关税已降至1948年关贸总协定成立时的1/10左右的水平,发达国家对进口制成品的关税已降至4%以下,发展中国家的关税也由20世纪80年代初的34%降至目前的10%左右。在国际间经济活动以部门分工为主要特点的发展阶段,全球化是以贸易联系的密切程度为基准的。并且,随着经济全球化的进一步推进,国际贸易的地位将会越来越重要。世界商品和劳务出口占世界生产比重将不断提高,而在商品结构方面,制成品贸易的地位也将进一步提高。

2. 国际投资不断增加

国际资本的自由流动是继国际贸易自由化的第二大推动因素。据联合国贸发会议统计,全球资本流量年均增长率达20%。国际直接投资的不断增加,从生产上把世界各国的经济越来越密切地联系在一起,大大推动了经济全球化的进程,并带动了世界经济的全面增长。全球投资领域管制的解除或放松,为外国直接投资消除了制度障碍。20世纪70年代以来,取消经常项目汇兑管制的国家由35个猛增至100多个(其中大部分是20世纪80年代以后完成的)。到目前为止,发达国家已全部解除了资本项目下的汇兑管制,发展中国家在这方面的进展也明显加快。同期,在世界各地,对管制外国直接投资的条例进行了多次修改,制度环境更为有利。

3. 国际金融发展迅速

与国际贸易和国际直接投资相比,国际金融市场的发展,其速度之迅猛,影响之巨大,都是历史上无法比拟的。国际金融市场的发展速度远远高于世界生产和世界出口扩大的速度。国际金融市场的扩大,无疑促进了企业和国家的投资、筹资和融资。

第二节　经济全球化的表现与特征

一、经济全球化的主要表现

(一)生产活动全球化

生产活动的全球化主要表现为传统的国际分工正在演变成为世界性的分工。主要包括以下方面:

(1)国际分工的内容发生变化。国际分工从传统的以自然资源为基础的分工逐步发展成为以现代工艺、技术为基础的分工;从产业各部门间的分工发展到各个产业部门内部的分工和以产品专业化为基础的分工;从沿着产品界限进行的分工发展到沿着生产要素界限进行的分工;从生产领域分工向服务部门分工发展。

(2)国际分工的形成机制在变化。即由市场自发力量决定的分工,向由企业,主要是由跨国公司经营的分工和由地区经贸集团成员内组织的分工发展,出现了协议性分工。

(3)水平型分工成为国际分工的主要形式。其内容为产品型号的分工,产品零、部件的分工和产品工艺流程的分工。

(4)形成了世界性的生产网络,各国均成为世界生产的一部分。世界性的国际分工使各国成为世界生产的一部分,成为商品价值链中的一个环节。它有利于世界各国充分发挥优势,节约社会劳动,使生产要素达到合理配置,提高经济效益,促进世界经济的发展。

(二)世界多边贸易体制形成

(1)国际贸易对世界经济拉动作用增强。它表现为国际贸易增长率大大高于世界经济增长率,20世纪80年代以来,国际出口贸易的增长速度大大高于同期世界国内生产总值增长的速度。尤其在外向型经济主导的国家中,以及在一些新兴经济体,国际贸易在国民经济中占有极其重要的作用。

(2)制成品在货物贸易中比重的不断上升,服务贸易发展迅速。随着世界经济和贸易的发展,制成品在货物贸易的比重逐渐上升。在发展中国家出口货物中,从20世纪80年代中期开始,制成品所占比重开始超过一半;到2009年,发展中国家制成品占世界货物出口贸易总额超过60%,而发达国家该比重为72.5%。目前,虽然世界服务贸易额在国际贸易总额比重仍然比较小,但是其增长也比较迅速,并快于货物贸易的增长速度。国际服务贸易出口额占总贸易额比重由1990年的10%上升到2009年的12%。

(3)发达国家仍然是国际贸易中的主要参与者,并且主要的贸易大国大都既是某类商品的主要出口国,也是该类商品的主要进口国。此外,发展中国家在国际市场,尤其出口市场中的地位日益上升,如"中国制造"就体现了中国作为许多重要产品出口大国的重要地位。

(4)国际贸易趋同化。随着交通、通信以及电子信息技术的不断进步,国际贸易出现了趋同化的趋势。主要表现为:电子化贸易手段普遍使用,EDI(电子数据交换)已在国际贸易中广泛使用,其他如电子商务(EC),电子贸易撮合(ETM),电子资金转账(ETF)等已在许多国家开始使用;ISO 9000系列成为国际贸易商品的共同标准;贸易合同标准化。

(三)各国金融日益融合在一起

1. 金融国际化进程加快

20世纪90年代以来,西方国家的大银行开始了大规模合并、收购活动,以提高效益。如德意志银行、巴克莱银行和国民西敏寺银行吞并了欧洲其他国家的一些小银行,以扩大其在欧洲的网络。为了提高本国银行的竞争能力,很多国家对于大银行的合并表示了支持的态度,20世纪90年代年以来,世界排名在200名之内的大银行之间至少发生过多次大规模的合并。同时,地区性经贸集团的金融业出现一体化。欧盟统一大市场建立后,银行、证券公司和投资基金等金融机构可在欧盟内经营不受国界限制的保险和投资业务;美国和日本的银行则可通过收购、兼并等形式加紧渗透欧洲市场,欧洲的金融市场将演变为真正的国际金融市场。

2. 全球性投资规范框架开始形成

(1)投资成为经济发展和增长新支点。国际直接投资额年均额与年均国际贸易额的比例在缩小,国际直接投资额年均增长率高于国际贸易年均增长率。

(2)国际对外直接投资与吸收外国直接投资主体多元化。据统计,全球对外直接投资中,虽然发达国家一直作为吸收外国直接投资和对外直接投资的主要力量,然而,随着发展中国家经济实力的提升,其在全球吸引外国直接投资和对外直接投资的地位也不断提高。

1990 年，美国、日本、英国、法国、德国、意大利等六国共吸引外国直接投资 7 000 亿美元，占全球外商直接投资总额的 1/2，2009 年，这六个国家吸引的外国直接投资比重则下降到不足 1/3。与此同时，发达国家对外直接投资的比重也有所下降。

(3) 国际借贷资金流动量增长很快，证券股权投资迅速发展。与外国直接投资一样，证券股权投资依然偏向于少数新兴市场国家，1997 年金融危机之前，亚洲就占了流向新兴市场的外国证券股权投资净流量的 53%。此外，外国证券股权投资的来源存在一定程度的集中性。流向新兴市场的这种投资约 1/3 来自美国，其次来自日本和英国。近几年来，香港特区和新加坡的投资者也向新兴国家进行这种投资。

(4) 投资自由化成为各国国际直接投资政策的目标，国际直接投资规范安排提上日程。20 世纪 90 年代以来，保护和促进投资的双边投资条约数量大幅度增加，各国政府共对外国直接投资管理体制进行了约几百次调整，其中绝大多数是针对放松对外资管制的措施。在各国众多国内立法变化中，有相当部分属于趋于自由化或促进外国直接投资的立法。国际社会为达成国际性的投资协议开始行动。关贸总协定乌拉圭回合多边贸易谈判第一次将投资问题纳入多边贸易的体系，并达成《与贸易有关的投资措施协议》。出现通过协商建立一个综合性多边国际直接投资框架的行动，联合国贸易与发展会议对未来多边投资框架已达成协议。

3. 跨国公司作用进一步加强

进入 20 世纪 90 年代以来，跨国公司在全世界范围蓬勃发展，主要表现为：跨国公司的数目剧增；以发达国家和发展中国家为基地的最大跨国公司日益全球化；面对竞争压力、自由化浪潮和新投资领域的开放，越来越多的企业，包括发展中国家的企业采取各种办法参与全球化经济的活动，通过各种形式结成新型的“战略联盟”；许多跨国公司通过兼并与收购在国外建立自己的生产设施，以保护、巩固和增强自己在国际市场上的竞争能力；跨国公司国际生产的规模和重要性日益增加。

4. 经贸、文化、人才出现世界性

以全球化、高速化、个体化为特征的多媒体网络正在覆盖全球；出现了经济生活和贸易文化的全球性趋同现象；“国际人”开始走俏，全球性的共同发展目标形成。为了在经济竞争中取胜，“国际人”正在成为各个国家、各大公司的首选目标，培养“国际人”、寻找“国际人”已成为世界性的人才战略潮流。此外，绿色主义、环保哲学，共同致力于发展与和平，共同把可持续发展作为经济发展战略目标，均已成为国际社会的共识。

二、经济全球化的实质与特征

1. 经济全球化的实质

标志经济全球化这一新事物的标志性事实，即质的规定性有三个：

(1) 市场全球化。在长期国际化进程中虽然有双边国际贸易，有地区自由化贸易，但总体讲全球市场仍是被分割的。随着世界进入和平与发展的历史时期,经济高速发展,市场越来越向全球范围内推进,特别是当占世界市场1/3的前社会主义阵营进行改革,转入市场经济体制之后,完全意义的全球大市场诞生了。在这种情况下,大部分国家国际贸易的增长超过了它整体经济的增长。外贸收益占GDP的比重也越来越增加。从世界经济总体来看,世界贸易占世界GDP的比重不断上升,国际贸易对世界经济的拉动作用日益增强,显示出全球化市场的巨大意义。

(2)公司全球化。第二次世界大战后,跨国公司崛起,并且突飞猛进地发展,在世界经济中已占有主导地位,可以说是左右世界经济。应该特别指出,跨国公司的国际化生产远比它的国际贸易更重要,这是近十年来显现的总趋势。跨国公司国际化生产和销售占当前世界贸易总额的3/4以上。在这些跨国公司中有些公司实际上已经发展到全球公司阶段。特别是经过20世纪90年代企业大兼并浪潮后,这种大规模的兼并,使全球公司得到更进一步发展。此外,除了兼并、股权交易,跨国公司之间的各种形式的联合和联盟也在近年内获得了快速发展,这种广泛的联合和联盟也是全球公司成长的一种形式。而网络经济的崛起,虚拟公司诞生,又为全球公司开拓了全新的前景。

(3)生产要素全球化。首先是金融全球化。全球跨国直接投资一直在快速发展,而作为金融全球化的重要特征,金融衍生工具及其交易的蓬勃发展遍及全球,构成游资流动的一个重要途径。其次是技术全球化。国际技术转让与贸易达到了空前水平。而从企业角度看技术全球化,其突出的趋势是技术开发和科研机构在全球范围内设置,如微软、诺基亚等高技术公司在世界各地建设研究开发中心。再有劳动力在全球流动的劳动力全球化,是战后出现的突出现象。根据联合国国际劳工组织最近数据,全世界约有超过1亿的有记录的流动人口在国外工作,30多年翻了一番。

2. 经济全球化的特征

从这样一个本质出发,我们可以看到经济全球化的特征就不是单一的国际贸易不断扩大问题。我们认为,用国际贸易不断扩大来概括经济全球化的特征,一是不准确,二是没有抓住经济全球化的本质特征。经济全球化的本质特征应该概括为以下五点。

(1)经济全球化的物质技术基础是信息和通信技术手段。今天的经济全球化是19世纪经济国际化的发展和深化,但物质技术载体是不同的。19世纪的经济国际化主要是依靠铁路、轮船和电报把各国经济联系在一起,交通工具是国际贸易的桥梁或纽带;经济国际化的主要内容是商品贸易。今天的经济全球化则是通过飞机、电话、传真机和互联网把各国经济更加密切地联系在一起。虽然传统的交通工具在今天的国际经济交往中还起着很大的作用,但是,它的重要性已经让位于信息和通信技术手段。今天的经济全球化是以信息和通信技术手段为载体的生产、贸易和金融的全球化。

(2)空间和时间相对缩小与扩大的对立运动。随着两次世界大战的结束,前苏联、东欧、中国等一批社会主义国家的出现,以及广大亚非拉国家的民族独立,资本主义的地盘大大缩小了,世界资本主义的领土扩张和经济扩张阶段已成过去,发达国家在全球经济中直接控制的活动空间缩小了。但是,由于以信息和通信技术手段为载体的跨国公司、国际贸易、国际资本流动的发展,资源利用和财富占有打破了民族国家的界限,通过国际贸易、资本流动、人才流动和信息、技术交换,一个国家可以利用他国的资源,可以占有他国的财富。美国不仅可以在世界范围内利用他国的地上、地下和空间资源,还可以利用他国培养出来的人力资源。由于与发展中国家相比,发达国家拥有跨国利用资源和占有财富的优势,因此,从这个角度来看,发达国家在全球经济中可利用的空间又扩大了。信息、通信技术的发展,使得我们现在坐在办公室里或家里通过点击电脑鼠标就可以进行跨地区、跨国的商品交易、现金划拨和证券交易,越来越多的经济活动和交易可以变成了实时活动。经济活动不但打破了距离的限制(这又使得世界变小了,而活动空间变大了),也打破了时间的限制。经济活动的时间现在大大缩短了。信息和通信技术的发展又使得经济活动的时间大大延长了。由于互联网的日益普及,厂商和消费者可以通过网上平台每天 24 小时获取信息、进行谈判、交易和结算;世界各地的证券交易所也没有了时差限制,可以每天 24 小时向世界各地的投资者开放。

(3)外部一体化向内部一体化转化。由于时间、空间缩小导致运输标准化产品的成本和交流这些产品的信息的成本不断下降,现代工厂和工艺机械水平几乎可以在世界上任何地方安家落户。因此,任何一个国家的常规产品的生产者要和其他国家的成千上万的同类产品的生产者展开直接竞争。

计算机技术和电信的融合使得厂商把越来越多的生产经营操作和功能重新定位到在成本上具有竞争性优势的地方成为可能。在多数产业,计算机辅助设计和计算机数量控制的应用意味着企业可以用最低限度的资本投资在世界各地建立有效运行的并且成本节约的小规模、独立的生产单位。这种独立的具有流动性的生产能力的提供者可以和母公司连成生产经营网络。他们为分包合同订单而互相展开竞争。这种网络被称作内联网,它不同于互联网。内联网是企业内部的一体化,是企业子公司或承包商之间的合作与竞争;而互联网是企业外部的一体化,是一个企业与其他企业之间的合作与竞争。跨国公司正在由公司体制向松散的邦联式的网络结构(全球网)演变。

(4)全球金融深化。全球金融深化是指国际金融交易的增长大大超过生产、贸易和投资这些实体经济的增长,或者说,世界金融市场的一体化大大超过了商品市场的一体化。从 1982 年到 1988 年,世界金融资产存量平均每年大约增长 38 000 亿美元,而同期世界固定资本形成平均每年大约为 23 000 亿美元。国际银行市场规模与全球总的固定投资比率在不到 10 年内翻了一番。20 世纪 80 年代以来的金融革命以放松金融管制和信息技术革命为特征。这场革命的结果是带来资本的国际流动的急剧增长。这种国际资本流动与以往不同,一是它的流动速度和自由度迅速提高了;二是资本流动与实体经济、社会关系日益分离。正是这种分离才使得经济全球化需要在全球体系内有一个经济联系不断深化的过程,这种深化过程尤其表现为核心国家的经济一体化不断深化;而与深化过程对应的过程是边缘化,这是一个跨区域、超国界的游离和被驱逐的过程。自20世纪80年代以来,金融资本的交叉渗透编制了一个复杂的全球金融网络,在这个网络中难以理清债权、债务关系中的最终所有者。因此,现在每个国家的国际收支平衡表上都需列出净资本流出量和流入量。金融资本的交叉渗透说明国际金融市场一体化在不断深化,这个深化过程尤其发生在发达国家之间,这种不断深化的资本的国际流动表明资本主义世界正在进行的是内部扩张(implosion),而不是向外扩张(expansion)。全球金融深化带来的是国际经济关系和社会关系的变化。

(5)全球竞争规则和市场纪律的形成。在20世纪60年代以前,在各个国家之间存在着比较明确的国际劳动分工,因而在不同国家生产的产品和服务之间存在国际市场交易。这种国际贸易本质上是互补性的,即专门出口某种产品的厂家将用这种产品交换他们本国不生产的其他产品。20世纪60年代以后,由于跨国公司的生产经营由简单的一体化战略向复杂的一体化战略转变,建立在这种全球一体化生产经营方式基础上的全球化经济,客观上要求有一个全球市场规则,这就是在商品和服务的价格、质量和效率方面的统一标准。由于产品之间贸易向产品内部贸易转换,全球性竞争加剧了。国际贸易不再是互补性的了,取而代之的是掠夺性的或敌对性的。全球性竞争的必然结果是,即便是在一个国家内部生产、交换的产品和服务也必须满足在全球范围内组织生产的质量标准和所耗费的生产成本。这种结构一体化和贸易内在化使得经济主体企业家或工人,消费者或生产者的行为内在化了:经济主体必须服从相同的市场纪律。全球性竞争约束了个人、集团甚至政府必须去遵守价格和质量的国际标准。全球市场规则和全球市场纪律正在支配着全球经济活动,无论是来自哪个国家或哪个地区的生产者,消费者还是集团、政府,都要受这种规则和纪律的约束。

第三节 经济全球化对世界经济贸易的影响

目前,经济全球化对世界各国的经济贸易发展产生了重大的影响,对传统的衡量国家之间经济贸易权益的概念与统计构成了严重的挑战。

一、经济全球化对世界经济的影响

1.经济全球化使得各国经济相互依存与互动加强

经济全球化使得世界各国相互依存进一步加强。随着世界经济全球化的深入发展,发达国家之间货物、服务、资金、技术和市场高度融合,而且发达国家与发展中国家之间的上述关系也在加强。经济全球化使得各国经济相互传递障碍在减少,互动性加强。在经济全球化趋势加强下，对外贸易与国际资本流动在各国之间的经济传递中的作用在加强。20世纪80年代以来，在经济全球化趋势下，对外贸易与投资逐渐变成双向传递渠道，发达国家把经济发展与衰退通过对外贸易与投资传递到发展中国家；发展中国家的经济和金融波动也将影响到发达国家。1994年底，墨西哥金融危机震动了全世界；1997年7月在泰国首先爆发的金融危机并未使发达国家幸免。

2. 经济全球化迫使人们的概念在创新

一是大国际贸易概念出现。在经济全球化下，一国对外经济交往合作中，不能只考虑货物贸易，还要把货物贸易与直接投资、金融、服务、技术综合考虑。因为，货物贸易与投资相辅相成，互相促进，已成为各国经济发展的两个支点。二是将大国际贸易概念与本国经济的调整优化、改革开放密切地结合起来；"贸易立国""贸易为本"的传统信条已让位于"经济接轨"和"市场融合"。三是变被动接受经济全球化为主动参与经济全球化。越来越多的国家纷纷主动改革本国经济体制，发展开放性经济，推行贸易、投资和金融自由化，为跨国公司创造投资条件，并积极参与多边贸易体制和活动。四是变单边制裁为求得"双赢"。在经济全球化下的上策是通过谈判，达成互惠互利的协议，促进双方的经贸发展，取得"双赢"。

3. 相互协调成为时代主旋律

面对经济全球化的新形势，传统的国家主权内容发生了一定程度的改变。原本是一国独有的权利，日益成为国际社会共同拥有的权利。各国的经济活动越来越多地遵循国际条约、协定、规范和惯例来运作；跨国公司在各国经济生活中地位的提高，使国家对产业政策的干预作用在减弱。在国家存在的情况下，出现了主权让与，但它是以对等为原则的。当今世界各国都是拥有主权的独立国家。共享是让与的前提，没有共享也就不会有让与。经济全球化迫使各国把二者结合起来，出现了相互协调，使它逐步成为各国处理对外经济贸易关系的基石。随着乌拉圭回合谈判的结束和世界贸易组织的建立和运行，协调管理贸易政策在国际上和各国贸易政策中开始成为主流。

4. 经济全球化要求贸易理论与国际直接投资理论一体化

20世纪80年代初以来，经济全球化要求把贸易与投资理论结合在一起分析贸易与投资利益与效益，出现了新的理论分析，其理论模式主要集中于纵向或横向一体化。在这些理论分析中，产品增值链活动的不同假定可以在不同地理位置上进行，在不同的国家可以进行完全相同的生产加工。在贸易与投资一体化理论中，企业行为被分为总部行为和实际生产行为。在贸易分析中典型采用的两国均衡框架，国外市场和国内市场之间不存在任何差异。企业在两个国家进行活动时，可以将总部行为安排在母国进行，但其实际生产或转移到东道国进行（纵向一体化），或者既安排在国内，又安排在国外进行（横向一体化）。因此，现在的企业不仅通过价格和质量进行竞争，而且还通过生产的组织进行竞争。这些理论模型要解决的核心问题是单个企业的经营活动决定了国内、国际经营企业的总格局。贸易与投资理论的一体化表明，在经济全球化背景下，不能以单纯的贸易行为来衡量国家之间的经济利益。

5. 经济全球化对表明国家之间经贸权益的传统概念和统计方法提出了挑战

(1)传统的对外贸易差额概念未能反映经济全球化下国家之间实际的贸易利益。在经济全球化背景下，国家之间的经贸利益出现了几种变化。第一，在产业内部和跨国公司内部贸易大量增加下，按总贸易和专门贸易划分的国家之间的进出口掩盖了国家之间在产品价值上的实得；第二，母国公司对东道国的直接投资在一定程度上替代了母国公司对东道国的商品直接出口，变相地进入了东道国的国内市场。第三，在一国以加工贸易为主的情况下，把该国进出口贸易额作为该国的贸易利得，更加失实。因此，在经济全球化下，在计算各贸易国的贸易收益时，上述几个现象不能忽略。

(2)以原产地规则为核心的国际贸易统计滞后于经济全球化的现实，应予修正。以原产地规则为核心的国际贸易统计制度在经济全球化趋势下会出现两种误差。第一，未能如实反映跨国公司在全球的大规模的直接投资活动。跨国公司对外直接投资进行全球化经营，它们生产的零部件、产品的进出口，按价值链、资本所有，理应属于母国，但却计入东道国的贸易统计。第二，原产地规则以货物贸易为主，未包括服务贸易等，因此，原产地统计在不能真实反映货物贸易的同时，也不能全面如实地反映国与国之间的大贸易关系。

二、经济全球化对发展中国家的影响

1. 经济全球化给发展中国家提供了发展的机遇

第一，有利于发展中国家利用外资和资本对外投资。从20世纪90年代开始，流向发展中国家的外国直接投资迅猛增加，而根据联合国贸易与发展会议的世界投资报告，21世纪初期，中国、印度连续几年成为全世界对外国直接投资最具吸引力的国家。巨额的外国资本为发展中国家振兴经济，推动国内经济增长起到了重要的作用。

第二，促使发展中国家的出口商品结构优化。由于资本的流入、跨国公司的直接投资活动和本国产业结构的改造，发展中国家出口商品结构有所改善。

第三，迫使发达国家把发展中国家面临的问题予以考虑和解决。发达国家日益认识到在经济全球化下，它们的经济稳定和发展有赖于发展中国家。在债务解决、地区经济一体化和联合国的改革等问题上不得不考虑发展中国家的权益。第四，经济全球化有利于发展中国家的整体改革。

2. 经济全球化对发展中国家构成了严峻的挑战

首先，经济全球化有利于发达国家构筑以其为中心的国际经贸基础。在此情况下，发展中国家的主权将会受到更大的削弱。

其次，发展不平衡在加剧。其主要表现如下：

(1)发达国家与发展中国家不平衡在加剧。经济全球化为以发达国家为主的国际资本开拓了寻求更高利润的地域和空间,在发达和发展中国家经济实力相差甚大的背景下,经济全球化使发达国家与发展中国家收入差距在拉大。

(2)发展中国家内部不平衡发展也在加剧。其主要表现为:最富有的20%人口的收入所占比重都有增加;熟练和不熟练工人的工资差距在拉大;资本与劳工相比获利更大;金融自由化引起公营和私营企业部门的债务在扩大。

(3)发展的不平衡趋势如不设法解决或抑制,将对投资构成潜在的威胁,刺激泡沫经济的发展,为金融危机埋下隐患。

最后,经济全球化对发展中国家的经济发展也存在一定的消极影响和挑战。这主要表现如下。第一,经济全球化使发展中国家国内经济发生波动的可能性大大增加。经济全球化使发展中国家的经济同世界经济的联系越来越紧密,通过这种日益密切的经济联系,发展中国家在影响着世界,世界也在影响着发展中国家。在这一背景下,发展中国家国内经济的稳定将不仅取决于国内因素,而且也受到国际因素的巨大影响。随着国际交换规模的不断扩大,进出口贸易和国际收支在宏观经济中的影响力越来越显著。即使本国的经济一点问题都没有,由于心理因素的作用,也要发生一定程度的波动,只不过程度较低和时间较短而已。一般而言,发展中国家的市场发育不太充分,经济结构比较脆弱,更容易受到外部不利因素的冲击。如果国内政策不当,就有可能发生较为严重的金融危机甚至整个经济危机。第二,经济全球化对国内产业和市场将造成一定的冲击。经济全球化把发展中国家的国内市场和国际市场联结为一体,通过封闭市场来保护本国产业的做法越来越不可能。过去,发展中国家凭借严格的贸易保护建立了许多本国并不具有比较优势的产业。随着外国商品和直接投资的大量涌入,这些产业将面临外国竞争者的巨大冲击,有的产业不可避免地要被淘汰。第三,经济全球化可能诱发国内金融风险。在金融全球化的浪潮中,国际资本流动的速度大大加快。在流动的国际资本大军中,短期资本即游资占有很大的比重。这种国际资本的最大特点是投机性强,它以很快的流动速度出入于各国的资本市场,在给各国带来巨大的资金供给的同时,也给各国的金融和经济带来了巨大冲击。如果短期国际资本突然大规模撤出本国市场,本国将不可避免地发生货币和金融危机。近年来的墨西哥金融危机、亚洲金融危机和巴西金融危机就是这样发生的。第四,对发展中国家的改革带来巨大的压力。经济全球化使得经济传递和同步性加强,如何接受经济的正传递,抑制负传递,成为发展中国家急需解决的重大难题。

总之,经济全球化不仅不是发展中国家的陷阱,而且是发展中国家后来居上、赶超发达国家的必由之路。从根本上讲,经济发展不仅意味着经济总量的增长,更重要的是体现在产业升级、技术进步、制度创新和现代经济结构的不断产生和变革。而现代经济结构对于包括中国在内的发展中国家来说是外在的,发展中国家要建立现代经济结构,必须积极从外部引进。否则,单纯或主要依靠自身的力量是不可能成功的。

三、如何正确看待全球化对世界各国经济的影响

1. 发展中国家关于陷阱的说法

发展中国家的人士在经济全球化对发展中国家的影响的认识上，其中比较流行的观点是，经济全球化对发展中国家是弊大于利，是发达国家剥削和掠夺发展中国家的工具，是发展中国家的陷阱。有的国内学者更直截了当地认为，经济全球化的实质是美国化、美元化，是发展中国家的陷阱。经济全球化的规则、制度、标准等，完全是按照美国等西方大国的旨意制定的。美国还通过其控制的国际货币基金组织、世界银行、世界贸易组织等国际性经济组织，强行推行全球一体化、贸易自由化和金融自由化，实际上就是强行推行符合美国利益的美国化。美国等西方大国正是动用世界经济的全球化、一体化的机会，来推行它们的价值观念、政治模式和行为标准，即推行所谓的全盘美国化。

2. 评价经济全球化的影响不能简单地搞两分法

经济全球化无论对发达国家还是发展中国家都会造成冲击，很难说对发达国家的冲击小，对发展中国家的冲击大。例如，在经济全球化态势最为明显的 20 世纪 90 年代，发达国家中，除美国外，欧盟经济增长缓慢，而日本经济更是一蹶不振。如 1992—1999 年，美国实际国内生产总值年均增长率为 3.0%，而欧盟和日本实际国内生产总值年均增长率分别只有 1.9% 和 1.0% 左右。显然，欧盟和日本经济特别是日本经济的停滞，说明这些发达国家受到了经济全球化较为严重的冲击。所以，我们不能笼统地认为发达国家受到的冲击小，经济全球化对发达国家是利大于弊。事实上，1991—1999 年，发展中国家实际国内生产总值年均增长率高达 5.5%，几乎是发达国家平均水平的两倍，特别是积极参与经济全球化的发展中经济体如亚洲四小龙等，进入了发达经济体。因此说，经济全球化带来的激烈的国际竞争，既包括发达国家和发展中国家之间的竞争，也包括发达国家之间的竞争以及发展中国家之间的竞争。竞争的空前激烈都可能会给发达国家和发展中国家带来较为严重的冲击。

四、经济全球化的未来发展趋势

经济全球化是未来世界经济发展的必然趋势，但真正意义上的经济全球化（即各种资源在全球范围内自由流动，从而实现世界资源的最佳配置）并非马上就会到来。由于受到各种利益因素的影响，经济全球化的未来发展趋势呈现出许多矛盾，具体说有以下几个方面：

1. 区域化与全球化在同时发展

最近 20 年，在经济全球化明显推进的同时，区域化也在迅速发展。到目前为止，根据世界贸易组织的统计，世界上已出现了 100 多个各种类型的区域性经济集团或组织。在世界贸易组织的成员中，除日本、韩国和香港特别行政区外，其他成员至少参加了一个区域性协定，其中影响较大的有欧盟、北美自由贸易区、东盟和南美的南方共同市场等。在主要的区域经济组织中，区域内贸易在各成员国对外贸易中均占有相当的比重。区域化的产生和发

展无疑有益于各国经济发展和对外贸易,但在发展过程中,并没有日益融合成为一种普遍的全球化环境,而是各自的倾向性特征更加明显。就发达国家来说,区域化是为了确保自己在区域内的各种利益,同时借此力争在外部世界获取更多利益。就发展中国家来说,把区域化作为将来进入世界经济一体化更高层次的一个阶梯。但是,区域化并不必然走向全球化。首先,由于区域集团对外建立统一的保护性贸易壁垒,成员国根据比较优势原则从集团外国家进口商品的选择受到限制,即集团贸易保护主义在加强。其次,在特定时期,为保护集团利益,区域组织还会通过调整政策来应付来自集团外部力量的冲击,而不是站在全球利益的立场上参与协调,即国家利益的一部分转换为集团利益。

2. 超越主权与国家主权在同时加强

欧盟的发展历程表明,随着一体化程度的逐步提高,各成员国经济主权的独立性则不断下降。这种国家经济主权独立性的下降有两种不同形式。一种是主动让渡。从世界贸易组织的历次减税和贸易自由化谈判,到发生金融危机的国家为了得到国际货币基金组织的援助被迫进行的经济调整,都是一定程度上的主权主动让渡。这种让渡一般能够从中得到期望的各种回报。另一种是跨国私人经济力量对经济主权的侵蚀,或称被动让渡。主要表现在国际资本日益增强的流动性以及跨国公司跨越国界的经济活动带来的考验。由于跨国公司的战略目标很少会同东道国的经济发展目标完全一致,因而它们有时对于东道国为了实现既定的发展目标采取的许多政策措施采取一种本能的抵触和竭力规避,合法避税和国际间资金转移司空见惯,给大量利用外国直接投资的国家造成损失。

经济活动的跨越国界使资本主义经济管理的全球化空间与其政治和社会管理的民族国家空间之间产生分裂,在这种条件下,按照资本利益的逻辑会要求以市场经济和国际规则为基准,赋予全球化的经济管理以优先权,而削弱民族国家主权。在新的时期,国家的作用的确比以前变得更加复杂、更加矛盾了。各国都在寻找在日益具有跨国性的环境中执行"民族"政策的良方。

3. 依赖性和不稳定性在同时增加

在经济全球化的过程中,各国经济的相互依赖性空前加强。不少国家的对外贸易依存度已超过30%,个别国家则达到50%~60%,中国也已达到33%。这种趋势还会进一步加强。在这种环境下,经济波动和危机的国际传染便成为经常性的、不可避免的,任何一个国家的内部失衡都会反映为外部失衡,进而很快波及与其有密切贸易和投资关系的国家。区域性或全球性金融危机就是例证。

国际游资是全球经济不稳定的重要根源之一。这种超越国界的巨大金融力量,在一定程度上可称是危机传染的主要媒介。20 世纪 80 年代初的拉美债务危机,20 世纪 90 年代初的欧洲货币体系危机,1994 年的墨西哥汇率危机以及 1997 年的东南亚金融危机,几乎每次都能感受到国际游资的破坏力。在全球经济、贸易发展迅速一体化的条件下,尽管可以尝试各种有效的资本监管措施来减少经济波动,但对国际游资的完全控制不仅不可能,而且也是发展趋势所不允许的。

4. 经济财富增长和贫富差距拉大同时存在

经济全球化就其定义和发展趋势而言,客观上必然导致全球经济财富的增加,"共同发展与共同繁荣"是全球化的最高目标。但在市场化的过程中,竞争是首要法则,它在创造高效率的同时,必然导致财富越来越向少数国家或利益集团集中,导致贫富差距的扩大。据世界银行统计,1983 年高收入发达国家的人均 GDP 是低收入发展中国家的 43 倍,到了 1994 年变化为 62 倍,社会分配更加不公。经济全球化的利益分配不均衡,作为资本和先进技术的主要拥有者,发达国家总是处于全球化的中心地位,具有明显的竞争优势。这种地位使它们依靠价格制定方面的主导权,与发展中国家进行交换时获取更多的利益。联合国开发计划署发表的《人类发展报告》显示,从全球化中获益的仍然主要是发达国家,获准的发展中国家还不到 20 个,部分发展中国家的个人收入甚至低于 10 年前的水平。其二,市场竞争使一些社会政策面临挑战。众所周知,竞争是市场经济的动力,由竞争带来的不平衡要靠社会政策来修补。各个国家都有各自的福利政策,通过劳资妥协来保持社会稳定。但全球化破坏了这一社会契约,以出口和直接投资为主要内容的激烈的跨国竞争,正在影响工资和就业状况,社会政策在平抑差距方面显得苍白无力。

5. 全球经济运行规则的公正性和垄断性并存

以国际货币基金组织、世界银行和世界贸易组织为代表的国际经济组织的建立以及国际经济关系规则的制定,客观上为各国的经济发展提供了较为有利的国际环境和条件。相对统一的国际经济规则、制度和秩序的形成,适应了当时生产和资本国际化的要求,促进了世界经济较快并较为稳定的发展。但是,经过几十年的运作,这些制度和秩序已越来越不适应新的形势和要求,要求改革的呼声日益高涨。

世界资源在全球范围内有效配置及合理流动,需要就竞争规则、资源流动、环境保护及垄断行为等进行规范,建立公平的运行规则。人们寄希望于这些机构能够担当起民族国家正在失去的一些职能。然而,遗憾的是,这些机构既缺乏民主监督,又没有公众合法性的压力,它们更多关注的是在世界范围内推进自由化和削弱民族化。现存的国际经济组织,或者缺乏应有的权限,或者缺乏行动能力,或者被少数几个大国把持,世界市场经济相对处于垄断的无调节状态。

思　考　题

1. 经济全球化的表现有哪些?
2. 经济全球化的主要动机是什么?
3. 经济全球化对世界经济有哪些影响?
4. 总结经济全球化的实质是什么?

第三章 当代国际贸易与国际贸易体制

第一节 国际贸易概述

一、国际贸易的基本概念与分类

国际贸易(International Trade)指在国际分工的基础上,各国或地区之间商品(包括货物和服务)的交换活动。是各国或地区国内贸易向外延伸,跨越国界的商品交易活动。如果从个别国家或地区的角度看,该国或地区与其他国家或地区进行的商品交换活动称为对外贸易。国际贸易是世界各国对外贸易的总和。与国内贸易相比较,国际贸易不仅涉及到不同货币的汇兑,而且受制于不同的法律制度和贸易规则。其含义包括三个层次:

(1)国际贸易是一个历史范畴,是国家出现以后商品交换跨越国境的产物;

(2)国际贸易交易的对象为商品,并且随着商品形式的变化不断发展;

(3)国际贸易产生的基础为国际分工,是各国根据自然条件、劳动生产率等比较优势参与国际分工,在生产基础上进行的交换活动。

二、国际贸易的主要分类

按不同角度,可以将国际贸易主要分为以下几种:

1. 按商品流向可划分为出口贸易、进口贸易、过境贸易、转口贸易

(1)出口贸易(Export Trade)是指一国将本国生产的商品输往国外市场销售。不是因外销而输往国外的商品不计入出口贸易的统计之中,如运往境外使馆、驻外机构的物品,或者携带个人使用物品到境外等。

(2)进口贸易(Import Trade)是指一国从国外市场购买用来本国生产和消费的商品。如果商品不是因购入而输入国内,或不是因购买而输入国内的商品不列入统计范围之内,如外国使、领馆运进自用的货物,以及旅客携带个人使用物品进入国内等。

(3)过境贸易(Transit Trade)商品从甲国经由乙国输往丙国销售,对乙国来说,就是过境贸易。在过境贸易中,由于本国未通过买卖取得货物的所有权,因此,一般不列入本国的进出口统计中。

(4)转口贸易(Entreport Trade)是指本国从A国进口商品后,再出口至B国的贸易,对于本国来说称为转口贸易。

2. 按商品形态划分为有形贸易和无形贸易

(1)有形贸易(Tangible Goods Trade)是指具有物质形态的商品(如粮食、机器等)的交换活动。为了便于统计和分析,联合国秘书处于1950年公布了《国际贸易标准分类》(Standard International Trade Classification,简称SITC)。1960年、1975年、1985年还分别对其作过三次修订。在这个标准分类中,把有形商品分为10大类(Section)、67章(Division)、261组(Group)、1 033个分组(Sub-group)和3 118个项目(Item),见表3-1。在国际贸易统计中,一般把0到4类货物归为初级产品,5到8类货物归为工业制成品。SITC几乎包括了所有的有形贸易商品。每种商品都有一个五位数的目录编号。第一位数表明类,前两位数表示章,前三位数表示组,前四位数表示分组,五位数一起表示某个商品项目。例如,活山羊的标准分类编号为001.22。其中,0表示类,名称为食品及主要供食用的活动物;00表示章,名称为主要供食用的活动物;001表示组,名称为主要供食用;001.2表示分组,名称为活绵羊及山羊;001.22表示项目,名称为活山羊。《国际贸易标准分类》中的商品编号及其名称如表3-1所示。

表3-1 《国际贸易标准分类》中的商品编号及其名称

大类编号	类别名称
0	食品及主要供食用的活动物
1	饮料及烟草
2	燃料以外的非食用粗原料
3	矿物燃料、润滑油及有关原料
4	动植物油脂及油脂
5	未列名化学品及有关产品
6	主要按原料分类的制成品
7	机械及运输设备
8	杂项制品
9	没有分类的其他商品

(2)无形贸易(Intangible Goods Trade)指不具备物质形态的商品的交换活动,例如,运输、保险、金融、文化娱乐、国际旅游、技术转让、咨询等方面的贸易。无形贸易可以分为服务贸易和技术贸易。一般来说,服务贸易(Trade in Services)是指提供活劳动(非物化劳动)以满足服务接受者的需要并获取报酬的交易活动。为了便于统计,国际贸易组织的《服务贸易总协定》把服务贸易定义为四种方式:过境交付、境外消费、自然人流动和商业存在。

技术贸易(International Technology Trade)是指技术供应方通过签订技术合同或协议,将技术有偿转让给技术接受方使用的贸易方式。

有形贸易与无形贸易都是一国国际收支的重要组成部分,这两种贸易的一个重要区别在于,有形贸易需要办理海关手续,其贸易额体现在海关的贸易统计中,而无形贸易由于无须经过海关手续,因此,一般不反映在海关统计资料上。

随着国际经济的发展,近年来,无形贸易在国际贸易活动中占据越来越重要的地位,服务贸易的增长速度明显快于有形贸易的增长速度,且继续保持着十分强劲的势头。特别是乌拉圭回合通过了《服务贸易总协定》,规定把服务贸易纳入国际贸易的规范轨道,逐步实现自由化,进一步促使各国进一步大力发展服务贸易。目前,服务贸易额约占国际商品贸易额的1/4。一些发达国家的服务出口贸易已占其出口贸易额的相当比重,如美国国际贸易额常年保持巨额逆差,然而其服务贸易一直保持较大顺差,并已占出口贸易的一半左右。

3. 按清偿工具划分为自由结汇贸易和易货贸易

(1)自由结汇贸易(Free-Liquidation Trade)指以国际货币作为清偿手段的国际贸易,又称现汇贸易。目前,在世界上能够充当这种国际支付手段的主要有美元、英镑、欧元和日元等可自由兑换货币。

(2)易货贸易(Barter Trade)是以经过计价的商品作为清偿手段的国际贸易。易货贸易的特点是进口与出口直接相联系,双方以货换货,有进有出,进出基本平衡。易货的商品可以一种对一种,也可以一种对多种,多种对多种。这种贸易方式往往适用于一些外汇匮乏国家,用以解决其外汇短缺,难以用现汇从国外购买所需商品的困难。随着各国之间经济依赖性加强,一些有支付能力的国家有时也采取这种贸易方式进行贸易。但是,易货贸易存在以下局限性为:一是交换的商品不易对路,易货的商品未必恰好是双方需求和能够供给的产品;二是受支付平衡的限制,较难做到进出基本平衡,因而贸易规模难以扩大;三是易货贸易手续复杂,谈判周期长;四是由于货物计价不是通过市场竞争形成的,而是由双方谈判确定的,因此,可能出现实际体现的交易价格与国际市场价格偏离较大的情况。

4. 按以货物运输方式划分

(1)陆路贸易(Trade by Roadway)是指采用火车、卡车等陆地运输工具运送货物的贸易,适用于陆地相邻国家间的贸易。

(2)海路贸易(Trade by Seaway)是指采用各种船舶通过海上航线运送货物的贸易,海路贸易是国际贸易的最重要的组成部分,大部分国际贸易的货物都是通过海上运输的。

(3)空运贸易(Trade by Airway)是指通过航空运输的方式运送货物的贸易,主要适用于贵重商品以及对时效要求较高的商品。

(4)邮购贸易(Trade by Mail Order)是指采用邮政包裹的方式运送货物的贸易。

(5)多式联运贸易(Trade by Multimode Transport)是指采取海、陆、空等运输方式中两种或两种以上的运输方式运送货物的贸易。

二、国际贸易的基本概念

(一)对外贸易额和对外贸易量

1. 对外贸易额(Value of International Trade)

对外贸易额是一定时期内(一般指一年),以货币表示的一国从国外进口或向国外出口商品的贸易额,用以反映该国的对外贸易规模。通常来讲,各国都用本国货币表示,但是为了便于国际比较,许多国家按汇率折算成美元来计量。可以分为进口贸易额和出口贸易额。

如果从世界角度研究世界各国或地区的贸易额称为国际贸易额,由于美元是国际贸易中使用最广泛的结算货币,并且是国际贸易组织、国际银行等国际经济组织在编制报告和发布数据时均使用美元计价,因此,国际贸易额一般用美元表示。1990—2009 年世界货物进出口统计总额如表 3-2 所示。

表 3-2 1990—2009 年世界货物进出口统计总额

(单位:亿美元)

年份	进出口总额	年 份	进出口总额
1990	69 990	2000	131 790
1991	71 480	2001	126 740
1992	76 460	2002	132 290
1993	76 570	2003	154 380
1994	87 540	2004	187 700
1995	104 480	2005	213 050
1996	109 480	2006	244 420
1997	113 290	2007	282 800
1998	111 820	2008	325 900
1999	116 310	2009	251 080

注:①1994 年以前数据不包括波罗的海诸国。

从世界范围来看,世界各国进口贸易总额和出口贸易总额分别等于世界各国或地区的进口额和出口额的总和。与计算一国或地区的对外贸易额的方法不同,在统计国际贸易总额时不能简单将世界各国或地区的进口总额和出口总额进行加总得出。因为 A 国向 B 国的出口即为 B 国向 A 国的进口,那样会造成重复计算。按照国际贸易惯例,世界上大多数国家采用 FOB 价格(装运港船上交货价,又称离岸价)计算出口额,采用 CIF 价格(成本和保险费、运费价)计算进口额,因而,据此统计的世界出口总额总是小于世界进口总额。在实际统计中,通常把世界各国或地区出口额的和作为国际贸易总额。

2. 对外贸易差额(Balance of Trade)

对外贸易差额指一定时期内一国(货物与服务)出口贸易总额与进口贸易总额之间的差额,用来表明一国对外贸易的收支状况。当一国出口贸易总额超过进口贸易总额时,称为贸易顺差,也可称为出超;当进口贸易总额大于出口贸易总额时,称为贸易逆差,也可称为入超。如出口贸易总额与进口贸易总额相等,则称为贸易平衡。贸易差额是衡量一国对外贸易状况和国际收支的重要标志。一般说来,贸易顺差表明一国在对外贸易收支上处于有利地位,贸易逆差则处于不利地位。

小专栏

长期的贸易顺差一定有利于国家经济吗?

长期巨额的贸易顺差则不一定意味着有利于国民经济的发展。这是因为,长期赚取贸易顺差本国出口持续大于进口,就必须利用本国资源生产大量的商品和劳务向国外市场供应,导致本国可利用经济资源相对减少,从而实际上降低了广大国民的经济福利。同时,长期顺差往往引发与它国的贸易摩擦,为本国的对外贸易发展增加了障碍和困难。同样,如贸易逆差工业化发展过程中大量引进先进技术及生产资料时,短期的逆差非但不会对经济发展产生不利影响,反而会促进国民经济的发展。同时,逆差也是减少长期顺差的手段。因此,从长期趋势来看,一国的进出口贸易应保持基本平衡或适当规模的顺差。

3. 对外贸易量(Volume of Foreign Trade)

用对外贸易额来反映一国对外贸易的规模和水平,既简洁明了,又便于国际比较。但是,如果有关计价货币的价值发生变动,对外贸易额指标就可能无法确切地反映一国对外贸易的规模。因此,在实际统计中,为了真实地反映一国对外贸易发展的实际规模,往往需要排除价格波动的因素。这种剔除价格变动等因素以后,用进出口商品的计量单位(如数量、重量等)反映的一国对外贸易规模的指标叫做对外贸易量。但是,由于对一个国家种类繁多的进出口商品来说,无法用同类计量单位来表示一国对外贸易的总和,因此,技术上采用剔除价格变动的贸易值来替代贸易量。在实际统计过程中,联合国和许多国家通常用贸易量指数来表示进出口贸易的实际规模,这样,贸易量的计量单位仍是货币单位,便于进行国家之间的比较。由于目前服务贸易统计不完全,对外贸易量主要指对外货物贸易量。

对外贸易量的计算过程一般是:用当年价格表示的进口或出口额除以固定年份为基期计算的进口或出口价格指数,得到以不变价格表示的进口额或出口额。例如,某国的出口值1990年为980亿美元,1998年为1 680亿美元;出口价格指数1990年为100%,1998年为180%,则通过计算可以得出按贸易值计算,该国1998年的出口规模比1990年是扩大了;但按贸易量计算,该国1998年的出口规模比1990年并没有扩大,而是缩小了。世界货物贸易出口贸易额与出口贸易量年均增长率对比如表3-3所示。

表3-3 世界货物贸易出口贸易额与出口贸易量年均增长率对比(%)

	1955—2000	2002	2006
出口贸易额年均增长率	5	5	15
出口贸易量年均增长率	7	3.0	4.5

资料来源:根据WTO,International trade statistics 2007计算得出

(二)对外贸易结构或国际贸易结构(Composition of Foreign/ International Trade)

1. 对外贸易商品结构

对外贸易商品结构指在一定时期内一国进出口贸易中各类商品的构成,即各类商品进出口占总进出口贸易的比重。一国对外贸易商品结构取决于该国自然资源禀赋、经济发展水平、产业结构以及对外经济政策因素。不断提高外贸商品结构中工业制成品的比重,是一国增强国际竞争力的重要表现。这是由于大多数初级产品的国际市场需求弹性较小,同时初级产品的相对价格逐步呈现下跌趋势,其贸易利益明显不及工业制成品。因此,一国出口制成品所占的比重越大,反映它的生产力水平越高,从而它在国际分工的优势地位越明显。总的来说,发达国家主要出口制成品和进口初级产品,发展中国家则主要出口初级产品和进口制成品。近年来,一些发展中国家的出口商品构成已有较大变化,但尚未根本改变上述的基本状况。同时,一国出口商品构成还应力求多元化。出口商品的种类越是多样化,越能够从多方面适应国际市场的广泛需求,就越能抵御国际市场大起大落的猛烈冲击,其在国际贸易中的地位也就是相对有利。

国际贸易商品结构指在一定时期内各类商品在国际贸易中的构成,由各类商品国际贸易额占国际贸易额的比重表示,反映世界经济的发展水平和产业结构变化。此外,商品价格的变动也是影响国际贸易商品结构和对外贸易商品结构的因素。

由于国际贸易商品种类繁多,常见的分类方法之一是根据商品的加工程度,把商品分为初级产品和工业制成品两大类。前者是指未经加工或简单加工的农、林、牧、渔和矿藏的产品,如食品、工业原料、燃料等。后者是指经过机器完全加工的产品,如机器设备、化学制

品和其他工业品等。联合国《国际贸易标准分类》(SITC)把贸易商品分为10大类,其中前五类即为初级产品,后五类是工业制成品。国际贸易商品结构主要通过对比初级产品和工业制成品两大类别分别占国际贸易额的比重得以体现。总的来看,目前,初级产品占各国及国际贸易额的比重下降,制成品所占比重上升表明各国对外贸易及国际贸易商品结构呈现不断优化趋势。同时,国际贸易商品结构的变化还可以通过货物贸易额和服务贸易额占国际贸易额的比重对比体现出来,虽然货物贸易仍然占主导地位,但是,货物贸易占国际贸易比重不断下降,而服务贸易额在国际贸易的地位日益提高。2009年世界出口货物构成如表3-4所示。

表3-4　2009年世界出口货物构成(%)

国家和地区	农业原材料	食品	燃料	矿物和金属	制成品	其他
世界	1.6	9.1	10.5	4	70.4	4.4
高收入国家	1.6	8.6	8.3	3.7	72.5	5.4
中等收入国家	1.6	10.7	17.7	4.9	64	1.2
中国	0.5	2.9	1.7	1.2	93.6	0.1
中国香港	2	6.9	4.4	6.4	79.4	0.9
印度	1.2	8	13.4	6.2	66.8	4.4
韩国	0.9	0.9	9	2.2	86.9	…
新加坡	0.3	1.9	18.5	1.4	70.4	7.6
加拿大	3.6	11.5	25	7.3	50.1	2.5
美国	2.3	10.3	5.8	3.5	66.8	11.3
法国	0.8	12.4	3.6	2	78.7	2.6
德国	0.8	5.6	2.1	2.5	81.6	7.5
意大利	0.7	8.1	3.6	1.8	83.1	2.8
俄罗斯联邦	2.3	3.2	66.7	5.7	17.2	4.8
英国	0.6	6.6	11.1	3.2	72.1	6.4
澳大利亚	2	14.1	31.9	27.4	19.2	5.4
新西兰	9.9	55.7	5.1	3.4	22.3	3.7

资料来源:世界银行WDI数据库

还有一种常见的分类方法是根据商品生产中所需要的某种较多的生产要素，把商品分为劳动密集型商品、资本密集型商品等。

2. 对外贸易和国际贸易地区分布

对外贸易和国际贸易地区分布又称对外贸易和国际贸易的地理方向或国别结构，指一定时期内各国或地区、国家集团在一国对外贸易或国际贸易中所占地位，通常以其进出口总额占该国或国际总出进口贸易总额的比重来表示，反映一国或地区以及国家集团在该国或国际贸易中的地位。世界货物出口贸易地区分布如表3－5所示。世界货物进口贸易地区分布如表3－6所示。

表3－5 世界货物出口贸易地区分布

（单位：亿美元）

年份	1990	1995	2000	2002	2003	2004	2005	2006
世界总计	34 490	51 640	64 540	64 870	75 800	92 110	104 680	120 620
北美洲	5 620	8 566	12 250	11 062	11 630	13 242	14 793	16 752
比重/%	16.3	16.6	19	17.1	15.3	14.4	14.1	13.9
拉丁美洲	1 060	1 489	1 958	1 907	2 191	2 848	3 544	4 262
比重/%	3.1	2.9	3	2.9	2.9	3.1	3.4	3.5
欧洲①	16 849	23 356	26 339	28 394	33 865	40 508	43 972	49 568
比重/%	48.9	45.2	40.8	43.8	44.7	44	42	41.1
亚洲	7 924	14 473	18 373	18 078	21 379	26 544	30 580	35 759
比重/%	23	28	28.5	27.9	28.2	28.8	29.2	29.6
非洲	1 060	1 120	1 478	1 411	1 763	2 301	2 984	3 609
比重/%	3.1	2.2	2.3	2.2	2.3	2.5	2.9	3
其他地区	1 976	2 636	4 142	4 017	4 972	6 667	8 807	10 669
比重/%	5.7	5.1	6.4	6.2	6.6	7.2	8.4	8.8

注：①1994年以前数据不包括波罗的海诸国。

表 3-6　世界货物进口贸易地区分布

（单位：亿美元）

年份	1990	1995	2000	2002	2003	2004	2005	2006
世界总计	35 500	52 840	67 250	67 420	78 580	95 590	108 370	123 800
北美洲	6 845	10 158	16 876	16 051	17 275	20 133	22 900	25 462
比重/%	19.3	19.2	25.1	23.8	22	21.1	21.1	20.6
拉丁美洲	859	1 769	2 063	1 796	1 898	2 428	2 984	3 507
比重/%	2.4	3.3	3.1	2.7	2.4	2.5	2.8	2.8
欧洲①	17 509	23 348	27 748	28 761	34 616	41 608	45 728	52 184
比重/%	49.3	44.2	41.3	42.7	44.1	43.5	42.2	42.2
亚洲	7 615	14 036	16 784	16 572	19 746	24 847	28 815	33 229
比重/%	21.5	26.6	25	24.6	25.1	26	26.6	26.8
非洲	996	1 267	1 294	1 356	1 625	2 081	2 503	2 898
比重/%	2.8	2.4	1.9	2	2.1	2.2	2.3	2.3
其他地区	1 676	2 263	2 486	2 884	3 420	4 493	5 440	6 520
比重/%	4.7	4.3	3.7	4.3	4.4	4.7	5	5.3

注：①1994 年以前数据不包括波罗的海诸国。

在国际贸易中，由于发达国家参与国际商品流通水平较高，在国际贸易中占有主导地位。近年来，在世界出口总额中，美国、德国、日本一直分居世界第一、第二和第三。按各大洲的排列顺序，为欧洲第一、亚洲第二、北美洲第三、拉丁美洲第四、非洲第五、大洋洲第六。

对外贸易地理方向指明了一国出口商品去向和进口商品的来源，反映一国与其他国家或地区以及国家经济集团之间经济贸易联系的程度，以及该国的主要贸易对象和贸易伙伴。一国的对外贸易地理方向通常受到各国经济互补性、各自在国际分工和贸易中的比较优势、各国的需求偏好以及贸易政策的影响。例如，2005 年美国出口贸易的地理方向是发达资本主义国家占 54.8%，其中加拿大占 25.1%，欧洲占 22.1%，日本占 6.1%，发展中国家占 31.6%；同年，美国进口贸易的地理方向是发达国家占 46.2%，其中加拿大占 21.9%，欧洲占 19.6%，日本占 8.2%，发展中国家 33.3%。而由于欧盟内部实行了贸易自由化，欧盟成员国的对外贸易流向主要是欧盟内部其他成员国。如 2005 年德国出口和进口的 63.5% 和 59% 流向了欧盟其他成员国。由此可见，西欧、北美和日本等发达资本主义国家的主要贸易流向仍然是发达资本主义国家。2005 年世界主要国家出口流向构成如表3-7所示，

2005 年世界主要国家进口来源构成如表 3－8 所示。

表 3－7　2005 年世界主要国家出口流向构成(%)

	美国	日本	德国	英国	法国	意大利	中国
世界	100	100	100	100	100	100	100
发达国家	54.8	42.3	80.3	78	76.7	75.7	55.2
欧洲	22.1	15.2	68.1	57.3	66	63.8	19.3
欧盟	20.6	14.6	63.5	53.6	62.6	59.4	18.9
美国		22.9	8.8	15.1	7.1	8	21.4
日本	6.1		1.7	1.9	1.5	1.5	11
其他	26.5	4.2	1.8	3.7	2	2.3	3.4

表 3－8　2005 年世界主要国家进口来源构成(%)

	美国	日本	德国	英国	法国	意大利	中国
世界	100	100	100	100	100	100	100
发达国家	46.2	32.5	76.2	71.8	78.8	67.8	38.5
欧洲	19.6	12.6	65.2	56.8	70.9	61.5	11.9
欧盟	18.3	11.4	59	50.4	66.9	57.8	11.1
美国		12.7	6.6	8.7	5.1	3.5	7.4
日本	8.2		3.4	3.3	1.6	1.6	15.2
其他	18.5	7.1	0.9	3	1.2	1.2	4

(三)对外贸易依存度

对外贸易依存度又叫做对外贸易系数,指一国货物与服务的对外贸易额(进出口总额,$X+M$)在国民生产总值(GNP)或国内生产总值(GDP)中所占的比重,用来表示该国经济对国际市场的依赖程度和该国国际化的程度。一般认为,贸易依存度越高,一国对外开放程度就越高;反之依然。其计算公式为

$$对外贸易依存度=\frac{X+M}{GDP}\times 100\%$$

还可以计算一国的进口依存度和出口依存度。一国进口额在国内生产总值中的比重称为进口依存度。进口依存度的公式为

$$进口依存度=\frac{M}{GDP}\times 100\%$$

由于进口值不是该国在一定时期内新创造的价值，使外贸依存度表现得较高，因此，在进行国际比较中，更经常使用出口依存度的概念。出口依存度是指一国在一定时期内出口额在国内生产总额中所占的比重。出口依存度的公式为

$$出口依存度 = \frac{X}{GDP} \times 100\%$$

一国的对外贸易依存度受国内市场的发展程度、加工贸易的层次、汇率的变化等因素的影响。通常来讲，国内市场化程度较高的国家对外贸易依存度低于国内市场不发达国家的对外贸易依存度；从事低层次加工贸易国家对外贸易依存度高于从事高层次加工贸易国家对外贸易依存度。

第二次世界大战后，随着经济全球一体化程度的不断加深，各国或地区的经济发展互相影响、互相依赖日益加强，世界各国或地区的对外贸易依存度均呈现上升趋势。世界出口总额占世界 GDP 的比重在不断提高：1950 年为 5%，1960 年为 10.5%，1970 年为14.9%，1980 年为 16.6%，1990 年为 19.9%，2000 年为 24.6%。这充分反映了世界各国之间的经济贸易联系越来越密切，外贸在各国国民经济中的地位也越来越重要。其中，一些外向型经济导向国家出口占国民生产总值的比重尤其高，如 2006 年新加坡和香港的出口额占 GDP 比重分别高达 252.6% 和 205.7%。世界各国/地区进出口贸易依存度（货物和服务进出口）占国内生产总值比重如表 3-9 所示。

表 3-9　世界各国/地区进出口贸易依存度（货物和服务进出口）占国内生产总值比重（%）

国家和地区	出口贸易依存度			进口贸易依存度		
	2000	2005	2006	2000	2005	2006
世界	24.6	—	—	24.8	—	—
高收入国家	23.8	—	—	24.3	—	—
美国	11.2	—	—	15.1	—	—
日本	11	—	—	9.6	—	—
德国	33.4	40.1	—	33	35.1	—
英国	28	26.1	—	30.1	30	—
法国	28.6	26.1	—	27.7	27.1	—
意大利	27.1	26.3	—	26.1	26.4	—
澳大利亚	22.4	—	—	22.3	—	—
加拿大	46.1	—	—	40.3	—	—
新加坡	191.8	244.3	252.6	176.7①	214.8	220.9

表 3－9(续)

国家和地区	出口贸易依存度			进口贸易依存度		
	2000	2005	2006	2000	2005	2006
中国香港	143.6	198.7	205.7	139.1	186.3	194
中等收入国家	29.7	35.1	34.7	28.1	32.1	32.6
中 国	23.3	37.3	36.8	20.9	31.7	32.9
印 度	13.2	20.3	—	14.2	23.3	—
俄罗斯联邦	44.1	35.1	33.3	24	21.5	20.2
低收入国家	19.4	24.9	—	20.8	28.5	—

小专栏

如何看待一国的对外贸易依存度？

二战以后，世界平均的出口依存度一直呈上升趋势。从横向看，人均收入水平越高的国家，其外贸依存度也往往相对较高。

然而，在进行外贸依存度的国际比较时，还要考虑各国的 GDP 构成。相对而言，第三产业的可贸易程度较低，因此 GDP 中第三产业的比重越高，外贸依存度可能就越低。各国 GDP 的结构差异明显，例如，美国第三产业占 GDP 的比重高达 75%，而我国当时第三产业占 GDP 的比重不到 50%。合理的国际比较，应该充分考虑 GDP 构成的差异。世界银行直接用商品贸易额与商品 GDP 的比值来衡量各国经济开放程度的方法，衡量各国的外贸依存度。按照这种衡量指标得出的我国的外贸依存度远低于世界上主要的大国经济。

此外，在我国对外贸易中，加工贸易占有了主导地位，因而，我国从对外贸易中获益不大，从对外贸易方式的结构来看，来料加工、来样加工、来料装配等占我国进出口总额的比例为 50% 以上，这无疑夸大了我国对外贸易的实际规模。如果扣除这一因素，我国进出口贸易规模的国际地位和贸易依存度都将会有所下降。

(四) 贸易条件

国际贸易对生产、消费及贸易利益的影响，很大程度上取决于其国际交换价格，即贸易条件。贸易条件(Terms of Trade)指在以货币为媒介、以价格表示交换价值的条件下，出口一单位商品换回进口商品的数量。贸易条件一般以一定时期内出口商品价格与进口商品价格之间的比率来表示。因此,贸易条件又叫“进出口交换比价”,或简称为“交换比价”。由于涉及所有进出口商品的价格,而一个国家的进出口商品种类繁多,因此通常采用一国在一定时期(如一年)里的出口商品价格指数与进口商品价格指数的比值进行计算。其具体公式是

$$N = \frac{P_X}{P_M} \times 100$$

其中,N 代表贸易条件指数,P_X 表示出口价格指数,P_M 表示进口价格指数。

计算的结果如果指数大于100,表明贸易条件得到改善,意味着每出口一单位商品能换回的进口商品数量比原来增多,即该国出口越多,交换越有利;如指数小于100,则表明贸易条件恶化,意味着每出口一单位商品换回的进口商品数量比原来减少,贸易利益减少。这种情况下,出口越多,商品交换越不利,因此,政府应采取措施,调整进出口商品结构,以改变对外贸易的不利状况。

三、国际贸易方式

随着各国经济和世界贸易的快速发展,出现了灵活多样的国际贸易方式,主要有:对外加工装配贸易、进料加工贸易、补偿贸易、国际租赁等形式。

(一)对外加工装配贸易

企业开展对外来料加工(Processing with Given Materials)、来件装配(Assembling with Provided Materials)和来样生产(Processing with Provided Drawings and Samples)业务统称为对外加工装配业务。来料加工是指受托方接受委托方提供的原材料、辅料、包装物等,按照合同中要求的技术和质量标准进行加工,成品交给对方,收取一定的加工费。来件装配是指受托方接受委托方提供的零部件、元器件等,由加工方按合同要求装配成成品,交给对方,并收取工缴费。来样生产是委托方提供式样、图纸、规格、款式等,由受托方使用本地的原材料、辅料加工制造产品,成品交付对方,并收取加工费和原材料费用。

对外加工装配业务(主要指来料加工和来件装配)实质上是一种劳务出口形式。在这种业务中,虽然也有物的移动,即原材料或零部件的“进口”和成品的“出口”,但并没有这些物的所有权的转移。不论是原材料、零部件或成品,其所有权始终属国外委托加工者。而当地的加工企业只是付出一定的劳动,把原材料或零部件转化成了成品,从中取得劳动报酬。所以,这是一种以商品为载体的劳务出口,但借用了货物进出口的形式。

1. 对外加工装配贸易的作用和局限性

对外加工装配贸易这种国际经济合作方式的出现,促进了国际分工的深化。对委托方来说,可以利用受托方低廉的劳动力,降低生产成本,提高利润率,还可以扩大生产规模,为多余的资金、物资找到出路,增加销售额和利润。

对加工装配的受托方来说,主要具有以下作用。

一是可以发挥本国劳动力资源的潜力。利用现有的厂房、设备在国内进行加工装配，不但可以扩大就业，而且可以增加外汇收入。

二是补充国内原料不足。有利于取得在花色、品种、规格、质量、数量等方面国内不能满足出口生产需要的原材料和零部件。

三是有利于本国出口商品适应国际市场的需要。加工装配业务不受原材料、花色、品种的制约，按外商指定要求制作，保证出口商品更加适销，提高产品在国际市场的适应能力和竞争能力。

四是有利于引进国外先进设备、技术和管理经验，加工装配贸易中，为保证产品质量，委托方有时会提供先进的生产设备和加工技术供受托方使用，受托方可学到一些先进管理经验和技术。

产品的生产和销售权实际都掌握在委托方手中，受托方处于被动地位。一旦国际市场不景气或受到季节性因素的影响，受托方不及时来料，或者当市场看好时委托方要求增加加工数量，使委托方难以保持均衡正常的生产。有些委托方要求的产品生产过程有严重污染，会污染受托方的环境。加工装配的产品一般都是本企业原本生产经营的同类产品，可能会冲击受托方原有的出口产品销售。

(二)进料加工业务

从国外购进原材料，加工产品后再销往国外的方式称为进料加工。由于进口原材料的目的是为了扶植出口，所以这种方式又称为“以进养出”。

进料加工和来料加工、来件装配有相似的地方，二者均表现为“两头在外”，即原料来自国外，成品又销往国外，但二者有明显的不同：

第一，进料加工业务中，原料进口和成品出口是两笔不同的交易，两笔交易均发生所有权转移，且原料供应者与成品购买者之间没有必然的联系。而来料加工、来件装配属于委托加工，原料运进和成品运出属于一笔交易，原料供应者也就是成品的接受者。

第二，进料加工业务中，企业从国外购进原料，经过加工使价值增值，再销往国外市场，全部产品附加值都由加工企业取得，企业也要承担相应的销售风险。而在来料加工、来件装配中，加工企业挣取的仅仅是劳务报酬，商品附加值的相当大部分由委托商获得，相应地，加工好的产品由委托方自行销售，加工方无须承担销售风险。

1. 进料加工的方式

(1)先签订合同进口原材料、加工出产品后再寻求市场和买主。这种方式的优点是进料时可以选择价格较低的时机，而且交货期较短。但采用这种方式，需要随时掌握国际市场动态，以保证产品适销对路，避免积压。

(2)先签订出口合同，再根据买方的要求从国外购进原材料，进行加工生产。这种方式能够保证产品的销路，但必须确保合格原料的及时采购供应，否则会影响成品质量或导致无法按时交货。

(3)对口合同方式,即同时签订进口原料的合同和出口成品的合同。但这两个合同之间并没有联系。这种方式能保证原料的来源和成品的销路,通常原材料的提供与成品购买并不是同一地区。

2. 进料加工的作用

(1)进料加工利用国外提供的资源进行生产,弥补了国内资源的不足,同时扩大了商品的生产和出口,为国家创造了外汇收入。

(2)开展进料加工可以根据国际市场发展趋势和客户的要求,组织原材料进口和加工生产,有助于提高出口商品的档次,做到适销对路,减少产品积压。

(3)进料加工是国际分工的一种方式,它将国外的资源和市场与国内的生产能力相结合。我国可以通过进料加工,充分发挥劳动力价格低廉的优势,并利用相对过剩的生产加工能力,扬长避短,促进外向型经济的发展。

(三)补偿贸易

补偿贸易是指在信贷的基础上,国际间以商品、劳务和资源偿付引进设备和技术等价款的一种贸易方式。从这个意义上看,补偿贸易的根本性质是资本、资源、劳务、技术等生产要素在国际间相互转移和生产领域内的直接结合。

1. 补偿贸易的形式

按照偿付标的不同,补偿贸易可分为以下几类。

(1)直接补偿。又称“返销”“回购”,指一方进口国外的设备和技术后,用这些设备和技术所生产的直接产品偿还价款。这是补偿贸易最基本的做法。在这一方式下,技术设备出口方必须向进口方承诺购买直接产品的义务。

(2)间接补偿。指机器设备进口方不用上述直接产品,而以双方商定的其他产品补偿。这种做法与互购相似,但实质却不同。间接补偿只需签订一个合同,而互购需签订两个既独立又相互联系的合同。

(3)劳务补偿。这是补偿贸易与来料加工或来件装配相结合的方法,即由一方提供机器设备的同时,提供原材料等委托对方加工装配,另一方用加工费收入分期偿还机器设备的价款。

(4)综合补偿。指进口方以部分产品、部分外汇或部分直接产品、部分间接产品搭配的方式偿还设备价款。在这种方式中,双方交易形式更为灵活,但也很复杂。

2. 补偿贸易的特点

(1)贸易与信贷相结合。补偿贸易与易货贸易不同,一方向另一方出口机器设备的同时,也向对方提供信贷,是一种贸易和信贷相结合的方式。

(2)贸易与生产相联系。在此方式下,出口方往往更关心进口方的工程项目进展和产品生产情况,直接补偿方式尤其如此。

(3)进口与出口相结合。设备、技术等的出口方必须同时承诺回购设备进口方的产品或劳务，从而实现了购与销、进口与出口的紧密结合。

(4)不以货币作为主要的支付手段，而是以产品/劳务作为主要支付手段，且不是立即、全部兑现，而是分期付清的。

(5)交易并非一次完成，而要经过多次才能完成。交易开始到完成，短的可能1~2年，长的甚至10~20年。

补偿贸易对交易双方都有十分重要的作用。通过引进先进的技术、设备，进口方可以提高技术和产品质量，增强企业的竞争力，而对方的回购又使出口扩大，开辟新的销售渠道和销售市场；设备出口方可以通过这种方式增加出口，且通过销售回购产品来获得利润。

补偿贸易也存在一些缺点和局限性。由于内容复杂，持续时间长，风险较大，因此难以寻找贸易的伙伴，而且出口方往往会提高设备出口价格，压低补偿产品的价格，并且提出比较严格的交货要求。

(四)国际租赁

第二次世界大战之后，国际租赁在一些发达国家兴起，并很快推广到发展中国家，成为许多国家普遍采用的一种融资方式。目前，国际租赁活动越来越活跃，租赁的内容越来越广泛，在一些国家的对外经济活动中占有重要地位，是国际经济合作的主要方式之一。

1. 国际租赁的特点

国际租赁是指不同国家的出租人与承租人之间在约定期间内将出租资产交给承租人有偿使用的租赁关系。国际租赁具有以下特点：

(1)国际租赁是一种商品所有权和使用权相分离的商品流动形式。出租人将租赁标的物交给承租人，在租期内出租人拥有租赁物的所有权，承租人只享有使用权。

(2)出资人和筹资人享有减免税优惠。在纯粹租赁的情况下，出资人与筹资人均可以享受减税优惠或免交财产税的好处。

(3)租赁是融资、融物相结合的借贷业务。租赁把货币信贷和实物信贷两者融合在一起，但以货币形态的方式偿还资金。

(4)国际租赁是多边经济合作关系。一项国际租赁业务需要多种协议，共同完成交易。除了出租人与承租人之间的租赁合同，往往还需金融机构介入，提供融资服务。

2. 国际租赁的作用

(1)国际租赁对承租人的作用：可以提高资金的运作效率。利用国际租赁，企业不必一次性支付巨额外汇购买设备，只需按时支付租金；可以避免资产过时的风险。通过国际租赁，资产过时的风险由出租人承当，与承租人无关，使用方无资产贬值的风险有助于突破资本规模的限制。国际租赁最大的优点在于它的灵活性，通过租赁而非购买，可以免受资本有限的制约。可以避免通货膨胀的不利影响。如果物价上涨，租金支付的纯成本实际上是不断下降。

(2)国际租赁对出租人的作用：出租人对租赁设备拥有所有权，与信贷比更为安全可靠;可以用租赁设备作抵押取得贷款,减少自有资本的投资;通过租金收入,除收回全部设备投资和利息外,还可以获得可观的利润;可以获得税务优惠和加速折旧的好处;通过租赁,提供设备维修保养、技术人员培养等工作,还可增加附带的收入。

第二节 国际贸易的产生与发展

国际贸易首先是一种贸易活动。按照商品买卖的发展过程,交换所涉及的居民居住的地域范围,可以把贸易活动分为三个层次:①地区贸易;②全国贸易;③国际贸易。前两个层次的贸易可以叫做国内贸易,而国际贸易则是随着历史的演进,国内贸易突破国境限制与国际市场相联系的贸易。

作为商品的交换的贸易,是一定历史条件下的产物。它的产生必须具备两个基本条件:一是作为物质条件的剩余产品出现,二是私有制社会——国家的形成。从根本上来说,社会生产力的发展、社会分工的出现和扩大,是促进国内贸易发展的根本动力。而国际贸易是伴随着国际分工的出现和世界市场的形成而发展起来的。

一、资本主义生产方式产生以前的国际贸易

1. 原始社会时期的贸易

在原始社会初期,生产力水平极其低下,人们处于自然分工状态,劳动成果仅能维持群体最基本的生存需要,产品都归社会(氏族部落)公有,实行平均分配,没有剩余产品可供交换,因此不存在贸易。

人类历史的第一次社会大分工,即畜牧业和农业的分离,促进了原始社会生产力的发展,产品除维持自身需要以外,出现了少量的剩余。最初,为了获得本氏族或部落不生产的产品,出现了氏族或部落之间偶然发生的物物交换。随着社会生产力的继续发展,手工业从农业中分离出来成为独立的部门,形成了人类社会第二次大分工。手工业的出现促使直接以交换为目的的生产——商品生产的形成。商品交换逐渐成为一种经常性的活动,市场也逐步形成。随着商品生产和商品交换的进一步扩大,出现了货币,于是,出现了以货币为媒介的商品流通,进一步促使私有制和阶级的形成。由于商品交换的日益频繁和交换地域范围不断扩大,形成了第三次社会大分工——产生了专门从事贸易的商人阶层,商品生产和商品流通进一步扩大,阶级和国家相继最后形成。到原始社会末期,当商品流通跨越国界,就产生了对外贸易。

原始社会的三次大分工促进了社会生产力的发展和剩余产品的增加,同时也促进了私有制的发展和奴隶制的形成。在原始社会末期和奴隶社会初期,随着阶级和国家的出现,

商品交换超出了国界,国家之间的贸易便产生了。因此,在生产力和社会分工发展的基础上,商品生产和商品交换的扩大,以及国家的形成,促使了国际贸易的产生。

2. 奴隶社会时期的国际贸易

进入奴隶社会以后,随着国家的出现、社会分工的扩大以及社会生产力的发展,对外贸易有了一定程度的发展。在奴隶主占有生产资料和奴隶的奴隶社会,对外贸易的内容是为奴隶主阶级服务,国家之间进行交易的商品主要有两种:一是奴隶,奴隶的来源是战争、债务人或罪犯。据记载,古希腊的雅典就是当时著名的奴隶买卖中心。二是宝石、香料和各种织物等专供奴隶主贵族享用的奢侈品。

奴隶社会时期从事国际贸易的国家主要有腓尼基、希腊、罗马等,这些国家的商人在地中海东部和黑海沿岸地区从事贸易活动。我国在夏商时代进入奴隶社会,贸易主要集中在黄河流域沿岸的各国。

在奴隶社会,自然经济占主导地位,其特点是自给自足,生产目的主要是消费,而不是交换。奴隶社会虽然出现了手工业和商品生产,但在社会生产中的地位显得微不足道,进行交换和进入流通的商品数量很少。同时,由于社会生产力水平低下,生产技术落后,交通设施和交通工具简陋,对外贸易局限在很小的地域范围内,因此,国际贸易的规模和内容都很有限。

3. 封建社会时期的国际贸易

封建社会时期的国际贸易比奴隶社会时期有了较大的发展。在封建社会早期,封建地租主要采取劳役和实物的形式,进入流通领域的商品不多。到了封建社会中期,随着商品生产的发展,货币地租取代实物地租,商品经济得到进一步的发展。封建社会晚期,随着城市手工业的发展,资本主义经济开始萌芽,商品经济和对外贸易进一步发展。

在封建社会,国际贸易的主要商品范围有所扩大,除了奢侈品以外,还有日用手工业品和食品,如棉织品、地毯、瓷器、谷物和酒等。欧洲从东方进口的商品主要有我国的丝绸、瓷器、茶叶,印度的珠宝、蓝靛、药材、地毯,以及东南亚的香料。这些商品在欧洲人的消费中占据了越来越重要的地位。但欧洲向东方出口的产品却不多,主要是羊毛、呢绒和金属制品。

在封建社会,国际贸易的地域范围也明显扩大。在欧洲封建社会的早期阶段,国际贸易主要集中在地中海东部。东罗马帝国时期,君士坦丁堡是当时最大的国际贸易中心。公元7—8世纪,阿拉伯人控制了地中海的贸易,往来于亚洲、非洲和欧洲之间,通过贩运非洲的象牙、我国的丝绸、远东的香料和宝石,成为活跃在欧、亚、非三大洲之间的贸易中间商。

中世纪后期西欧的势力扩张较大地推动了国际贸易。公元11世纪到13世纪,十字军东征使地中海再一次成为欧亚大陆贸易的海上通道。同时,十字军东征使西欧目睹了东方发达的经济和丰富的物质,刺激了西欧各国扩张的动机,大大推动了欧洲以及欧亚大陆的贸易发展。到了14世纪,整个欧洲已形成了几个主要的贸易区,包括地中海贸易区、北海和波罗的海贸易区、东欧罗斯贸易区、德意志北部和北欧斯堪的纳维亚地区的汉萨贸易区，以及不列颠贸易区。这些贸易区不仅有大量的区内交易，相互之间的贸易往来也很密切。

与此同时，亚洲也形成了几个比较重要的贸易区，包括以我国、朝鲜和日本为主的东亚贸易区，占婆（今越南南部）和扶南（今柬埔寨）等国的东南亚贸易区，以及以印度为主的南亚贸易区。我国早在西汉时期就开辟了从长安经中亚通往西亚和欧洲的陆路商路——丝绸之路，把我国的丝绸、茶叶等商品输往西方各国，换回良马、种子、药材和饰品等。到了唐朝，还开辟了通往波斯湾以及朝鲜和日本等地的海上贸易。元朝时期，元帝国三次西征，打通了从我国直至欧洲的通道。由于造船技术的进步，海上贸易进一步发展，海上贸易通道主要从地中海，经红海和印度洋到印度，或从波斯湾经阿拉伯海到印度。明朝永乐年间，郑和率领商船队七次下“西洋”，经东南亚、印度洋到达非洲东岸，先后访问了30多个国家，用我国的丝绸、瓷器、茶叶、铜铁器等同所到的国家进行贸易，换回各国的香料、珠宝、象牙和药材等。

尽管如此，虽然随着社会生产力的提高、社会分工和商品生产的发展，封建社会时期国际贸易的商品内容和地域范围有所扩大。但是，由于受到生产方式和交通条件的限制，在15世纪前，整个社会经济和国际贸易仍然是建立在自然经济的基础上，国内贸易和国际贸易在社会经济中不占有重要的地位。国际贸易的主要目的是为了满足统治阶级奢侈生活的需要，地域也主要局限于各洲之内和欧亚大陆之间。15世纪的“地理大发现”及由此产生的欧洲各国的殖民扩张大大推动了资本主义的产生和各国/洲之间的贸易，从而开始了真正意义上的“国际贸易”，因此，国际贸易直到资本主义社会才获得了广泛的发展。随着资本主义生产方式在欧洲的建立，18世纪中期到19世纪70年代，资本主义进入了自由竞争时期。

二、资本主义时期的国际贸易

1. 地理大发现及其对国际贸易的影响

“地理大发现”之前，欧洲城市的兴起和农业手工业生产力的提高促进了生产分工，进一步促进了商品市场的发展。商品经济的发展需要更大规模的贸易。然而，由于土耳其奥斯曼帝国的崛起和扩张，从欧洲通往波斯、印度和我国的商路几乎中断了。欧洲国家不得不努力寻找新的贸易通道。与此同时，随着经济的发展，欧洲的技术，尤其是在造船及其他航海设备方面也获得了很大的进步。宗教动力、通过贸易获取东方财富的强烈欲望、开辟海上新通道的迫切需要，加上具备了远航的航海设备与技术条件，欧洲人在15世纪末至16世纪初开始了“地理大发现”。

1492年，意大利人哥伦布率领西班牙船队发现了美洲新大陆；达·迦马率领葡萄牙船队于1497年绕过好望角，到达南亚西海岸，打通了欧洲通往印度的新航路；1519年，麦哲伦率领西班牙船队在经过大西洋进入太平洋到达亚洲的菲律宾群岛，完成了环球航行。随后，欧洲国家又陆续开辟了一系列通往四方的新航道，发现了大片前所未有的新土地。“地理大发现”把原来相对孤立发展的各国联系起来了，真正意义上的国际贸易由此发展起来。

地理大发现对西欧经济发展和全球国际贸易产生了十分深远的影响。主要体现在以下几方面。

第一，促使欧洲经济出现商业革命。地理大发现后，各国资源的差距使得国际流通中的商品种类与数量大大增加，世界市场得以扩大。欧洲市场上出现许多新的商品，如非洲生产的咖啡、美洲生产的玉米、烟草、可可。同时，欧洲的产品也有了更大的销售市场。欧洲与非洲、美洲之间贸易的扩大促进了专业化分工，各国产品价格差异产生的巨大贸易利润又进一步促进了国际贸易规模的扩大。欧洲建立了专门从事国际贸易活动的新型合股公司，动员社会大量闲散的资本从事商业投机。其中著名的有荷兰、英国的东印度公司和荷兰、法国的西印度公司。国际贸易逐步成为一个以牟利为目的的巨大产业。

第二、国际贸易中心的转移。由于美洲新大陆和新航线的开辟，欧洲的贸易中心由原来的地中海沿岸转移到大西洋沿岸。意大利的威尼斯、热那亚等商业城市开始出现衰落，北海两岸的港口城市逐渐繁荣，日益成为海上贸易中心。

第三，地理大发现引发了殖民扩张和殖民贸易。西欧国家在殖民地推行殖民政策，在殖民地开发矿山、建立种植园，生产和提供本国不能生产的原料和农产品，并扩大本国工业品的生产和出口。据此，出现了宗主国与殖民地之间最初的垂直形的分工形式，客观上推动了洲与洲之间的贸易。

从 15 世纪开始到 16 世纪中期，葡萄牙和西班牙占领了非洲和中南美洲的大批土地，并通过它的殖民统治，垄断了东方贸易。荷兰后来也加入了殖民扩张，到 16 世纪中期，荷兰基本上占领了原来葡萄牙的殖民地，势力甚至超过了西、葡两国，并建立东印度公司和西印度公司垄断殖民地贸易，获取暴利。英国和法国继葡、西、荷之后成为殖民大国。英国从 16 世纪末远征印度，开始了疯狂的殖民扩张。到 18 世纪中期，英国先后战胜了葡萄牙、西班牙、荷兰以及法国，占领了北美、西印度群岛、亚洲和非洲的大片土地，成为世界上最大的殖民帝国。通过从印度大量收购香料、棉织品、丝织品以及其他贵重物产和农副产品运回欧洲高价出售，在北美建立生产烟草、大米、蓝靛和棉花的奴隶制种植园，从非洲向北美贩卖奴隶。殖民贸易给英国带来了巨大的利益，据统计，在 17 世纪末，英国贸易所得利润年平均为 200 万英镑，近三分之二的利润来自于殖民贸易。

地理大发现以后，国际贸易从单纯的互通有无变成了以牟利为主的商业行为，这段时期国际贸易的主要方式是暴力控制下的殖民贸易。地理大发现以及由此带来的西欧殖民扩张客观上加速了资本原始积累，极大地推动了国际贸易的发展，从而初步形成了一个以西欧为中心的世界市场。当时的贸易商品结构和地理流向主要是：

(1)欧洲向美洲出口制成品，主要是纺织品、金属制品、家具、家庭用具、酒和其他消费品。

(2)从非洲输往美洲的主要是奴隶。奴隶贸易不仅为欧洲人获得巨额利润用以购买美洲和亚洲的商品,也为在美洲生产商品和原料提供了大量的廉价劳动力。

(3)从美洲流向欧洲的商品主要是在殖民地开采的黄金和白银,生产的烟草、棉花、粮食、海洋产品和糖等。

(4)欧洲从亚洲及东方各国进口的主要产品仍然是香料、丝织品、茶、咖啡等。17 世纪后,远东的纺织品成为欧洲大量进口的商品之一。

2. 工业革命对国际贸易的影响

从 16 世纪到 18 世纪,西欧列强通过殖民扩张和发展海外贸易,获得了大量的金银财富,加速完成了资本的原始积累;另一方面,海外市场的不断开发逐渐扩大,使得对欧洲工业产品的需求迅速增加,大大刺激了欧洲的工业生产。西欧国家与其殖民地之间的贸易促进了世界市场的形成的扩大。这些都为资本主义生产方式的产生以及生产关系的形成奠定了坚实的物质基础。

工业革命,也称为第一次科技革命,于 18 世纪 60 年代始于英国,使英国成为世界第一个工业国家——"世界工厂"。当时的英国被誉为"日不落帝国",是全世界最大的殖民帝国,其与殖民地的贸易以惊人的速度增长。殖民地对铁制品和棉纺织品的需求促进了以纺织机、蒸汽机和冶金新技术为代表的工具、动力和材料上的技术革命,推动了英国炼铁工业和纺织工业的形成和发展。并逐渐形成了一批新兴的工业城市,有钢铁工业基地伯明翰,棉纺织工业中心曼彻斯特。1860 年,英国人口占全世界人口比重的 2%,但其工业生产占世界工业品总产量的 45%,进口和出口分别占世界进口和出口总额的 1/3 和 1/4。继英国之后,在 19 世纪,法、德、美等国也相继完成了产业革命。

机器大工业的建立,为资本主义制度奠定了物质技术基础,工业革命为国际贸易提供了坚实而又广阔的物质基础:一方面,蒸汽机的发明开创了机器大工业时代,使生产力大大提高,物质产品大为丰富,促进了真正意义上的国际分工形成;另一方面,交通运输工具和通信技术的进步,大大缩短了国际运输所需要的时间,使国际贸易变得更加迅速方便,推动了统一国际市场的建立,使世界从传统农业社会转向以工业生产为主的现代经济。

国际贸易从前原先局部的、地区性的交易活动转变为全球范围和意义上的国际贸易,国际贸易的规模和种类迅猛增长。这个时期的国际贸易发展出现以下特点。

(1)国际贸易量迅速增长。工业革命以后,国际贸易出现了前所未有的大发展。18 世纪初到 19 世纪初的近 100 年里,国际贸易总额增长了 1 倍多。然而,在 19 世纪的前 70 年(1800—1870 年)中,国际贸易就增长了 6.7 倍,平均年增长率超过 9%。如果扣除价格下跌的因素,实际贸易量增长了 9.6 倍。

(2)国际贸易商品结构发生变化。工业革命还改变了国际贸易中的商品结构。在地理大发现之前,国际贸易中的主要产品是农产品和手工业产品。欧洲国家殖民扩张以后,出现了一些殖民地奴隶种植园中生产的如蔗糖、咖啡、可可、茶叶等大宗消费品,但是当时工业原料和制成品在国际贸易中仍不占主要地位。工业革命以后,国际贸易的商品结构和流向都发生了重大变化,主要表现如下。

第一,机器纺织品特别是棉纺织品成为欧洲最重要的大宗出口产品,取代了印度、我国等国的传统手工纺织品,成为19世纪国际贸易中最主要的工业制成品。

第二,大宗工业原料成为殖民地和半殖民地国家的主要出口产品。棉花、黄麻、生丝、烟草以及矿产原料逐渐取代香料、茶叶等成为19世纪初级产品贸易中的重要商品。

第三,机器设备和金属制成品在国际贸易中的地位迅速上升。随着英法等国的殖民扩张和资本输出、铁轨、机车、蒸汽机、矿山机械等机器设备成为重要的贸易产品。

第四,农产品特别是谷物贸易大大增加。农产品作为初级产品,在自然经济的国际贸易中比重并不大。工业革命促使农业实现了机械化,使得美国、加拿大等大规模农业生产国家的生产成本和相对价格大大降低。作为比较优势和专业化分工的结果,农产品贸易占国际贸易的比重也增加了,粮食占当时贸易额的1/10左右。

第五,贸易方式发生变化。传统的集市贸易逐渐被契约交易关系所取代,出现了展览会,商品交易所等新兴的国际贸易交易市场。1848年,第一个谷物交易所在美国芝加哥出现,并开始从事期货交易;1862年,在伦敦成立了有色金属交易所。同时,新兴的国际信贷、金融工具逐步发展起来,各种商业票据开始在国际贸易中得到广泛的使用。

第六,出现了双边和多边的国际贸易条约和协定。1860年,英国与法国签订了《英法通商条约》,规定双边贸易相互减少关税。此后,许多国家通过与英法缔结最惠国条约以期享受同等待遇,由此产生了现代意义的最惠国待遇条款。

3. 第二次科技革命对国际贸易的影响

19世纪后期,以德国和美国为代表的资本主义国家发生了第二次科技革命,大批的发明使工业技术得到了改善和运用,并在工业生产中发挥了重要作用。发电技术、照明技术、电信技术、各种化学产品的发明与生产等发明创造产生了大量新兴的工业部门,另一方面,大大提高了劳动生产率,使工业生产规模进一步扩大,1850—1870年间,世界工业产量增长了1倍,而1870—1890年间,世界工业产量增加2.2倍。同时,重工业在世界工业中开始占主导地位,欧美各资本主义国家继英国之后先后完成了以重工业为主导的工业化过程,并强化了工业部门之间和内部的专业化分工。在第二次科技革命的推动下,交通运输业和通信业得到了进一步的发展。全世界铁路里程由1870年的21万公里增加到1913年的110万公里,商船的总吨位也增加了一倍多。同时,海底电缆的铺设、电报和电话的出现使通信业有了很大发展。工业、交通和通信业的发展为国际贸易的进一步发展奠定了坚实的基础。这一阶段的国际贸易发展主要表现在以下几个方面。

(1)国际贸易规模迅速增长。从1870年到第一次世界大战前,世界出口总额从51.3亿美元增加到184亿美元,增长了近2.6倍,年平均增长率达6%,远远高于同期世界工业生产的增长速度。

(2)世界工业布局直接影响了国际贸易的地理方向。欧洲继续保持世界工业中心地位,在国际贸易中也居主导地位。到 1913 年,欧洲地区出口贸易占全世界出口总额的 58.9%,进口贸易占世界进口总额的 65.1%。

(3)形成了工业化国家生产和输出工业制成品,经济不发达的农业、手工业国家生产和输出初级产品的国际分工格局。第二次科技革命改变了国际贸易商品结构,制成品比重上升,约占全世界商品贸易总额的 1/3。

从 19 世纪后期,资本主义进入垄断阶段,国际贸易也不可避免地带有"垄断"的特点。少数垄断组织控制了主要资本主义国家的对外贸易、国际贸易的地理方向和商品构成。同时,垄断组织还通过输出巨额资本,推动其商品输出范围和规模的扩大。这些国际垄断组织还通过互相勾结,共同瓜分世界市场。此时资本主义的国际贸易完全是国际垄断组织为攫取高额垄断利润,更有效地争夺原料产地、商品市场和投资场所。总的来讲,在这一时期,国际贸易的范围和规模进一步扩大,国际贸易越来越成为影响各国经济发展的重要因素。

4. 两次大战期间的国际贸易

两次世界大战期间,资本主义世界爆发了三次经济危机,战争的破坏和空前的世界性经济危机大大削弱了欧洲各国的经济和军事实力,也极大地影响了国际贸易。这一时期,世界工业生产极为缓慢,在 1913—1938 年的 25 年间,世界工业生产量只增长了 83%。同时,这一时期贸易保护主义显著加强,奖出限入措施交互推进,国际贸易发展障碍重重,国际贸易的增长更为明显地落后于世界工业生产的增长。两次世界大战期间,国际贸易的扩大过程几乎处于停滞状态。1913—1938 年,国际贸易量只增长了 3%,年增长率为 0.7%,到二战爆发前的 1937 年,世界出口总额只有 254.8 亿美元,尚未恢复到 1929 年的水平(327.5 亿美元),甚至仍低于 1924 年的水平(275.95 亿美元)。

两次世界大战期间,国际贸易商品结构的特点表现为初级产品和制成品占国际贸易比重对比上。在 1913—1937 年的初级产品贸易中,食品和农业原料所占的比重都有所下降,而燃料和其他矿产品所占比重均有增加。制成品贸易结构的突出变化是重工业品贸易所占比重显著增加和纺织品贸易比重下降。金属和化学品的国际贸易比重也有所增加,但其他轻工产品贸易比重则下降了。制成品贸易日益从消费品贸易转向资本货物贸易,半制成品贸易也稍有增加。

这一时期,国际贸易的地理格局也发生了变化。第一次世界大战打断了各国间特别是欧洲国家与海外国家间的经济贸易联系,使欧洲在国际贸易中的比重下降,而美国的比重却有了较大的增长。亚洲、非洲和拉丁美洲经济不发达国家在国际贸易中的比重亦有所上升。但在这一时期,欧洲国家仍然处于国际贸易的控制地位,因为两次大战间的经济危机和超保护主义政策措施在限制欧洲各国间贸易的同时,鼓励和扩大了欧洲对其他国家的贸易。

第三节 当代国际贸易的特点

第二次世界大战后,世界经济又一次发生了巨大变化,国际贸易再次出现了飞速增长,其速度和规模都远远超过了19世纪工业革命以后的贸易增长。从1950年到2000年的50年中,全世界的商品出口总值从约610亿美元增加到61 328亿美元,增长了将近100倍。扣除通货膨胀因素,实际商品出口值增长超过15倍,远远快于之前各个时期的国际贸易增长速度。国际贸易实际价值的增长速度(年平均增长6%左右)超过了同期世界实际GDP增长的速度(年平均增长3.8%左右)意味着国际贸易在各国的GDP中的比重在不断上升,国际贸易在现代经济中的地位越来越重要。

一、二战后国际贸易发展的原因

二战以后国际贸易飞速发展的原因是多方面的,主要包括以下三个。

1. 第三次科技革命和20世纪90年代信息产业革命

二战以后,以美国为先导出现了以原子能、电子、合成材料、航天技术和生物技术为代表的新的技术革命,产生了一系列新兴产业。新产业的产生和发展丰富了国际贸易的商品结构和内容,工业制成品取代初级产品成为占国际贸易比重最大的主要产品。进入20世纪90年代,以互联网为代表的现代信息技术革命创造了一个新的产业,同时也为现代国际贸易提供了新的更加便捷的信息交流和交易方式。

2. 各国经济的发展及世界经济一体化进程的加快

二战以后,各国经济快速发展,大多数工业国家和新兴工业国家国民收入和人均收入大幅度提高。各国人民收入水平的增长促进了消费结构的变化和需求的多样性,对制成品包括耐用消费品等的需求和购买力迅速提高。对高质量和不同品种的新产品的需求大大刺激了各国之间的贸易。同时,随着各国对外开放力度的加大及对国际市场依赖程度的加深,国际分工深度和广度也日益扩大和深入,随着新产业的不断出现,几乎世界上所有国家都被包括在国际分工体系中,各国依赖各自的比较优势参与国际贸易和国际市场竞争。

3. 国际经济新秩序的建立

从19世纪末开始到二次世界大战,西方各国为了争夺资源,转嫁国内经济危机和保护国内利益集团纷纷实行贸易保护主义。不断出现的关税战、汇率战和贸易战极大影响了世界政治的稳定和国际经济、贸易的发展。战后在各国的努力下,建立了国际经济新秩序。以布雷顿森林协定为基础的国际货币体系以及国际货币基金组织促进了全世界和各国货币的稳定,为国际贸易发展提供了稳定的金融环境。《关税与贸易总协定》框架下以降低关税为主要目的回合谈判以及1995年国际贸易组织的建立不仅大大降低了各国的贸易壁垒，还建立了一个多边的解决贸易纠纷的机制，为国际贸易提供了一个相对稳定、公正和自由的市场环境。

二、战后国际贸易的发展阶段

在第三次科技革命的影响下，世界各国生产力进一步获得大幅度提高，同时推动了交通、通信业的发展，使国际贸易进入了一个新的发展时期。战后国际贸易的发展大致分为以下三个阶段：

1. 1948—1973年是国际贸易的快速发展阶段

这一时期是世界经济发展的黄金时期，各国经济生产和对外贸易均发展迅速。据统计，1948年国际贸易额为580亿美元，1973年增加到5 740亿美元，年均增长7.8%，快于当时的工业生产增长速度。20世纪50年代以后，一些新兴工业化国家兴起，带动了发达国家与发展中国家之间的贸易，但是，发达国家之间的贸易仍然占国际贸易的主导地位。

2. 20世纪70年代初到80年代末是国际贸易缓慢发展的阶段

1973—1975年世界经济遭受了二战以后最严重的经济危机的打击，资本主义经济出现停滞和低速增长，加上布雷顿森林货币体系的解体，使得国际贸易增长速度下降。1973—1981年国际贸易年均增长率为3.6%，远远低于战后初期的增长速度。1983年以后，随着西方资本主义国家经济的复苏，国际贸易出现好转势头。

3. 20世纪90年代至今

20世纪90年代以来，国际贸易的发展进入了一个新时期，然而，不稳定因素增加，国际贸易增长出现较大波动，1990—2000年国际贸易年均增长约6%，大大高于同期世界经济的增长速度，但是，由于受国际金融危机等因素的影响，期间，1993年和1998年国际贸易出现了负增长。

三、当代国际贸易发展的特点

二战以后，随着生产国际化的发展和国际分工的深化，国际贸易出现了一些新的特征。

1. 国际贸易中工业制成品的比重大大增加

第三次科技革命带动了一系列如原子能、半导体、电子、生物工程、高分子化学、合成材料等新兴工业部门的出现，也推动了工业制成品贸易的发展，工业制成品占国际贸易比重逐年上升，20世纪60年代，制成品占世界全部商品出口比重超过50%，20世纪70年代由于世界能源价格上涨，工业制成品贸易所占比重上升缓慢，在50%~60%之间徘徊。20世纪80年代中期以后，工业制成品在贸易中的比重又开始攀升。2003年，国际贸易中74.5%

的商品是工业制成品。

战后国际贸易商品结构的变化不仅体现在工业制成品和初级产品的比重变化上，还表现在内部产品结构上。在工业制成品贸易中，曾经处于重要地位的纺织品、服装等轻纺工业产品，钢铁等金属工业产品等地位逐渐下降。取而代之的是包括汽车在内的交通和机器设备、电气、电子产品以及化工产品等技术密集型产品，其中，高附加值的成套设备和高科技产品出口增长速度最快。在初级产品中，食品、原材料贸易增长缓慢，石油贸易发展速度最快。国际贸易中商品结构这种由低级向高级化发展的趋势是战后产业结构不断优化的结果。

2. 无形贸易迅速发展，逐渐成为国际贸易中重要组成部分

二战以后，伴随着第三次科学技术革命的发生，各国尤其是发达国家产业结构不断优化，发达国家劳动生产率大大提高，农业和制造业的就业比重逐渐下降。与此同时，人们收入不断提高，对服务的需求快速增长，第三产业急剧发展。服务业在各国经济中的比重越来越大，服务业占国民生产总值比重的大小成为衡量一国经济发展水平的重要指标。加上资本国际化和国际分工的扩大和深化，国际服务贸易得到迅速发展。据世界银行统计，2004 年第三产业值占各国 GDP 总额达 60% 以上，美国等一些发达资本主义国家达到 75% 以上，发展中国家服务业所占比重也达 50% 左右。发达国家服务业就业人数占其总就业人数比重达 2/3，发展中国家的这一比重达 1/3。随着服务业的发展，其专业化程度日益提高，经济规模不断扩大，效率不断提高，为国际服务贸易打下了坚实的基础。与此相对应，服务贸易也出现了快速、广泛的发展。据国际贸易组织资料显示，战后初期，服务贸易在国际贸易中比重还很小，从 20 世纪 70 年代开始，服务贸易日益成为国际贸易中的一个组成部分。服务贸易已经成为国际贸易中的重要组成部分。

在服务贸易快速发展的同时，技术贸易也呈现了快速增长的态势。技术贸易不仅给出口国带来丰厚利润，更重要的是缩短了技术进口国，尤其是发展中国家技术研发时间，有助于其获得技术进步，优化产业结构，缩短与发达国家技术和经济发展差距。在技术贸易中，由于发达国家经济和科技实力领先，因而占有主导地位。发达国家之间的技术贸易额占国际技术贸易额的 80% 以上。同时，跨国公司作为技术创新的主导力量，控制和掌握了全世界 90% 以上的新技术，成为国际技术转让和贸易的主要，跨国公司内部以及之间的技术贸易额占国际技术贸易总额的 75% 以上。

3. 发达国家在国际贸易中仍然占有主导地位，同时各国贸易发展存在显著的不平衡

从地理大发现开始到工业革命以后的相当一段时间，国际贸易的主要模式是发达国家出口工业制成品，落后国家出口矿产和原料等初级产品，国际贸易的地理方向是即所谓的“南北贸易”。

战后随着工业制造品贸易的数量和种类的增加，工业化国家之间的贸易量和占国际贸

易的比重也都在不断提高，发达国家仍然占据国际贸易的支配地位，贸易额保持在国际贸易总额的70%以上。然而，发达国家之间贸易发展存在不平衡局面，日本、德国在国际贸易中地位不断上升，而美国、英国和其他发达国家的贸易地位有所下降。

与此同时，发展中国家在国际贸易中的地位有所上升，但是整体发展水平仍然不高，内部发展也不平衡，主要表现如下：

(1)新兴工业化国家或地区受贸易导向型发展模型影响，国民经济和出口快速增长，尤其以亚洲“四小龙”为代表，扩大开放力度，积极实行出口导向型经济发展战略，使其工业制成品出口迅速扩大。

(2)石油输出国由于1973年全面实行石油提价，获得了大量的石油美元，国民财富急剧增加，各种进口需求也大幅增长。同时，随着国际市场对石油能源需求的增长，石油输出国扩大其石油出口，使石油出口在国际贸易中的比重翻了一番，由8%上升到15.4%。

(3)我国在改革开放以后经济的崛起，近年来在国际贸易中所占比重不断上升，2007年我国对外贸易总额超过2万亿美元，居世界第三位，占国际贸易总额比重的7.3%。

4. 区域性自由贸易集团迅速发展

战后国际贸易发展的一个突出特点就是区域性自由贸易集团和出现和快速发展。二战以后，尤其是20世纪90年代以来，随着国际竞争加剧，一些国家为了保持和维护国内、国际市场的稳定，开始寻求与其他国家在贸易方面进行联合和使用，组建如优惠贸易安排、自由贸易区、关税同盟、共同市场等不同层次的区域性自由贸易集团，通过实现区域内部贸易自由化的形式来巩固和扩大海外市场。

1958年欧洲共同体成立之后，陆续出现了一大批区域性自由贸易集团。其中最多的是自由贸易区，包括欧洲自由贸易组织(EFTA)，北美自由贸易区(NAFTA)，南美共同市场(MERCOSUR)，东南亚国家的自由贸易区(AFTA)，东南非洲自由贸易区(COMESA)等。贸易自由化和合作程度更高的有关税同盟、共同市场以及经济同盟，如由欧洲共同体逐步演变成的欧盟(EU)。目前，绝大多数关税总协定/世贸组织成员国都参加了一个或数个区域性自由贸易协定。这些组织的成员国之间，通过相互减免关税，减少或削减非关税壁垒，加强各种形式的多边贸易合作。区域性自由贸易集团是全球经济贸易一体化的表现之一，对于协调各国贸易、投资政策以及国民宏观、微观经济政策起到了积极的推动作用，有助于消除各国之间贸易、经济政策的差别和推动世界经济一体化的进程。

总之，从第二次大战结束到21世纪初的50多年中，世界经济、贸易发生了巨大的变化。科技革命、制度变迁和经济发展使得世界各国的经济日益融为一体，经济全球化已成为20世纪以来的主要趋势。作为经济全球化的基础，作为其中组成部分之一的国际贸易与投资自由化也取得了很大进展，并将继续成为世界经济发展的主要方向。

思 考 题

1. 当代国际贸易有哪几种贸易方式？
2. 工业革命对国际贸易存在哪些影响？
3. 第二次科技革命对国际贸易的影响是什么？
4. 二战后国际贸易快速发展的原因有哪些？
5. 当代国际贸易发展的特点有哪些？

第四章　区域经济一体化

第一节　区域经济一体化的含义及形式

最近几十年来，区域间的经贸合作发展很快，成为国际经济领域里十分突出的现象。区域性自由贸易与经济合作的出现改变了世界经济中原有的国与国之间实行自由贸易或保护贸易的状况，成为两种贸易政策合流的新形式：集团内部贸易更加自由，在集团之外则形成一定的贸易壁垒。目前，各种类型的经济贸易集团组织遍布世界各地，对世界政治经济格局产生了多方面、多层次的影响。区域经济一体化和贸易集团化已成为当今世界经济贸易的发展趋势之一。

一、区域经济一体化的含义

区域经济一体化是在世界经济一体化的进程中，两个或两个以上地理或经济制度邻近的国家或地区通过让渡自己的部分经济或政治主权，签订某种政府间条约或协定，制定共同的行动准则和协调一致的政策，建立起超国家的管理机构，以集团力量参与国际竞争，对内实行贸易投资自由化和经济技术合作，对外构成一定壁垒的一种谋求地区和民族利益最大化的思潮或行为。经济一体化的具体表现是形成各种级别和形式的区域经济集团，或区域合作组织或机制。

简言之，区域经济一体化就是指在参与成员范围内减少与取消歧视性的贸易壁垒以及采用一定程度上的共同的对外贸易与经济发展的政策，以期消除成员间的差异，促进资源的最佳利用，求得整体最优的经济结构和经济效益。因此，区域经济一体化具有以下几个基本特征：

(1)成员间消除某些方面的歧视，并尽量采用共同的政策与措施；

(2)在同样的方面，共同保持对成员外的歧视，并限制单个成员的对外权限；

(3)各成员本着互利互惠的原则参与其中，目的在于取得非合作条件下无法获得的某些效果与利益。

(4)它的性质可以视为，全球范围内无法实现真正意义上的自由贸易与经济合作，只能在局部地区的某些方面进行。

二、区域经济一体化的形式

区域经济一体化的形式按照一体化程度的高低，由低级到高级依次是：优先贸易安排、自由贸易区、关税同盟、共同市场、经济联盟、完全经济一体化。

(一)优先贸易安排(Preferential Trade Arrangements)

优先贸易安排是指在成员国之间通过签署优先贸易协定或其他安排形式，对其全部贸易品或部分贸易品互相提供特别的关税优惠，对非成员国之间的贸易则设置较高的贸易壁垒的一种区域经济安排。这是最松散的一种区域经济一体化组织形式。最典型的例子是英国与其自治成员国于1932年建立的英联邦特惠制。印度尼西亚、马来西亚、菲律宾、新加坡和泰国等东南亚国家联盟(ASEAN)成员从1977年起在成员国间实施的特惠贸易安排协议，则是另外一个案例。不过由于优先贸易安排一体化的发展程度较低，现在许多区域经济集团大多直接以自由贸易区为起点进行经济一体化。

(二)自由贸易区(Free Trade Area)

自由贸易区是指在两个或两个以上的国家或行政上独立的地区经济体之间通过达成自由贸易协议，相互取消进口关税和非关税壁垒，允许商品在成员国间自由流动，但对非成员方仍保留独立的贸易保护措施而形成的一种经济一体化组织。

自由贸易区是一种较为松散的区域经济一体化组织。其最重要的一个特征是一体化组织内部的自由贸易。在此，商品可以自由地输出和输入，成员方之间相互取消商品贸易的障碍，真正实现商品的自由流通，成员经济体内的厂商可以像在国内一样进行自由贸易，但是它严格地将这种贸易待遇限制在成员方之间。自由贸易区的另一个重要特征是成员经济体之间没有共同对外关税。各成员经济体均可保持独立的关税结构，并按照各自的税目和税则对非成员方商品征收进口关税。在此，一体化组织内部的自由贸易并不妨碍各成员经济体针对非自由贸易区成员方(或第三国)采取其他的贸易政策，自由贸易区成员经济体也并不按照共同的关税对非成员方商品征收进口关税。

自由贸易区最典型的例子是1960年由英国、澳大利亚、丹麦、挪威、葡萄牙、瑞典、瑞士(芬兰在1961年也加入了该协定)等国倡导建立的欧洲自由贸易协定，另一个典型例子是由美国、加拿大、墨西哥在1994年建立的北美自由贸易协定。2001年11月5日，中国总理朱镕基倡导十年内形成的“中国－东盟自由贸易区”也属于此列。

(三)关税同盟(Customs Union)

关税同盟是指在自由贸易区的基础上，两个或两个以上成员方通过签署协议，彼此之间减免关税，并对非成员方实行统一的进口关税或其他贸易政策措施的一种区域经济一体化组织。

比之自由贸易区，关税同盟的不同之处是成员国在相互取消进口关税的同时，设立共同对外关税，成员经济体之间的商品流动无须再附加原产地证明，它把区域经济一体化的进程又向前推进了一步。关税同盟的构想最早由19世纪德国经济学家李斯特提出的,1862年普鲁士等德国北部邦国成立的“德意志关税同盟”和第二次世界大战后成立的欧洲经济共同体均是此方面的著名案例。作为较高层次的区域经济一体化组织,它规定成员国之间实行共同的对外关税,强调以整体的力量参与国际市场竞争,实际上是将关税的制定权让渡给区域经济一体化组织。它不像自由贸易区那样,只是相互之间取消关税,而不作权利让渡。因此,关税同盟对成员经济体的约束力比自由贸易区大,已具有一定的超国家性质。

(四)共同市场(Common Market)

共同市场是指在两个或两个以上的成员方之间,不仅完全取消了关税和非关税壁垒,建立了共同对外关税,实现了自由贸易,而且还实现了服务、资本和劳动力等生产要素的自由流动。有一致对外的统一关税,协调间接税制度、产品标准化制度、协调筹资制度、学历和技术等级相互承认制度。共同市场下经济调节的超国家性质也比关税同盟更进一步。

共同市场的最典型的例子是20世纪70年代的欧洲共同市场,它于1957年由联邦德国、法国、意大利、比利时、荷兰、卢森堡六国倡导下经过十几年的努力才得以形成。作为比自由贸易区和关税同盟更高一级的区域经济一体化形式,共同市场的主要特点是成员国之间不仅实现了商品的自由流动,还实现了生产要素和服务的自由流动。在此,服务贸易的自由化意味着成员国之间在相互提供通信、咨询、运输、信息、金融和其他服务方面实现自由,没有人为的限制;资本的自由流动意味着成员国的资金可以在共同体内部自由流出和流入;劳动力的自由流动意味着成员国之间要实施统一的技术标准、统一的间接税制度,并且协调各成员国之间同一产品的课税税率,协调成员方市场管理的法规以及实现成员国学历的相互承认,等等。共同市场的建立需要成员国让渡多方面的权利,包括进口关税的制定权、非关税壁垒,特别是技术标准的制定权、国内间接税税率的调整权、干预资本流动权,等等。这些权利的让渡表明一国政府干预经济的权利在削弱,而区域经济一体化组织干预经济的权利在增强。然而,由于各成员国经济有差别,统一的干预政策往往难以奏效,超国家的一体化组织的干预能力也是有限的,因而成员方之间生产要素自由流动的中介——货币的统一就显得尤为必要了。

(五)经济联盟(Economic Union)

经济联盟是指在成员方之间不但废除了贸易壁垒,建立了统一的对外贸易政策进口关税制度,实现了商品、生产要素的自由流动,而且在协调的基础上,各成员方还制定和执行了许多共同的经济政策,并采取某些统一的社会政策和政治纲领,从而将一体化的程度从商品交换扩展到生产、分配乃至整个国民经济的一种区域一体化组织。经济同盟是区域经济一体化的高级阶段。

经济同盟的主要特征是成员方之间在形成共同市场的基础上,进一步协调它们之间的财政政策、货币政策和汇率政策,一些超国家的机构(如议会和中央银行)开始出现并行使职能。由于货币往往与财政政策、货币政策和汇率政策等宏观政策密切交织在一起，当这些政策的协调达到一定的程度，以至需要建立成员共同使用的货币或统一货币时，这时经济同盟又称为经济货币同盟。

经济同盟与共同市场最大的区别是各成员方必须把许多经济主权移交给超国家的机构统一管理，这意味着各成员方不仅让渡了建立共同市场所需让渡的权利，更重要的是成员国让渡了使用宏观经济政策干预本国经济运行的权利。而且成员国不仅让渡了干预内部经济的财政和货币政策、保持内部平衡的权利，也让渡了干预外部经济的汇率政策、维持外部平稳的权利。这些政策制定权的让渡对共同体内部形成自由的市场经济，发挥“看不见的手”的作用是非常有意义的。

经济同盟的一个例子是比荷卢，它是在第二次世界大战后由比利时、荷兰和卢森堡倡导形成的；另一个完全经济货币同盟的例子就是当今的欧盟。

（六）完全经济一体化（Perfectly Economic Integration）

完全的经济一体化也叫政治联盟，是指成员方在实现了经济联盟的基础上，进一步实现经济制度、政治制度和法律制度等方面的协调，乃至形成一个统一经济体的一体化组织形式。其他五种形态是经济一体化过程的中间阶段，而完全经济一体化则是经济一体化的最高阶段。

完全的经济一体化的特征是形成一个类似于国家的经济一体化组织。就其过程而言是逐步实现经济及其他方面制度的一体化。从结果上看，完全经济一体化的形式主要有两种：一是邦联制，其特点是各成员方的权利大于超国家的经济一体化组织的权利，如现在的欧盟。二是联邦制，其特点是超国家的经济一体化组织的权利大于各成员方的权利。联邦制的国际经济一体化组织类似于一个联邦制的国家。自由贸易区、关税同盟、共同市场、经济同盟和完全的经济一体化是处于不同层次上的国际经济一体组织，根据它们让渡国家主权程度的不同，一体化组织也从低级向高级排列，但是这里不存在低一级的经济一体化组织向高一级经济一体化组织升级的必然性。各成员方可以根据自身的具体情况决定经过一段时期的发展是停留在原有的形式上，还是向高一级经济一体化组织过渡。关键是各成员方需要权衡自己的利弊得失。

1991 年 12 月，欧共体 12 国在荷兰签署的《马斯特里赫特条约》正是要从经济联盟向政治联盟迈进。

以上六种经济一体化的组织形式，其级别是递进的，但并不是区域经济一体化的必须经历的进化路径，区域经济一体化的初始进入形式以及后续的发展、演变都是与各成员的经济、政治、文化、世界环境相关的，具有选择性、跳跃性，总之，具有不确定性。表 4 – 1 是对这六种形式的一个简要汇总。

表 4-1　区域经济一体化各形式的主要区别

组织形式 \ 特征	关税优惠	商品自由流通	统一对外关税	生产要素自由流动	经济政策协调	中央机构和政治上的联盟
优惠关税安排	有	无	无	无	无	无
自由贸易区	有	有	无	无	无	无
关税同盟	有	有	有	无	无	无
共同市场	有	有	有	有	无	无
经济同盟	有	有	有	有	有	无
完全经济一体化	有	有	有	有	有	有

第二节　区域经济一体化的动因及作用

一、区域经济一体化的发展进程

第二次世界大战以后,区域经济一体化从萌芽、初创到发展、壮大,经历了几个时期的发展。与战后的国际经济与国际贸易形势相类似,区域经济一体化的发展道路也是坎坷不平的。

(一)萌芽与初创阶段

从第二次世界大战以后到 20 世纪 60 年代初,区域经济一体化处于萌芽与初创阶段。在此阶段,各国受到第二次世界大战的冲击,国内经济处于恢复时期。世界范围内,虽然美国倡导贸易自由化,但在不同的地区,出于政治、经济等方面的考虑,各国却以种种方式保护着国内的经济与贸易,区域经济一体化的形成正是适应了这一形势的需要。

1949 年 1 月,前苏联和东欧国家成立了经济互助委员会。1951 年 4 月,法国、联邦德国、意大利、荷兰、比利时、卢森堡等六国在巴黎签订了《欧洲煤钢联合条约》,决定成立煤钢共同市场。1957 年 3 月,上述六国又在罗马签订了《罗马条约》,条约于 1958 年 1 月 1 日起生效。1959 年 6 月,英国等七国在斯德哥尔摩举行部长级会议,通过了《欧洲自由贸易联盟草案》,并在 1960 年 1 月签订《建立欧洲自由贸易联盟条约》,条约于同年 5 月生效,条约签订国组建成“欧洲自由贸易联盟”。1961 年,在美洲成立了拉丁美洲自由贸易联盟(LAFTA)与中美洲共同市场(CACM)。

(二)大发展阶段

从 20 世纪 60 年代中期到 70 年代中期,区域经济一体化进入了大发展阶段。此时,西方资本主义国家的经济普遍得到了巨大的发展，一批新兴的工业化国家或地区相继出现，发展中国家也纷纷采取各种措施促进国内经济的增长。世界经济也出现了前所未有的繁荣，国际贸易也有了明显的进展，于是区域经济一体化也有了很大的发展与壮大。

欧共体在这一阶段有了很大的发展。在欧共体内部，1964 年建成共同农业市场；1968 年提前建成关税同盟；1973 年，英国与丹麦加入欧共体，极大地增强了欧共体的实力。这些都标志着西欧的区域经济一体化的发展与壮大。另一方面，发展中国家在这一阶段建立了 20 多个区域经济和贸易组织。比较重要的是：1967 年成立的东南亚国家联盟（ASEAN），1969 年组建的安第斯条约组织（AP），1975 年创立的西非经济共同体（ECOWAS）等。这些发展中国家的一体化组织在局部地区进行着较为活跃国际经济与贸易活动。

（三）停滞阶段

20 世纪 70 年代中期至 80 年代中期，世界资本主义经济处于“滞胀”时期，区域经济一体化也进入了停滞阶段。这十年中，欧共体内一体化进程缓慢，发展中国家的一体化也多遭挫折，20 世纪 60 年代创立的许多区域经济一体化组织由此中断了活动，甚至解散。

（四）加深与扩大阶段

20 世纪 80 年代中期以来，世界政治经济发生了重大的变化。前苏联的解体，东欧国家的剧变，从根本上解决了过去那种意识形态的对抗；美国经济与贸易地位的不断下降，迫使它一方面采取贸易方面的保护措施，另一方面，也积极寻求区域经济一体化的帮助；日本经济地位的上升，日益要求在国际舞台上占有更重要的席位，因而也积极参与地区间的经济合作活动；关贸总协定的谈判一度很不顺利，更促使各国寻找次优的自由贸易方式，即参与组建各种区域经济一体化组织。总之，进入 20 世纪 80 年代中期以后，区域经济一体化出现了高涨而动荡的局面，在世界范围内不断扩大与加深。其主要表现有以下几个方面。

1. 欧共体得到了巨大的发展

欧共体在 1985 年 12 月通过“欧洲一体化文件”，决定于 1992 年底建成没有国界的“内部统一大市场”。1986 年 1 月，西班牙、葡萄牙正式加入欧共体。1990 年 10 月，德国统一，原民主德国自然成为欧共体一员。1993 年 11 月欧共体演变为欧洲联盟。1995 年 1 月，瑞典、芬兰、奥地利加入欧盟。2004 年 5 月 1 日，塞浦路斯、匈牙利、捷克、爱沙尼亚、拉脱维亚、立陶宛、马耳他、波兰、斯洛伐克和斯洛文尼亚 10 个中东欧国家正式成为欧盟的成员国。2007 年 1 月 1 日，罗马尼亚和保加利亚加入欧盟后，欧盟成员国已增加到 27 个，经济总量与美国不相上下，整体实力有明显增强。

2. 美国“皈依”区域经济一体化

1988 年 1 月，美国与加拿大签署《美加自由贸易协定》，协定从 1989 年 1 月 1 日起生效。1992 年 12 月，美国、加拿大、墨西哥三国正式签署《北美自由贸易协定》，并从 1994 年 1 月1 日起生效，从而使工业发达国家与发展中国家之间的区域经济一体化成为现实。1994 年 12 月，美洲除古巴之外的 34 个国家领导人参加了“美国首脑会议”，决定成立美洲自由贸易区。

3. 日本积极参与亚太地区的经济合作活动

1989 年 11 月,日本、加拿大等 12 国在澳大利亚首都堪培拉举行部长级会议,成立亚太地区经济合作部长会议(APEC)。另外,日本还积极构想次一级的区域合作,如东亚经济圈、东南亚经济圈、东北亚经济圈、美日经济圈等。

4. 发展中国家的地区性经济贸易合作进一步加强

1993 年 1 月,东盟国家通过《新加坡宣言》《东盟经济合作协议》《共同特惠关税文件》,决定成立东盟自由贸易区,并在 1995 年 7 月吸收越南加入。加勒比海、非洲地区的区域经济一体化都有了不同程度的发展。1995 年,南亚七国建立南亚特惠贸易协定(SAPTA)。2000 年,东非合作组织(EAC)成立,成员有肯尼亚、赞比亚、乌干达。

5. 前苏联及东欧的经济活动变化

随着前苏联的解体、东欧的剧变,经济互助委员会于 1991 年 6 月28 日解散。同时,独联体国家在实现经济一体化方面开始进入实质性阶段。1995 年,白俄罗斯与哈萨克斯坦成立了统一关税同盟,并于 1996 年 4 月又签署了成立共同体的条约。1997 年,白俄罗斯、吉尔吉斯斯坦、俄罗斯、哈萨克斯坦、塔吉克斯坦成立了欧亚经济共同体(EAEC)。

二、区域经济一体化发展的动因

第二次世界大战以后,区域经济一体化的出现与发展并不是偶然的,而是有着深厚的历史、社会、政治与经济等方面的原因。

(一) 保持政治平衡和维护民族利益的需要

第二次世界大战以后,西方各国对两次世界大战进行了反思,并积极提出了各种保证和平与发展的措施。在西欧为了防止德国军国主义的复辟,于 1952 年成立了“欧洲煤钢联营”。此后,为了维护国家主权,增强同形成对峙状态的美苏两个超级大国的抗衡力量,恢复与提高在国际舞台上的地位,西欧各国走上了联合的道路。1958 年,法国等西欧六国成立欧共体。同时,为了对抗这一行动,以英国为首的欧洲大陆外围七国于 1960 年建立欧洲自由贸易联盟。

与此同时,殖民体系瓦解,一大批殖民地国家取得独立,开始致力于民族经济的发展。但大多数发展中国家缺乏资金与技术,无力单独承担起重大的项目;同时,生产力水平低下,经济结构单一,国内市场狭窄。在这种状况下,广大的发展中国家一方面继续保持同原宗主国与发达国之间的联系与合作,另一方面也努力加强彼此之间的交流与协作,走区域经济一体化的道路,力图在政治、经济上保证民族的主权与利益。如 1967 年 8 月,由泰国、菲律宾、印度尼西亚、马来西亚、新加坡五国组建的东南亚国家联盟(ASEAN),就是一个政治、经济、社会和文化合作的组织。目前,100 多个发展中国家建立或参加了 100 多个一体化组织。

20世纪70年代以后，日本经济大大崛起，在国际经济中的实力不断增强，为了扩大在亚太地区乃至全球的作用与影响，日本加强了与亚太各国的合作，并积极谋求在区域经济中的重要地位。同时，美国的经济地位不断下降，在此情况下，美国也加紧了与周边国家的联合，创立了北美自由贸易区，并积极参与亚太经济合作会议的活动，以应付日益激烈的经济竞争和来自日本与西欧的压力。而西欧乃至整个欧洲为了进一步提高在世界经济中的地位与竞争力，也被迫在一体化的道路上不停地迈进。

(二)社会生产力高速发展与国际分工不断深化的需要

第二次世界大战以后，以原子能、电子工业和高分子合成工业为标志的第三次科技革命兴起，进一步促进了生产的国际化与社会化。生产力的高速发展，更多的商品、资本、技术等进入国际交流，各国的经济联系需要进一步加强，而这却受到来自各国贸易壁垒与独立的经济政策的限制。生产力的发展要求打破国界，克服国家之间人为的各种障碍。因此，经济生活的国际化成为资本主义国家趋于联合的重要原因。

而且，国际分工进一步发展，特别是发达工业国家之间，水平式的分工更为深入与精细，从而使得产品专业化乃至零部件和生产工艺过程的专业化不断加强。这样，发达国家之间的相互投资与相互贸易日益要求冲破民族与国家的障碍，使各种生产要素能够自由流动、优化配置。而由于经济发展水平与结构的差异，这种自由性不可能在全球范围内实现，只能在局部地区得到实行，即可以通过成立区域经济一体化组织来达到这个目标。

(三)国内经济与国际经济形势发展的需要

第二次世界大战期间，各国为了各自的利益，竞相实行外汇管制，外汇不断贬值；各国还实行超保护贸易主义，提高关税，采取数量限制等措施，严重影响了国际贸易的发展。战争结束前夕，各国倡导自由贸易与多边支付，重建国际经济。于是全球出现了两种(两个层次)国际经济合作的形式：一种是世界性的，如联合国的经济社会理事会、国际货币基金组织、国际复兴与开发银行、关税与贸易总协定等；另一种是地区性的，即区域经济一体化。

第二次世界大战以后，欧洲国家出现了国际收支困难。于是，西欧各国通过建立起关税同盟，从而将竞争力极强的美国排除在外。而发展中国家面对发达工业国的强大竞争力，也往往陷入国际收支困难，于是采取一体化行动，使之自然成了一种较好的应对措施。

另外，倡导贸易自由化的关贸总协定虽然发挥了一些作用，但这远没有满足人们的需要，全球范围内的“自由化”只能是一种理想。在这种形势下，各国纷纷建立或参与地区性的自由贸易组织，即区域经济一体化组织，以获得较好的国际分工的比较利益，并且可以借此加强谈判的力量，可取得较好的外部环境，改善其在世界经济贸易中以及世界政治舞台上的地位。

(四)现实经济利益的需要

(1)高度的专业化生产可以提高劳动生产率，从而使各成员国在国际分工中获得更多的比较利益。

(2)经济与生产规模的扩大,可以增加产出和收益。

(3)一体化组织的壮大,可导致内部市场的扩大,并通过内部剧烈的竞争来提高效率。

(4)可以改善一体化组织内部的经济结构与分工模式,从而在生产要素自由流动的状态下更有效地进行资源的合理配置。

(5)可以改善一体化组织对外部的贸易条件,并从中获利。

三、当前区域经济一体化发展的特点

区域经济一体化经过50多年的发展,历经四个阶段,在不同的阶段表现出不同的发展特征,在当前则表现出以下特点。

(一)区域经济一体化发展迅速

区域经济一体化沿着三条途径不断发展,一是不断深化和升级现有的地区经济贸易集团;二是扩展现有的组织成员;三是缔结新的区域贸易协定。在上述的途径下,经济贸易集团数目急剧增加。截至2002年底,在世界贸易组织登记的区域性经济组织有200多个,其中有一半以上的是在20世纪90年代中后期建立的。据WTO统计,1948—1994世贸年登记的区域性经济组织只有124个,而1995年WTO成立后出现的一体化组织已达100多个。世界上绝大多数的国家都参加了至少一个区域经济一体化组织,有些国家甚至成为10个以上区域经济一体化组织的成员。区域经济一体化协议对国际贸易的影响达到了空前的程度。

(二)区域经济一体化的建立基础发生突破性变化

20世纪80年代以前,区域经济一体化主要由国土相邻、经济发展水平相近,社会制度相同的国家组成。20世纪80年代以来,区域经济一体化突破了上述范围,建立的基础发生了变化。第一,突破了国土相邻的界限,出现了跨洲和跨洋的区域合作组织,如亚太经合组织的成员遍布亚洲、北美洲、南美洲和大洋洲。第二,突破经济发展水平相近的国家组成经济贸易集团的局限,经济发展水平差距较大的国家可以成立垂直一体化的经济贸易组织,如发达国家美国、加拿大与发展中国家墨西哥组成的北美自由贸易区。第三,打破社会制度的隔绝,社会制度不同的国家可以共同组成经济贸易集团。在亚洲,东盟不顾社会制度和意识形态的差异,接纳越南和柬埔寨为其成员。

(三)区域经济一体化出现了欧、美、亚三大洲三足鼎立的局面

随着北美自由贸易区的建立和亚太经济合作组织活动的深入发展,环太平洋地区的经济一体化进入活跃期,东盟区域经济一体化进程加快,出现了欧洲、美洲和亚洲三大洲区域经济一体化三足鼎立的局面。

(四)区域经济一体化组织相互交织,成员身份交错重叠

一些较大的区域经济一体化组织内部出现了次区域经济组织,许多国家同时参加几个经贸集团。如亚太经合组织中就包括了北美自由贸易区、东南亚国家联盟等区域组织国

家。墨西哥不仅加入了北美自由贸易区和拉丁美洲一体化组织，还同欧盟和亚洲各国签订了自由贸易协定。

（五）区域经济组织凸显两大趋势

第一，欧盟向更高层次发展。欧盟已经由经济联盟走向政治联盟，各成员让渡的国家权力范围不断扩大，从经济主权的让渡走向政治主权的让渡，并继续扩大，欧盟成员已从15国扩大到27国。

第二，出现了更加松散性的区域经济合作组织。如亚太经合组织成员间以自我承诺的方式进行贸易和投资自由化，区域性协议的执行采取"协调性单方面行动"，而不设置强制性的执行和监督机制。

（六）南南型经济一体化组织数量多，但发展效果不太理想

所谓南南型经济一体化组织，是指发展中国家之间建立的区域经济一体化组织。20世纪60年代，南南型经济一体化组织开始出现。到目前为止，已经建立起100多个南南型经济一体化组织，广泛分布于亚洲、非洲、南美等地，绝大多数的发展中国家加入了一个以上的南南型经济一体化组织。但是，发展中国家的区域经济一体化并没有达到预期的目标，更没有取得发达国家的区域经济一体化那样的成功。

四、区域经济一体化的作用

区域经济一体化的形成和发展对成员国和非成员国均有很大的影响，既有正面效应，也有负面影响。

（一）区域经济一体化对成员国的作用

区域经济一体化对成员国自身的经济影响主要是积极的，但也有一定的消极作用。

1. 促进了区域经济集团内部贸易的增长

区域经济一体化组织成立后，通过消除关税和非关税壁垒，形成区域性的统一市场，加强了区域内商品、劳务、技术和资本等生产要素的自由流动，从而加深了成员国在经济上的相互依赖程度，同时集团内的国际分工使销售渠道稳定，这就推动了成员国内部贸易的发展，集团内部贸易在成员国对外贸易总额中所占比重显著提高。以欧共体为例，随着欧共体内部市场容量的不断扩大，成员国之间贸易迅速增长，其速度大大超过与区外贸易的增长。

在全球自由贸易难以实行的情况下，区域经济一体化无疑为小范围内资源的合理利用和配置提供可能。由于成员国之间生产要素能更大程度地自由流动，这就为区域一体化内部厂商实现规模经济提供了条件。厂商规模经济的取得和提高，使得国民收入水平提高，从而直接增加了市场容量。这一结果带动区域一体化成员国贸易规模的扩大。据有关专家统计，欧洲经济共同体成员国因取消彼此间贸易障碍而使相关的成本降低20%~30%。

2. 改变了国际贸易的地区分布

区域经济一体化改变了国际贸易的地区分布，使贸易更多地趋向于区域内部。在一体化内部贸易迅速增加的同时，成员国减少与区外非成员国的贸易。

3. 有利于经济一体化国家整体贸易地位的提高

区域经济一体化使得原来一些单个经济力量比较薄弱的国家以整个集团的形式出现在世界经济舞台上，其经济地位显然提高。由于其地位上升和竞争能力的增强，加重了这些国家在国际贸易谈判桌上的分量，在一定程度上维护了本身的贸易利益。以欧洲经济共同体为例，1958 年创建时，其经济实力同当时美国这个经济大国相比，存在着极大的差距，6 个成员国的国内生产总值之和仅相当于美国的 40%，出口贸易和美国相近，黄金外汇储备只有美国的 55%。但到了欧共体发挥作用之后，大部分成员经济增长率超过美国。欧盟作为一个整体已成为世界经济格局中强有力的一极，无论是对其成员国还是对周边邻国都产生了巨大的凝聚力和向心力。目前，中东欧国家纷纷申请入盟。这些国家不仅入盟意愿强烈，而且在不断加强与欧盟的经济联系。

4. 成员国经贸政策的自主权相应受到约束

在区域经济一体化之前，各成员国的贸易政策基本具有自主性，完全由自己决定和实施。但在经济一体化集团内，区域性国际协调必然渗透到各成员国经贸政策的制定过程之中，从而在一定程度上缩减了自己的经济主权。例如，成员国的进出口管理体制、外汇体制、产业政策及有关的经济体制和政策的制定，都要遵守区域性安排中的法则和规范，承担相应的义务，并不断协调彼此间的实施步伐和利益分配。随着一体化程度的不断深化，成员国的经济自主权将日趋缩减。

（二）区域经济一体化对非成员国的作用

区域经济一体化对区外非成员国的经贸活动也有着一定的积极影响。这表现为：区域性集团实现内部经济一体化后，其成员国自身会增强经济活力，促进经济加速发展，扩大对外需求，从而在一定程度上促进了世界贸易总量的增长。这就为各国经济发展提供了更多的机遇，即产生“收入溢出效应”。此外，由于区域经济一体化在技术开发领域创造的新成果也会向外扩散，使得区外国家也可受益。欧共体优惠科技合作政策，汇集了区内各国的科技精英，推动新技术产品的联合开发，这些成果也会随出口的增长转移到其他国家，提高了世界的科技开发水平。

然而，区域性经济集团化内外有别的各项政策对非成员国产生的是更多的消极作用。

1. 区域经济一体化加强对非成员国家的排斥

扩大内部贸易是以牺牲与集团外国家的部分贸易额为代价的，使得区外国家本可以进入区内的商品和劳务受到严厉的保护主义的打击，这反映了其固有的排他性和歧视性。随着一体化的深化和扩大，世界范围的贸易保护主义将随之加强。这样恶化了国际贸易的环境，尤其是使区外发展中国家的贸易环境雪上加霜。特别是对出口商品结构还比较落后的发展中国家，向西欧和北美出口较以前更为困难。

2. 区域经济一体化改变了国际直接投资的地区流向

由于贸易转移影响，原来以出口方式进入市场的外国跨国公司，因受到歧视而改为以直接投资取代出口，在一体化区域内部直接生产。这样可以绕过进口国关税与非关税壁垒，以保护从前通过出口所占领的市场。这是因为，虽然区域一体化并没有提高非成员国商品的关税税率，但由于成员国之间取消关税，就会使非成员国的跨国公司与一体化成员国的跨国公司相比处于竞争劣势。只有投资于区域集团内部以享有国民待遇，才能使非成员国跨国公司的劣势得以消除，进而保护其传统市场。显然，流入的外部直接投资是从世界其他地区潜在的投资转移来的，所以，一体化区域内外国直接投资的增加，意味着一体化区外的投资相应下降。

3. 区域经济一体化影响多边贸易体系的正常运行

区域经济一体化在一定程度上困扰着多边贸易体系的正常运行和进一步发展，从而影响全球的贸易环境。

世界经济区域化、集团化趋势，将使若干个实力相当或相近的区域性经济集团出现在世界经济大舞台上。可以预计，在它们之间合作与竞争并行不悖。这样，现在国与国之间的协调，将转化为区域与区域之间的国际经济协调。相比之下，由于经济集团具有错综复杂的利益格局，而任何一种国际协调都不可能完全符合各国的经济利益，因此，不可避免地会出现反对国，国际协调将受到重重阻力，不能完全或顺利地贯彻。

总之，区域经济一体化具有双重性质，它以对内自由贸易，对外保护贸易为基本特征。对内，由于取消关税和非关税壁垒，促进了内部贸易的自由化，使区域内各国间的生产专业化和国际分工更为密切和精细，从而使内部贸易迅速增长。从这一意义上说，它是走向世界经济一体化的一个阶梯，使世界各国的经济变得更加难以分割。对外，由于贸易保护的加强，区域内部同外部国家间的贸易相对减弱，从而使本来很紧密的世界经济分成若干相对立的区域，又不利于世界经济一体化的发展。因此，世界各国应达成共识，以全球贸易自由化为目标制定贸易政策，并通过世界贸易组织采取有效措施，规避区域经济一体化的消极影响，充分发挥其积极作用，努力将区域经济一体化汇入全球贸易自由化的潮流之中。

第三节　当前主要的区域经济一体化组织

随着世界经济的发展，区域经济一体化组织遍布全球，对世界多边贸易体系产生了很大的影响。在这些区域经济一体化组织中，欧洲联盟、北美自由贸易区、亚太经合组织最具影响力。在亚洲，东南亚国家联盟的发展和扩大，为中国等亚洲国家开展区域合作提供了舞台。

一、欧洲联盟

欧洲联盟(European Union,EU)简称欧盟,是由欧洲共同体(European Communities)发展而来的,是一个集政治实体和经济实体于一身,在世界上最具影响的区域经济一体化组织。1991 年 12 月,欧洲共同体马斯特里赫特首脑会议通过《欧洲联盟条约》,通称《马斯特里赫特条约》(简称《马约》)。1993 年 11 月 1 日,《马约》正式生效,欧盟正式诞生。2004 年 5 月 1 日,邀请塞浦路斯、匈牙利、捷克、爱沙尼亚、拉托维亚、立陶宛、马耳他、波兰、斯洛伐克和斯洛文尼亚 10 个中东欧国家加入欧盟,加上 2007 年 1 月 1 日保加利亚和罗马尼亚的正式入盟,欧盟成员已经扩大到 27 个成员国,总人口超过 4.8 亿,成为当前世界上最大的经济体。总部设在比利时首都布鲁塞尔。

(一)欧共体的产生

欧共体是在一系列环境因素与内在冲动“组合”之下形成的,其主要因素有以下几个。

1. 早期统一欧洲思想的影响

早在中世纪,建立统一欧洲的思想就开始出现了最初的萌芽。那时人们的理想是建立一个基督教国家,将宗教的影响扩展到全世界,但这一理想很快破灭了。虽然西班牙、法国和英国等均曾相继称雄,但由于强有力对手的存在,各自在其辉煌时期均未能牢牢确立霸主地位,欧洲便在其后的几个世纪中处于分裂之中。国家间战火不断,并在 20 世纪初演变成一场世界大战,在 4 年零 3 个月的战争中,先后有 33 个国家参战,给欧洲及世界经济带来严重破坏,同时亦使欧洲在世界上的霸主地位宣告结束。

战争带来的巨大灾难及其对欧洲地位的影响,使一部分欧洲人认识到,这种分裂和争斗的局面若任其发展,不但会导致新的战争,而且欧洲作为整体在世界经济中的领导地位也将随之而去,于是统一欧洲的思想重新被提出。20 世纪 20 年代,法国人吕安·布罗卡尔提出应建立一个“超国家”机构,由其对各国的政治经济活动进行协调,从而将各国经济纳入一体化发展道路。但这一想法在经过了另一场历时更长、范围更广、破坏更为严重的世界大战之后才被更多的人理解。

2. 生产力的发展及国际分工的深化

第二次世界大战以后,以核子、电子、空间技术为标志的第二次科技革命在美国首先开始。与此同时,当时的西欧各国也出现了新兴工业的创建和发展、IE 工业的改造和革新的热潮。尤其是自 20 世纪 50 年代起,西欧化学工业发展迅速,核子、电子工业部门相继兴起;钢铁工业生产过程转向自动化;石油开始逐步取代煤成为主要能源;西欧农业开始按工业经营方式进行结构改革,实现农业机械化、电气化和化肥化;在交通运输方面,除了铁路实现现代化之外,汽车和飞机的广泛使用,逐步取代铁路成为主要交通工具,使国与国之间的距离大大缩短。正是科技革命的推动促使了生产力进一步发展,推动了生产专业化和国际分工的加深,使经济生活进一步国际化。而西欧各国国内市场普遍比较狭小,其社会再生产过程越来越依赖于它们所参与的国家分工。因此,将西欧建成一个统一商品、资本和劳动力可以自由流通、无国界限制的广阔市场,是西欧六国为解决迅速增长的生产力与相对狭小的国内市场之间矛盾日益尖锐化的需要,也是在日益激烈的国际竞争环境中求得生存与发展的需要。

3. 美国与前苏联对欧洲的控制

首先,美国对欧洲的控制使欧洲各国主权受到威胁。第二次世界大战后,凭着在战争中迅速膨胀起来的经济和军事力量美国迅速成为世界霸主。昔日欧洲诸强的经济力量严重受挫,美国趁西欧各国需要它从政治、军事、经济上进行"援助"和"保护"之际,推行以争夺欧洲为重点的"遏制"政策,企图全面控制欧洲。军事上,美国凭借自身在原子弹等核武器研究上的优势,把西欧置于其"核保护伞"监护之下。1949 年 4 月,美国与许多西欧国家及加拿大组成北大西洋公约组织,使美国在西欧的军事基地和几十万驻军合法化。经济上则实行援助为名的"马歇尔计划(Marshall Plan)"。该计划为北大西洋公约组织和欧洲经济共同体的建立奠定了基础,对西欧的联合和经济的恢复起了促进作用。

其次,前苏联在欧洲的争夺对欧洲也构成了威胁。当年经受反法西斯战争考验后的前苏联,国力猛增,在追击纳粹军队过程中,前苏联红军越出国境进入东欧、中欧等地区。为对付《马歇尔计划》和北大西洋公约组织,1955 年 5 月,前苏联进一步同东欧国家缔结军事条约,成立华沙条约组织。美国和前苏联两国在欧洲地区的冷战局面给西欧各国带来了一系列问题。德国被分成两部分,留下了柏林这一特殊问题,这使欧洲地区潜伏着不稳定和冲突的危险。欧洲被分裂为东西两方,成为东西方冷战时期的前哨阵地,安全得不到保证。面对美、苏在欧洲开展的激烈争夺,西欧各国一些领导人深切感觉,欧洲只有通过联合才能维护和平,才可以在天平上投入自己的砝码。

4. 恢复经济实力的需要

作为第二次世界大战的主战场,欧洲在战后是满目疮痍。不管是战胜国还是战败国,其经济力量严重削弱,财政贸易状况极端困难。与此同时,第二次世界大战后的美国在资本主义世界中占绝对优势地位。不仅如此,西欧各国工人运动蓬勃高涨,社会动荡不定。因此,迫切需要恢复和发展经济。但各国经济实力都很弱小,如何才能恢复?大家普遍感到,唯有联合才是上策。

(二)欧共体的产生过程

1. 欧洲煤钢共同体——欧共体的萌芽

虽然第二次世界大战后欧洲大多数国家认识到了联合的必要,但毕竟各国长期分裂,互有冲突,彼此之间恩怨很深,联合目标的实现显得非常渺茫。特别是欧洲大陆最大的国家——法国和德国之间的矛盾更为尖锐,彼此间长期的仇恨和敌对关系为欧洲的联合投下了重重阴影。因此,能否实现联合,很大程度上取决于法德两国间能否和解。对此,当时英国的丘吉尔、法国的戴高乐及战后德意志联邦共和国第一任总理阿登纳均坚持认为,法德两国之间良好关系的建立既是两国间美好未来的基本前提，亦是欧洲和世界广大地区的美好未来的基本前提。

在"舒曼计划"的指导下，1951 年 4 月 18 日，法国、德国、意大利、荷兰、比利时及卢森堡六国外长在巴黎签订了"欧洲煤钢共同体"条约（"巴黎条约"），决定建立煤炭和钢铁的共同市场，取消关税限制，调整运费率和价格，对生产进行共同干预。1952 年 7 月 25 日，巴黎条约正式生效，欧洲煤钢共同体宣告成立，并成为促使法德和解、实现欧洲联合的重要步骤，为欧洲的全面联合展现了美好的前景。

2. 欧洲经济共同体的筹建

1953 年，当时的荷兰外长约翰·威廉·拜尔提出了欧洲煤钢共同体六国实行经济联盟的计划。1955 年 5 月 20 日，拜尔以他的原计划为基础拟了一份荷、比、卢三国备忘录，递交欧洲煤钢共同体六国外长会议讨论。备忘录的主要内容是：六国实施电力、原子能、运输等部门的一体化，并成立全面关税同盟。同年 6 月 2 日，煤钢共同体的六国外长在意大利举行会议。会上，六国确定了建立欧洲共同市场的基本设想和目标，并决定成立由各国政府代表和专家组成的委员会，任命当时的比利时外长斯巴克主持筹备委员会工作。会议同时提出邀请英国参加这项筹备。但是，英国对此抱袖手旁观态度，并于 1955 年 11 月 19 日拒绝了邀请。由于国内政局动荡，法国也无法主持筹建工作；联邦德国阿登纳政府虽是建立共同市场的积极倡导者，但因其战败国地位而不便出面。因此，筹建工作实际上是在阿登纳的幕后支持下，由比利时外长斯巴克出面活动，协调各国矛盾和利害关系取得妥协促成的。1955 年 10 月，斯巴克组织成立了由六国代表团团长组成的起草小组成员，1956 年 4 月，制定出了一份经六国代表一致同意的《斯巴克报告》，1957 年 2 月该报告获得通过，并制定了建立欧洲经济共同体的条约草案。

1957 年 3 月 25 日，六国政府首脑和外长云集意大利首都罗马举行了欧共体条约和欧洲原子能共同体条约的签字仪式（后来人们将其统称为《罗马条约》）。该条约于 1958 年 1 月 1 日生效，欧洲经济共同体正式成立。

1965 年 4 月 8 日，根据六国签订的《布鲁塞尔条约》，欧洲煤钢共同体、欧洲经济共同体及欧洲原子能共同体条约三个共同体的机构合并为欧洲共同体，三个组织仍各自存在，且具有独立的法人资格。1967 年 7 月 1 日《布鲁塞尔条约》正式生效，欧洲共同体（简称欧共体）正式成立。

（三）欧共体的扩大与欧盟成立

欧共体自诞生之日起就一直处于不断扩大与变化之中。1973 年，英国、丹麦和爱尔兰加入欧共体，欧共体扩大到 9 国。1981 年 1 月 1 日，希腊加入，成为欧共体第 10 个成员国。1986 年 1 月 1 日，葡萄牙和西班牙加入欧共体，使欧共体成员国增至 12 个。

1991 年 12 月 11 日，欧共体马斯特里赫特首脑会议通过了以建立欧经济货币联盟和欧洲政治联盟为目标的《欧洲联盟条约》，亦称《马斯特里赫条约》（称"马约"）。1993 年 11 月 1 日

"马约"正式生效，欧共体更名为欧盟，奥地利、瑞典和芬兰加入欧盟，欧盟成员国扩大到15个。

2002年11月18日，欧盟15国外长在布鲁塞尔举行会议，决定邀请塞浦路斯、匈牙利、捷克、爱沙尼亚、拉托维亚、立陶宛、马耳他、波兰、斯洛伐克和斯洛文尼亚10个中东欧国家入盟。2003年4月16日，在希腊首都雅典举行的欧盟首脑会议上，上述十国正式签署加入欧盟协议。2004年5月1日，这10个入盟协议签署国正式成为欧盟的成员国。这是欧盟历史上的第五次扩大。也是规模最大的一次扩大。欧盟以往的扩大都是向西方国家开放，这次入盟的10国多为中东欧和波罗的海沿岸国家。2004年12月，欧盟首脑会议在布鲁塞尔决定，罗马尼亚和保加利亚将于2005年4月签订入盟条约并将于2007年成为欧盟正式成员国。至2007年1月1日保加利亚和罗马尼亚加入后，欧盟成员国已增至27个，经济总量与美国不相上下，整体实力明显增强。

（四）欧洲联盟的机构设置

1. 欧洲理事会（European Council）

它由成员国国家元首或政府首脑及欧盟委员会主席组成负责讨论欧盟的内部建设、重要的对外关系及重大国际问题，每年至少举行两次会议。欧洲理事会主席由各成员国轮流担任，任期半年，顺序基本按国名字母排列。欧洲理事会是欧盟的最高权力机构，决策采取协商一致通过的原则。理事会下设总秘书处。

2. 欧盟委员会（Commission of European Union）

这是欧盟的常设机构及执行机构，负责实施欧盟条约和欧盟理事会作出的决议，向理事会和欧洲议会提出报告和立法动议，处理联盟的日常事务，代表欧盟对外联系和进行贸易等方面的谈判等。在欧盟实施共同外交和安全政策范围内，只有建议权和参与权。欧盟委员会总部设在比利时首都布鲁塞尔法律大街200号一座十字形的大厦内。根据《马斯特里赫特条约》（简称《马约》），自1995年起，欧盟委员会任期为5年，设主席1人、副主席2人。该委员会由来自不同成员国的25名代表组成。欧盟委员会主席人选由欧盟各成员国政府征询欧洲议会意见后共同提名，欧盟委员会其他委员人选由各成员国政府共同协商提议。

3. 欧洲议会（European Parliament）

这是欧洲联盟的执行监督、咨询机构，在某些领域有立法职能，并有部分预算决定权，并可以2/3多数弹劾欧盟委员会，迫其集体辞职。议会大厦设在法国斯特拉斯堡，议会秘书处设在卢森堡；自1979年起，欧洲议会议员由成员国直接普选产生，任期5年。

4. 欧洲法院

欧洲法院是欧盟的司法机构，源于1952年的欧洲煤钢共同体法院。其主要任务是负责解释并监督欧共同体法的适用、欧洲共同体各大条约，审理成员国之间、成员国与共同体机构之间、共同体机构之间的案件，并负责对成员国国内法院就共同体法令的效力及其解释提交的请示案件作出裁决。

欧洲法院的诉讼程序分为书面程序、口头程序和评议程序。根据欧共体条约，欧洲法院的管辖权分为两大类：直接诉讼管辖和先行裁决管辖，两大管辖权分别对应于不同的诉讼程序。

欧洲法院所在地为卢森堡。其工作语言可以是欧洲联盟成员国的任何一个官方语言及爱尔兰语。

5. 欧洲审计院

欧洲审计院负责欧盟的审计和财政管理。审计院 1977 年成立，由 12 人组成。

（五）欧洲联盟的特点

与发展中国家参与的区域性的经济一体化相比，欧盟的经济一体化具有以下几个重要特点。

1. 经济一体化的程度很高

欧盟的前身欧共体在成立之初就采用了一体化程度很高的关税同盟的形式，不仅如此，它还早在欧洲煤钢共同体时就建立了超国家的管理机构。其后，它又朝着一体化程度更高的共同市场发展，进而发展成了政策、货币等都一体化的经济联盟和政治联盟。

2. 参与国的局限性

既然欧盟的经济一体化程度很高，要获得这个组织的成员国资格并非易事，它要求各参与国的经济发展水平要很高，所以一般只有经济较发达的国家和地区才能参与，从而使其参与国具有一定的局限性。

3. 各成员国的经济发展水平很接近

参与欧盟经济一体化的各国一般都是高度工业化的开放型国家，其成员国大都具有名列前茅的人均收入，通货膨胀和失业率都较低等。除此之外，各成员国的经济制度、社会制度、政治制度、思想意识、宗教信仰、文化观念、语言等也较接近，所以欧盟极易形成国家间的水平型分工。

4. 政局稳定

由于欧盟经济实力雄厚，人民生活富裕，所以政局较稳定。同时，发达国家内部种族矛盾和外部的边界之争很少，使得欧盟迅速一体化的阻力大大减少。

二、北美自由贸易区

1992 年 12 月 17 日，美国布什总统、墨西哥萨利纳斯总统和加拿大马尔罗尼总理分别在华盛顿、墨西哥和渥太华正式签署了《北美自由贸易协定》。1993 年，又签署了关于环保和劳工的补充协定，经三国议会的审议和批准后，1994 年 1 月 1 日，协定正式生效，并同时宣告北美自由贸易区（North America Free Trade Area，NAFTA）正式成立。其目标是，取消成员国之间的各种贸易壁垒，创造公平竞争的条件，增加投资机会，保护知识产权，建立执行协定和解决争端的有效机制，促进三边和多边经济合作，在 2010 年前最终实现北美地区的自由贸易。当时北美自由贸易区拥有3.6亿人口,国民生产总值达6.45万亿美元,年贸易总额1.37万亿美元,其经济实力和市场规模都超过欧洲联盟,成为当时世界上最大的区域经济一体化组织。

(一)北美自由贸易协定产生的背景

1. 世界经济一体化趋势的驱使

20世纪80年代以来,全球化与一体化成为世界经济的一个突出现象。在经济全球化不断发展的情况下,为了适应激烈的竞争,更多的国家组成新的区域经济济一体化组织。欧洲统一大市场建设构成对北美的挑战。美国清楚地认识到,统一大市场将会使自己面临一系列的难题。此外,20世纪80年代以来,美国已经遇到了来自东亚新兴工业化经济的压力,对欧洲统一大市场计划更应采取积极的措施,使整个北美形成一个整体显得十分必要。

2. 多边贸易体制的作用受到削弱

关贸总协定自正式签订生效到1995年正式结束,主持过七轮全球性的多边关税和贸易谈判,在一定程度上缓解了当时国际贸易中存在的主要矛盾,不同程上维护并促进了国际贸易体系的进步和发展。但是1986年开始的乌拉圭回合遇到前所未有的困难,主要国家存在难以协调的利益冲突,达成协议则存在很大的障碍。尽管美国在多边谈判中一直起着推动和组织的作用,但是由于当时其在世界经济中的地位时逐渐下降,其所发挥的作用也受到削弱。此外,关贸总协定主要是关于商品贸易,对于劳务贸易和投资以及知识产权问题未有涉及。关贸总协定在乌拉圭回合谈判上徘徊不前,使美国等发达国家认为与其在多边方式下就新问题达成协议的困难不断增大,不如采取区域或双边合作的方式来解决自己最为关心、与之利益关系最大的问题。与多边贸易协定相比,区域和双边自由安排可以在某种程度上促进多边贸易自由化的进程。

(二)北美自由贸易区的组织机构

北美自由贸易区现有三个成员,但北美自由贸易协定规定,其他国家或国家集团,在得到成员国的同意并根据成员国确定的期限和条件,一旦完成了各国批准的内部程序后,即可被接纳为协定成员。

《北美自由贸易协定》对北美自由贸易区的组织机构作了相应规定。其组织机构主要由以下几个部分组成。

1. 自由贸易委员会

自由贸易委员会是最高级别的机构,它由缔约方内阁及其代表或他们指定的人员组成。委员会的职能是:监督协定的实施;督促进一步的谈判;解决争端;监督根据协定建立的专门委员会和工作组的工作;考虑其他可能影响协定的运作事项。委员会每年至少召集一次年会,由各缔约方的代表轮流主持。

2. 秘书处

秘书处由委员会建立,它是处理日常事务的行政机构,同时在各缔约方设立分秘书处并监督其工作。各缔约方要负责分秘书处的人员、运作及费用。秘书处的职责是为委员会提供帮助,为专家组和专门委员会提供行政支持,从而为协定的便利运用提供服务。

3. 专门委员会

专门委员会是根据协定的规定而建立的专门负责解决某一领域事项的委员会。主要有:货物贸易委员会、服装贸易委员会、农业委员会、卫生和植物建议促进委员会、与标准相关的委员会、小型商业委员会、金融服务员会、私人商业争端咨询委员会等。专门委员会在各自领域行使着具体的职能。

4. 工作组和专家组

工作组和专家组的职能主要是解决某一领域的专业问题。并就此向自由贸易委员会、专门委员会和仲裁庭提供咨询意见。自由贸易委员会建立的工作组主要有原产地规则工作组、农业工作组、美国和墨西哥双边工作组、加拿大和墨西哥双边工作组、贸易工作组、临时入境工作组。

(三)北美自由贸易协定的宗旨

《北美自由贸易协定》第一条明确规定,墨西哥、加拿大、美国根据关税和贸易总协定的基本原则,正式建立一个自由贸易区。其宗旨是:

(1)消除缔约方之间货物与服务贸易的障碍,便利缔约方之间货物与服务的流动;

(2)促进自由贸易区内的公平竞争;

(3)实质上增加缔约方境内的投资机会;

(4)在第一缔约方境内为知识产权提供充分有效的保护,并使其能够得到强制执行;

(5)为北美自由贸易协定的使用和实施、北美自由贸易区的共同管理和缔约方之间争端的解决建立有效的程序;

(6)为进一步发展三个缔约方之间的、区域间的和多变的合作建立机制,以扩大和提高北美自由贸易区协定项下的利益。

为了实现上述宗旨,协定确立了三项基本原则,即国民待遇原则、最惠国待遇原则和透明度原则。这三项原则贯穿在整个协定之中,从而最终保证区内贸易自由化的实现。

(四)北美自由贸易协定的政策框架

1. 商品贸易

在商品贸易方面,协定作了如下的规定:对于一成员国的商品进入另一成员国时要享受国民待遇,即商品不得受歧视;在配额、许可证以及商品交易需遵循的进出口价格条件的等市场准入方面的规定,将使在北美地区生产和交易的商品更方便和更可靠地进入市场;自由贸易协定规定,对根据原产地规则被视为北美的商品,将一步取消所有关税;三国将取消进口和出口数量上的禁止和限制;自由贸易协定对出口到协定另一成员国的商品所在地使用的材料规定了退税或退免税方案的规则等。

2. 市场准入

在市场准入方面,协定规定将进一步取消关税和非关税壁垒。从1994年1月1日起,在执行NAFTA的十年内,三国所有工业产品关税在北美取消。美国出口到墨西哥的农产品的关税在15年内逐渐取消。在美加自由贸易协定规定内的,到1998年美加所有的贸易关税消除。除了关税以外,墨西哥将取消非关税壁垒以及其他贸易扭曲的限制。

3. 原产地规则

自由贸易协定规定,将在过渡期内取消墨、加和美商品的所有关税。为确定哪些商品可享受优惠关税待遇,必须制定原产地规则。原产地规则规定,全部在北美国家生产的商品将被视为该地区生产的商品,含有地区外材料的商品,只要这些材料在协定的任何成员国得到加工,也被视为本地区产的商品。

4. 纺织品和服装

这一部分包括对纤维、纱线、纺织品和服装在北美市场交易的专门规则。自由贸易协定有关纺织品和服装的条款,如同多种纤维协议的有协定成员国参加的其他国际协议中关于纺织品贸易的条款发生冲突时,以协定有关条款为准。

5. 汽车产品

自由贸易协定将在自由贸易的范围内取消地区内小汽车、载货汽车、公共汽车和部件的贸易壁垒,并在十年内取消在该部门投资的限制。

6. 能源和基本化工产品

这一部分确定了三国在原油、天然气、提炼产品、基本石化产品、煤、电和核能方面的权利和义务。自由贸易协定有关能源的条款,包括并发展了关贸总协定对能源和基本石化产品贸易有关进出口数量限制的纪律。自由贸易协定强调,有关能源的条例措施应遵守该协定关于国民待遇出口的限制和出口税的一般规则。另外,三国一致同意,采取的调整措施将以一种稳定调整的方式进行。各国将允许其国营企业谈判经营条款,作为其劳务合同的组成部分,在墨西哥这些合同将只用货币支付。

7. 农业

自由贸易协定分别规定了墨西哥和加拿大以及墨西哥和美国之间的农牧产品贸易的双边承诺。在这两种情况下均承认农牧部门结构的差异,包括建立有关保护的特别过渡机制。一般说来,在美加农牧产品贸易中执行美加自由贸易协定中有关关税和非关税壁垒的规则。三边的条款规定对出口实行国内扶持和补贴。

8. 投资

协定规定将取消重要的投资障碍,给予三国的投资者以基本保障,并建立一种解决提交者和自由贸易协定某一成员国之间可能发生的争端的机制。

9. 金融服务

协定确定了按原则由政府调节金融服务的整体格局。凡涉及银行、保险公司、证券公司服务和其他金融服务的措施均应执行本规定。此外，各国要确定其放开金融服务的具体承诺、遵守商定的过渡期原则和对这些原则的某些保留。

10. 服务

美加自由贸易协定是第一个综合管理服务贸易的一套原则。NAFTA 扩展了这些保护并将之延伸到墨西哥。最终，除航空、海运和基本电信以外的所有服务将包括在 NAFTA 中。主要部门包括：会计、设计、陆地运输、出版、咨询、商业教育、环境服务、电信、广告、广播、建筑、旅游、工程、健康服务管理和法律服务。敏感部门不包括在内。

NAFTA 削弱了美国的许可证和认证的要求，但是需与 NAFTA 的非歧视原则一致，专业人员许可，如律师、医生、会计师，要基于保证竞争力的标准，而非国籍。在两年内取消许可证的国籍限制。NAFTA 不允许墨西哥和加拿大的专业人员在美国执业，除非他们有同美国专业人员一样的许可证和认证程序。例如，设计师在 NAFTA 条款下只能以商人的身份进入美国，但不可以在美国执业，除非得到了美国的执照。

11. 知识产权

NAFTA 根据关贸总协定的工作和与此有关的最重要的国际性协议，确定了对知识产权的主要义务。各国将在遵循国民待遇原则的基础上，适当和有效地保护知识产权，并保证在国内和北美地区有效地落实这些权利。

12. 政府采购

墨西哥开放 PEMEX（国家石油公司）和 CEF（国家电力公司）采购。NAFTA 使美国的供应者立即并不断地进入到墨西哥政府采购市场，包括政府控制的企业，如国家石油公司和国家电力公司。NAFTA 的政府采购条款不仅适用于商品，也适用于服务和建筑承包。

13. 与标准有关的措施

与标准有关的措施包括自愿和法定的设计产品性质的规格，如质量、性能、标志等。NAFTA 不允许使用阻碍贸易的标准和技术规定。NAFTA 鼓励美国厂商到墨西哥和加拿大开发新的产品和市场，保证新规则的实行不会产生对现行产品的不利影响。

14. 商人的临时入境

美国和墨西哥政府采用了统一和透明的规则来方便进行产品、服务和投资活动的商人临时入境。其主要的受益者包括：售后服务提供者、专业人员以及公司执行官和管理人员。

15. 争端解决

NAFTA 成立了一个三边自由贸易委员会的快速有效的争端解决机制，定期评审三国之间的贸易关系，研究特定问题。同时也提供了双边或三边的争端解决机制。

三、亚太经济合作组织

亚洲及太平洋经济合作组织（Asia-Pacific Economic Cooperation，APEC）成立之初是一个区域性经济论坛和磋商机构，经过十几年的发展，已逐渐演变为亚太地区重要的经济合作论坛。

(一)亚太经济合作组织的产生及成员

1. 亚太经合组织的产生及宗旨

20世纪80年代,冷战结束,国际形势趋向缓和,世界经济日趋全球化、贸易投资走向自由化,区域合作在世界范围内,在各个层次的经济主体间兴起。鉴于欧洲经济一体化进程加快、北美自由贸易区已显雏形和亚洲地区在世界经济中的地位已明显,澳大利亚前总理霍克于1989年1月提出召开亚太地区部长级会议,讨论加强相互间经济合作的倡议,并得到美国、加拿大、日本和东盟的积极响应。1989年11月6日至7日,亚太经合组织第一届部长级会议在澳大利亚首都堪培拉举行,亚太经合组织正式成立。

1991年11月,亚太经合组织第三届部长级会议在韩国首都汉城通过了《汉城宣言》,正式确立该组织的宗旨与目标为:相互依存、共同利益、坚持开放的多边贸易体制和减少区域贸易壁垒。在1993年亚太经合组织召开的西雅图领导人非正式会议上提出了APEC的精神——APEC大家庭精神,这一精神是希望各国为了本地区人民创造一个稳定和繁荣的未来,建立一个亚太经济大家庭。在这个大家庭中要深化开放和伙伴精神,为世界经济作出贡献并支持开放的国际贸易体制。

2. 亚太经合组织的成员国

亚太经合组织在1989年创始时只有12个成员国,它们分别是:澳大利亚、美国、文莱、加拿大、印度尼西亚、日本、韩国、马来西亚、新西兰、菲律宾、新加坡、泰国。这些国家能组建最初的亚太经合组织也是因为其内在的优势。其中,美国是第二次世界大战后经济最强大的国家,澳大利亚、加拿大、新西兰和日本则是20世纪80年代亚太地区经济发达的国家,东亚地区各国的经济也都有着很快的发展速度。随着20世纪60年代以后"亚洲四小龙"——韩国、新加坡、中国香港、中国台湾的相继崛起,以及20世纪80年代中期,中国、马来西亚、泰国、印度尼西亚等国的高速发展,亚太经合组织的成员国也在不断的扩充。

1991年11月,中国以主权国家身份,中国台北和香港(1997年7月1日起改为"中国香港")以地区经济名义正式加入亚太经合组织。1993年11月,墨西哥、巴布亚新几内亚加入,1994年智利加入,1998年11月,秘鲁、俄罗斯、越南加入。为使各国能够达到协商一致的目的,1997年温哥华领导人会议宣布APEC进入十年巩固期,暂不接纳新成员。

至此,亚太经济合作组织的成员国已经扩展到21个,其人口约占世界总人口的41%,GDP占世界总量的57%,贸易额约占全球贸易总额的44%。APEC是现今世界区域性组织中范围最广、综合性最强的一个组织,各成员国的文化、宗教及价值观大不相同,致使各国在经济体制、发展水平和开放化程度上都有很大的差异。而且亚太经济合作组织与自由多个区域性的经济组织或次区域性的经济组织交叉在一起,如北美自由贸易区、东盟自由贸易区、澳新紧密经济和贸易关系协定等,这也使得亚太经济合作组织在处理问题时变得更加复杂。

(二)亚太经济合作组织的组织机构和运行机制

亚太经济合作组织是一个论坛性质的组织,和其他区域性的经济组织相比,其特殊性就在于它施行的是一种自上而下的运作方式。APEC 通常是在制定目标的基础上,以实现这一目标为推动力,其运作机制的实质是以磋商代替谈判,以论坛承诺代替法律协定。这样可防止过分机制化和过强的约束性,因此,这一运作机制也被称为"软运作机制"。具体包括以下五个层次。

1. 领导人非正式会议

领导人非正式会议是亚太经合组织最高级别的会议。会议就有关经济问题发表见解、交换看法,会议形成的领导人宣言是指导亚太经合组织各项工作的重要纲领性文件。首次领导人非正式会议于 1993 年 11 月在美国西雅图召开,此后每年召开一次,在各成员间轮流举行,由各成员的领导人出席(中国台北只能派出主管经济事务的代表出席)。会议不要求穿着正装,可以是民族服装。也不要求有什么固定的议题,各成员可以提出议题进行磋商,议题的解决也是靠各方领导人的"承诺",并非签订什么合约。虽然这看似"非正式",但在多年的实践中,证明这是一种行之有效的运作方式。

2. 部长级会议

部长级会议是亚太经合组织决策机制中的一个重要组成部分,首次会议于 1989 年在堪培拉召开,在每年领导人非正式会议前举行。这个会议实质上是"双部长"会议,即要求各成员的外交部长(中国香港和中国台湾除外)和经济部长(或外贸部长、商业部长等)参加。会议的主要任务包括:为领导人非正式会议召开进行必要的前期准备;贯彻执行领导人会议通过的各项指示,讨论区域内的重要经济问题,决定亚太经合组织的合作方向和内容。

3. 高级官员会议

高级官员会议是亚太经合组织的协调机构,始于 1989 年,通常由当年举办领导人非正式会议的东道主主办,每年举行三至四次会议,主要负责执行领导人和部长级会议的决定,审议各工作组和秘书处的活动,筹备部长级会议、领导人非正式会议及其后续行动等事宜。高官会议下设四个委员会和 11 个专业工作小组。

4. 委员会和工作组

各委员会和工作组主要负责 APEC 具体领域的工作。其中委员会主要包括:预算和管理委员会、贸易和投资委员会、经济委员会、高官会经济技术合作分会、APEC 工商咨询理事会、亚太经合组织商业顾问委员会、金融委员会、争端处理处等。工作小组主要包括:中小企业政策协调小组、贸易促进小组、工业和科技小组、人力资源开发小组、能源小组、海洋资源保护小组、电信小组、农业技术合作小组、旅游小组、交通运输小组等。

5. 秘书处

秘书处于 1993 年 1 月组建,为 APEC 各层次的活动提供支持与服务。秘书处最高职务为执行主任,任期一年,由每年亚太经合组织会议东道主指派。副执行主任由下届 APEC 会议东道主指派,一年之后成为执行主任。

由于相对欧洲的经济一体化发展而言,亚洲的经济一体化进程缓慢得多。而APEC正是在亚洲其他一体化组织的低效率和发挥作用不显著的背景下产生的,它一出现便产生了巨大的影响,它的影响不仅辐射太平洋沿岸各国,而且还辐射到全球。在其成立后短短的几年内,其区内贸易额就已约占世界的1/3,经济产出约占世界的一半。

APEC确立了第一步实现亚太自由贸易区的计划,并在第二次领导人非正式会议上发表了《茂物宣言》,宣布了APEC的第一步长期目标,即发达经济体不迟于2010年实现贸易和投资自由化,发展中成员国不迟于2020年,实现贸易和投资自由化。为了实现这个目标,在APEC第七届部长级会议和第三次领导人非正式会议上,又通过了《实现〈茂物宣言〉的行动议程》,为各方推动亚太地区贸易与投资自由化达成了共识,《行动议程》的通过不仅使得APEC倡导和推动的"开放的地区主义"得到进一步的解释和确认,而且有了实现《茂物宣言》的《行动议程》,亚太地区的贸易和投资自由化才真正从意向性规划逐步转向了实质性的实施阶段,APEC也向组织化和制度化方向迈进了一大步。

从APEC制订的行动议程和原则看,APEC避开了亚太经社会的不足,较好地处理了各成员国单独行动与集体协调的关系,既突出了自主、自愿又强调了协商和集体精神,从而为APEC贸易和投资自由化的实现规划了一条"协调的单边主义"的独特的发展模式,因而其政策更具现实性。

目前,APEC正在10个方面加强合作:贸易与投资数据处理、贸易促进、扩大投资和技术转让、人力资源开发、地区能源合作、海洋资源保护、电信、交通、旅游和渔业。从这些合作内容看,APEC在努力实现自由贸易区的同时,也同时在追求生产要素如资本、人力等的经济一体化,这就使得APEC在"茂物宣言"实现后,不仅将成为自由贸易区,而且还带有一定的共同市场的特点。

(三)亚太经济合作组织的特点

与欧盟和NAFTA相比,APEC的区域性经济一体化显然具有以下重要特点。

1. 参与国的广泛性

APEC几乎囊括了亚太地区所有具有影响力的国家和地区,因而它具有非常的广泛性。

2. 各成员体的差距巨大

APEC有世界上工业极度发达的美国、日本、加拿大、澳大利亚等国,也有向发达国家接近的"新兴工业化国家或地区",还有经济正在腾飞的发展中国家,更有少数处境十分困难的最不发达国家。这些国家在经济水平、经济结构、工业化程度、对外开放程度、社会制度,思想意识、宗教信仰、文化、政治观念等方面差距巨大。因此,APEC的经济一体化形成的是经济互补性关系,而不是竞争性关系,因而其国际间的分工是垂直性的。

3. 开放性

由于APEC的大多数国家和地区都是实行出口导向型战略而发展起来的,所以APEC

国家绝大多数主张亚太地区的区域性经济一体化应是开放性的，不应对外设置共同的贸易壁垒，不能损害该地区的国家与区外国家之间以往的经贸联系，APEC 的区域性经济合作是"开放性的地区主义"。

4. 功能性整合与制度性整合并存

APEC 参与国的差异性决定了其经济一体化在逐步实行制度性整合的同时，必然更多地出现功能性整合的形式，从而形成了功能性整合与制度性整合并存的局面。APEC 以实现自由贸易区或共同市场为目标，因为这样既保持了一体化的开放性，又体现了其功能性整合的特点。正是基于这些特点，使得在 APEC 目前还很难形成紧密度非常强、经济一体化程度较高的关税同盟、经济联盟等组织形式。

四、东南亚国家联盟

(一)东南亚国家联盟的建立及宗旨

东南亚国家联盟(Association of Southeast Asian Nations，ASEAN)简称东盟。东盟的前身是马来亚(现马来西亚)、菲律宾和泰国于 1961 年 7 月 31 日在曼谷成立的东南亚联盟。1967 年 8 月 7 日、8 日，印度尼西亚、泰国、新加坡、菲律宾四国外长和马来西亚副总理在曼谷举行会议，发表了《曼谷宣言》，正式宣告东南亚国家联盟成立。同年 8 月 28 日、29 日，马来西亚、泰国、菲律宾三国在吉隆坡举行部长级会议，宣布由东南亚国家联盟取代东南亚联盟。到目前为止，东盟已扩展成包括文莱、柬埔寨、印度尼西亚、老挝、马来西亚、缅甸、菲律宾、新加坡、泰国、越南等 10 国在内的区域性经济组织。

东盟的宗旨和目标就是：①以平等与协作精神，共同努力促进本地区的经济增长、社会进步和文化发展；②遵循正义、国家关系准则和《联合国宪章》，促进本地区的和平与稳定；③促进经济、社会、文化、技术和科学等问题的合作与相互支援；④在教育、职业和技术及行政训练和研究设施方面互相支援；⑤在充分利用农业和工业、扩大贸易、改善交通运输、提高人民生活水平方面进行更有效的合作；⑥促进对东南亚问题的研究。⑦同具有相似宗旨和目标的国际和地区组织保持紧密和互利的合作，探寻与其更紧密的合作途径。

(二)东盟自由贸易区建立的背景

东盟在建立之初带有很强烈的政治色彩。当时，经济并不是组织内各国的首要问题，在其建立后的 20 年里，政治上的目的远胜于经济合作的效果。除了新加坡外，东盟各国产业结构相似，互补性小而竞争性大，彼此进行经济合作的期望不高。但是，随着世界经济一体化步伐的进一步加快，加强东南亚国家区域内的经济合作成为不可阻挡的潮流。

1. 世界经济一体化迫使东盟需要建立自己的经济合作组织

在 20 世纪 80 年代末，随着东欧剧变、苏联解体、美苏争霸的终结，世界各国也从政治上的争斗转向经济上的合作与竞争，最显著的表现就是世界各地区域性经济组织的建立。其中，欧洲经济合作取得了新的发展，欧洲地区形成了政治统一、机制协调的内部大市场，欧盟同中、东欧国家经济合作日益紧密;1994年,北美自由贸易区的建立,加快了美洲经济一体化进程。与此同时,经济发达国家的经济合作也对东盟各国提出了严峻的挑战,经济发达国家实行的“新贸易保护主义”,设置非关税壁垒,即在组织内部取消贸易限制和开放市场的同时,对外设置关税壁垒,使其资金仅在组织内部流动。这使得依靠吸引外资发展经济的东盟各国的竞争力受到了很大的限制,也使得东盟各国在技术升级、经济模式转换上难以顺利进行。

2. 东盟各国自身经济的发展推动了东盟经济一体化进程

在经济发达国家的压力下,东盟各国仍坚持发展自身经济,以对付经济发达国家日益抬头的贸易保护主义政策。此时,东盟各国及时实行了经济改革,这主要表现在私有化、自由化、扩大对外开放力度、放宽对外资的限制等方面,这些举措在提高经济发展速度方面起到了实质性的作用。外向型经济模式的建立,使东盟各国工业化程度提高,制造业部门的作用越来越重要,资源配置更为优化。20世纪80年代末90年代初,新加坡、马来西亚、泰国等国的经济高速发展就是很好的例证。东盟各国在经济增长率、进出口增长率上都有很大程度的提高。然而,由于中国、印度等发展中国家有着自然资源及劳动力等方面的优势,及其经济的快速发展也同样威胁到了东盟的经济地位。在种种挑战之下,东盟内部迫切需要一个经济性的合作组织,用来提升区域性经济合作的水平层次。因此,东盟领导人认为,除了需要各国自身的继续努力,进一步改善投资环境外,建立东盟自由贸易区,促进内部经济合作成了刻不容缓的任务。在发达国家经济一体化和东盟自身经济一体化双重背景的推动下,1992年1月在新加坡举行了第四次东盟首脑会议——印度尼西亚、马来西亚、菲律宾、新加坡、泰国、文莱等东盟六国参加的东盟贸易部长会议上,各国签署了《新加坡宣言》、《东盟加强经济合作的框架协定》和《共同有效优惠关税协定》等三个重要文件,正式批准了关于建立东盟自由贸易区的建议。

(三)东盟自由贸易区的贸易协定

自由贸易区是指一个区域集团内部各国交换商品时相互不征收关税,或者只征收很低的关税,除此之外,没有其他更多的限制,但各自又有适用于非成员国的关税结构。东盟之所以采取自由贸易区这一形式,是因为这样的形式可以在不影响区域外部经济合作的前提下,进一步加强区域内部的经济合作。

1. 东盟自由贸易协定的内容框架

东盟自由贸易区各成员国确定了以《共同有效优惠关税协定》作为实施自由贸易区计划的主要工具,同时规定了自由贸易区实施的内容框架。

(1)到2008年,将所有在区域内贸易的工业制成品的关税税率减至5%以下。

(2)在1993年1月1日起的5~8年内,将超过20%关税税率的工业制成品的税率降至20%以下。

(3)在另外的7年内,把所有工业制成品的关税税率降至5%以下。在这个时期内,最低税率可保持在5%的幅度内。

(4)各成员国都应该制定一个关税减免计划,以便在15年内把目前低于20%的保护税率的那部分商品的关税税率降至5%。

(5)允许两个或更多的国家对其特殊的商品加速关税减免的进程。

(6)当关税率降低至20%时(非关税壁垒也同时被逐渐取消),《共同有效优惠关税协定》下的出口货物的数量限制也应该随之取消。

(7)减免关税的范围包括工业品和加工农产品,一共98个产品部门。

(8)《共同有效优惠关税协定》从1993年1月1日起生效,正式开始实施。

2. 东盟自由贸易协定的实施

从东盟自由贸易协定的内容框架看,减税是其实现自由贸易的最主要途径。而如何实施减税计划,方法一直未能统一,其实施进程也在因时改变。总体上是根据东盟自由贸易委员会在1992年12月11日于印度尼西亚雅加达举行的第三次会议上决定对CEPT制定两种实施减税的时间表。

(1)快速减税计划(Fast Track)。该计划的目的就是要求东盟各国在较短的时间内大幅度降低15大类商品的进口关税税率。包括植物油、水泥、化学产品、药剂、化肥、塑料、橡胶制品、皮革产品、纸浆、纺织品、瓷器和玻璃、珠宝首饰、电子产品、铜制品以及木器和藤器。计划还要求,凡1991年进口关税税率低于20%者,从1993年1月1日起的7年内将进口关税税率降至5%以下;凡1991年进口关税税率高于20%者,则在从1993年1月1日起的10年内将进口关税税率降至5%以下。

(2)正常减税计划(Formal Track)。该计划主要是针对快速减税计划外的商品。计划规定在1993年1月1日起的10年内,将未纳入快速减税计划的商品,通过实施正常减税计划降低关税。其中,对于1991年进口关税税率高于20%的商品,从1993年1月1日起的5~8年内,将其进口税率至少降至20%,而后于2008年之前再进一步将进口关税率降至5%以下;对于1991年进口关税税率低于20%者,则分阶段于2008年之前将进口关税税率降至5%以下。

由上可见,无论是快速减税还是正常减税,其关税税率的降低都是逐步进行的,而每一步关税降低率不得少于5%,从这里也可以体现出东盟对减税计划的实施决心。

(四)东盟自由贸易区的运作模式

迄今为止,东盟自由贸易区并未建成一个完全规范的运作模式,这与其政治、文化及地缘都有关系,在此,我们可以通过将其与欧盟作一对比,以加深理解。

欧盟是当今世界一体化程度最高的区域性经济组织,它的运作主要依靠四大机构:作为咨询和监督机构的欧洲议会、立法决策机构部长理事会、作为执行机构的执委会以及负责解释和实施欧洲法律的欧洲法院。东盟在设立之初也成立了一些组织机构,如首脑会议、处长会议、常务委员会、秘书处、东盟经济部长会议、"10+3"会议以及东盟地区论坛

(ARF)等,然而这些机构并不能像欧盟的机构体系那样完善,个别机构效果也不是特别明显。

欧盟在长期的构建中形成了比较完备的法律体系,从一定意义上讲,其一体化程度有超国家的性质,而这样的机构建设对于现今的东盟自由贸易区尚难完成。西方一些评论家曾认为,东盟目前状况类似于欧共体1985年的情形。当时,欧共体也花了7年的时间降低关税,力图形成一个单一的市场体系。最终在各国的共同努力下,实现了货币、资金、技术及劳动力的自由流动。东盟想依靠减税来建成真正的自由贸易区,也需要有自己的运作模式。在后来的时间里,东盟自由贸易区也构建了自己独特的发展模式,即互不干涉内政、协商一致的松散机制和地区开放主义的统一市场。虽然在运行中阻碍重重,但其积极意义也是不容忽视的。

(五)"10+3"和"10+1"区域经济合作体系的提出

"10+3"的合作思想由来已久。最早可以追溯到1990年马来西亚总理马哈蒂尔提出的"东亚经济集团"设想(后改称"东亚经济论坛"EACE),其拟议中参加的成员与如今"10+3"框架的成员基本一致。但是由于日本对东亚经济合作讳莫如深,致使这一建议被束之高阁。1995年年底,在泰国举行的东盟首脑会上,东盟正式提出与中、日、韩三国首脑举行会晤的建议。但此倡议没有得到日本的响应。直到1997年年底发生的东亚金融危机才是促使各国真正走向合作的一个契机。1997年的12月15日东盟、中、日、韩领导人(当时是"9+3",柬埔寨加入东盟后改称"10+3")非正式会议在马来西亚首都吉隆坡正式举行。会议的主要议题包括21世纪东亚的发展前景、亚洲金融危机、深化地区经济联系等。领导人就这些议题达成了许多共识,对加强东亚地区的合作发出了明确的政治信号。东亚合作开始进入了实质启动阶段。

从1997年至今,东亚领导人会议已经召开了八次。随着合作进程的展开,"10+3"的合作机制也渐趋明朗。东亚合作即"10+3"机制分为四个层次,或者说有四个轮子在同时推动"10+3"合作向前发展:第一个轮子是"10+3",即整个东亚范围的对话与合作;第二个轮子是"10",即东盟自身的发展与合作;第三个轮子是"10+1",即东盟分别与中、日、韩之间的对话与合作;第四个轮子是"3",即中、日、韩之间的对话与合作。

四个轮子当中起主导作用的是"10+3",即整个地区范围的合作。四个轮子虽然一起转动,但发展有快有慢。其中处于领先地位的是"10",即东盟自身的地区合作。处于居中位置的是三个"10+1",目前,中、日、韩三国家都加入了《东南亚友好与合作条约》。中国已与东盟签署了《中国-东盟全面经济合作框架协议货物贸易协议》和《中国-东盟争端解决机制协议》。这两个协议已于2005年1月1日实施。《货物贸易协定》规定了逐步削减除"早期收获计划"以外的所有货物贸易的关税,直至最后消除。《争端解决机制》为在实施《框架协议》过程中出现的争端提供了解决机制与程序,是有效实施《货物贸易协定》的保障。这两个协议标志着中国-东盟自由贸易区建设步入实质性阶段,在未来的5~10年内,全球将出现一个拥有17亿消费者、近2万亿美元的区内生产总值和1.2万亿美元贸易总量的自由贸易区。日本和东盟的《东盟－日本全面经济伙伴关系协议》的谈判工作也于2005年4月启动,在两年内结束。东盟－韩国自由贸易区的谈判也已开始启动,目标是在2009年至少80%的产品达到零关税。处于发展落后地位的是"3",即东北亚地区的合作。作为东亚地区三个最大的经济体,由于各种复杂的原因,中、日、韩之间目前还处于市场自发或政府主导推动下的较低层次的"共同开发区""增长三角"等模式的地区合作。但在第八次领导人会议上,中、日、韩三国领导人会议通过了《中日韩合作进展报告》和《中日韩三国行动战略》,对未来各个领域的三方合作提供了指导方针,还决定探索制定三方合作《行动计划》的可能性。温家宝提出加强三方投资和媒体合作以及三方定期就区域合作政策开展对话等倡议,得到日韩两国领导人的重视与积极回应,三方合作前景良好。

五、其他区域经济一体化组织

(一)亚洲

1.南亚区域合作联盟(简称南盟)

南盟是在1985年12月成立的,成员有印度、孟加拉、巴基斯坦、斯里兰卡、马尔代夫、尼泊尔、不丹等七个国家。1993年4月,南盟就七国间优惠贸易安排达成了协议,以此作为今后贸易谈判的基础。1994年11月起,实施了1993年4月形成的优惠贸易安排。南盟成立后近20年来,区域经济合作进展不大,其主要原因是成员国之间存在着严重的政治分歧和边界争端,加上印巴两个南亚大国之间在该地区禁止核武器问题上存有不可调和的矛盾。这也从一个方面说明,政治关系是影响区域经济一体化发展的一个重要因素。

2.海湾合作委员会

该组织于1965年成立,成员国有沙特阿拉伯、科威特、巴林、阿曼、卡塔尔、阿联酋六国。1992年底,海湾合作委员会宣布,从1993年3月起建立共同市场,统一进口关税,以保证进口货物在六国间自由流动。

3.经济合作组织

该组织于1964年成立,成员国有伊朗、巴基斯坦、土耳其。1992年又增加了七个国家:阿富汗、阿塞拜疆、哈萨克斯坦、乌兹别克斯坦、吉尔吉斯斯坦、土库曼斯坦、塔吉克斯坦。经济合作组织在1993年制订了行动计划,确订了2000年前经济合作目标,最终建立伊斯兰共同市场。

(二)欧洲

1.欧洲自由贸易联盟

1959年7月,英国、瑞士、丹麦、挪威、瑞典、奥地利、葡萄牙七国在瑞典首都斯德哥尔摩举行了部长级会议,会上通过了"成立欧洲自由贸易联盟的计划草案"。同年11月又签订了《欧洲自由贸易联盟条约》。1960年5月3日,欧洲自由贸易联盟正式成立。以后芬兰、冰岛、列支敦士登相继加入。但随着英国、丹麦、瑞典、奥地利、葡萄牙、芬兰加入欧洲经济共同体,现在仅剩下挪威、瑞士、冰岛和列支敦士登四个国家了。

欧洲自由贸易联盟的宗旨是:实现成员国之间工业品贸易自由化。《欧洲自由贸易联盟条约》规定自1960年7月起10年内,逐步削减直至完全取消成员国之间的工业品贸易关税和数量限制。这个目标已提前于1966年底实现。贸易自由化不涉及农产品。欧洲自由贸易联盟建立的最初原因是对抗欧洲经济共同体,但后来随着欧洲经济共同体力量的加强,该联盟自感实力虚弱便转而希望与欧共体加强合作。1972年7月,该联盟终于与欧共体签署了建立自由贸易区的协定,决定逐步取消这些国家之间的工业品关税,把自由贸易制度扩大到这两大经济集团内的所有国家。

2. 独联体经济联盟

由于前苏联、东欧剧变,"经互会"于1991年6月28日解体。以俄罗斯为首的12国组成了独联体经济联盟。起初是俄罗斯、乌克兰和白俄罗斯三国在1991年12月8日首先签署经济联盟条约,以后在1992年9月24日又有9国签署了经济联盟条约。由于独联体12国经济在转轨过程中很长时间没有走出低谷,尤其是影响大的俄罗斯在20世纪90年代末出现经济大滑坡,自身难保,无力顾及成员国。尽管1994年12国首脑会议强调要加强各国的经贸往来,但由于各国都缺少资金,而投资环境又不太理想,国外投资甚少,经济恢复缺少活力。

3. 黑海经济合作组织

该组织是1992年6月在伊斯坦布尔签署《黑海经济合作宣言》而正式成立的。该文件表明,参加国间将通过双边或多边合作网,逐步加强成员国间经济合作,取消或削减不利于扩大贸易和投资的一切障碍,为商品、劳务和资金的自由流动创造条件。目前,该组织共有11个正式成员国:罗马尼亚、保加利亚、土耳其、阿尔巴尼亚、希腊、俄罗斯、亚美尼亚、摩尔多瓦、格鲁吉亚、乌克兰、阿塞拜疆。

(三)拉丁美洲

1. 南方共同市场

1991年3月26日,阿根廷、巴西、乌拉圭、巴拉圭四国总统在巴拉圭首都亚松森签署了《亚松森条约》,决定建立由四国参加的南方共同市场。经过近四年的艰苦谈判,于1994年12月17日签署了《黑金城协定》,宣布1995年1月1日南方共同市场正式启动运转。智利(1996年)、玻利维亚(1997年)和南非(2000年)是南共市的"联系国"。智利已就成为正式成员同南共市开始进行谈判。

南方共同市场主要有以下几方面内容。

(1)成员国内部贸易相互免税。从1995年1月1日起,确定9 000种产品中的85%内部关税为零,其余15%的产品到1999年逐步降为零。对那些敏感性产品,包括资本货物、机械设备、电子计算机和通信设备的关税将分别过渡到2001—2006年再决定增减税率。

(2)实施共同对外关税政策的问题。从1995年1月1日起,共同对外关税制度开始生效,对来自第三国的占总数约85%的一般商品,实行共同对外关税,税率在20%以内。考虑到成员国间发展水平差异,协议允许成员国各保留一定数量的商品作为例外,直到2001年前暂不实行共同对外关税,巴拉圭则推迟到2006年。

(3)关于原产地规则的规定。享有区域内优惠关税的非资本品,其当地成分不低于60%(巴拉圭为50%),资本货物为80%。此外,协议内容还包括取消一切非关税措施,建立贸易委员会和技术与政策工作组,以及鼓励出口、解决争端和保障行动方面的措施。

2. 中美洲共同市场

中美洲共同市场的前身是根据1956年《中美洲自由贸易协议》而成立的中美洲自由贸易区。1962年8月,由中美洲的危地马拉、萨尔瓦多、洪都拉斯、尼加拉瓜和哥斯达黎加五国在尼加拉瓜首都马那瓜共同签署了《中美洲经济一体化条约》,成立中美洲共同市场。进入20世纪80年代后,由于五国经济状况恶化,加之政治动荡和内战不断,特别是债务负担异常沉重,成员国间又重新构筑了非关税壁垒,致使关税取消所带来的贸易利益被一定程度地抵消。为抑制区内贸易保护主义和确保共同市场取得的已有成果,1993年五国达成"最终多边协议",给共同市场的发展重新注入了活力,并建立了关税同盟。另外,中美洲共同市场在1993年与哥伦比亚、墨西哥、委内瑞拉就自由贸易签订了《加拉加斯协议》。巴拿马也已表示了加入中美洲共同市场的意向。

3. 安第斯集团

1966年,玻利维亚、智利、哥伦比亚、厄瓜多尔、秘鲁五国签订了《安第斯条约》,以开展自由贸易和加强成员国之间的经济合作。不久委内瑞拉加入,智利退出。《安第斯条约》规定,成员国间在1980年前建立自由贸易区,并实施共同对外关税政策,为最终建立关税同盟创造条件。但这些原定的时间表并未实现。1990年11月,集团首脑在玻利维亚拉巴斯决定,1992年初建立自由贸易区和1993年建立共同关税同盟。自由贸易区按时生效运转,但在实施共同对外关税政策时遇到困难。秘鲁要求保持15%的平均关税,而其他成员国则各有不同的目标。迫于分歧,秘鲁从1992年8月中止了其安第斯条约成员资格。1994年,安第斯条约成员就四级(5%,10%,15%,20%)共同对外关税结构达成了一致,并于1995年1月正式对外实施。

4. 拉美一体化联盟

拉美一体化联盟的前身是拉美自由贸易联盟。1960年2月阿根廷、玻利维亚、巴西、智利、墨西哥、巴拉圭、秘鲁、乌拉圭八国在乌拉圭签订了《蒙得维的亚条约》,成立了拉美自由贸易联盟。以后哥伦比亚、厄瓜多尔和委内瑞拉相继加入了该联盟,成员国发展到11个。该联盟计划在12年内实现贸易自由化,但目标未能实现。1980年6月签订了新的《蒙得维的亚条约》,对原有的机构进行改革,建立了"拉美一体化联盟",以推动这一地区的经济一体化进程。新条约的目标是:分别通过签订双边和多边协议,促进新联盟成员国之间及其与第三国的贸易增长。在新联盟的框架下,成员国之间的贸易自由化在部门基础上通过以下两个途径来实现:一是"区域范围协议",即在区域内全部成员之间相互给予优惠贸易待遇；二是"小组范围协议"，即新联盟成员国中愿意签署本协议的国家之间相互提供优惠贸易待遇。

(四)非洲

1. 西非国家经济共同体

1975年5月，15个西非国家在尼日利亚首都拉各斯举行首脑会议，签署了《拉各斯条约》，成立了西非国家经济共同体。成员国有：贝宁、象牙海岸、几内亚、上沃尔特、马里、毛里塔尼亚、尼日尔、塞内加尔、多哥、冈比亚、尼日利亚、加纳、利比里亚、塞拉利昂、几内亚比绍。1977年佛得角加入，现为16国。它是目前非洲最大的区域性经济组织。共同体的目标是，在条约生效后15年内分阶段消除成员国之间的关税，及其他一些贸易障碍，建立关税同盟。1993年7月，在共同体第16届首脑会议上签订了《西非国家经济共同体修正条约》。条约规定：①建立共同体超国家机构，如共同体的经济和社会委员会、仲裁法院等；②实现货币一体化。决定成立西非货币局，由该机构负责实现西非统一货币。

2. 西非经济共同体

西非经济共同体是西非法语国家的经济合作组织，其前身是1959年成立的西非关税同盟。1959年，贝宁（原叫达荷美）、科特迪瓦（原叫象牙海岸）、马里、毛里塔尼亚、尼日尔、塞内加尔、布基纳法索（原叫上沃尔特）共同签署了一项关于建立"西非国家关税同盟"的公约。该公约六个成员（除马里外）拥有共同的中央银行和实行同样的货币，货物在成员国间自由流动。该组织事实上保留了成员国独立时就存在的一个次区域安排问题，即对从第三国征收关税所得如何进行分配的问题。经过谈判，最后同意采取平均分配的办法。从西非关税同盟生效运转的实践来看，它从未全面实施。1973年4月，上述七国签订了议定书宣布成立西非经济共同体。该共同体规定了对成员国的工业品进口实行"地区合作税"的特惠待遇，规定了对外关税和实行财政税收政策协调的问题。

3. 南部非洲发展共同体

该组织前身是南部非洲发展协调会议，成立于1980年4月。其成员国有：安哥拉、博茨瓦纳、莱索托、马拉维、莫桑比克、纳米比亚、坦桑尼亚、赞比亚、斯威士兰、津巴布韦共10国。1992年8月，举行成员国首脑会议，将协调会议改组为南部非洲发展共同体。目的是在平等、互利和均衡的基础上，建立开放型经济，打破关税壁垒，促进相互投资、贸易、人员、货物和劳务的自由往来，逐步统一货币，最终实现区域经济一体化。该共同体近年来在发展区域经济合作方面取得了一些进展。1993年7月31日，它通过决议，准许本地区的公民无需签证就可自由出入各成员国边境。1996年8月24日，在莱索托的首都马塞卢举行首脑会议，签署了争取在8年内实现地区贸易自由化的重要文件，并同意南非、毛里求斯两国加入该组织。以后，刚果、塞舌尔加入该组织。现在，该组织有14个成员国。

4. 阿拉伯马格里布联盟

该组织由北非五国（阿尔及利亚、利比亚、毛里塔尼亚、摩洛哥和突尼斯）在1989年2月成立。其目标是到1995年建成关税联盟,到2000年建立一个共同市场。自联盟成立以来,在建立马格里布农业共同市场、实现粮食自给方面做了一些工作,但在其他方面未取得实质性进展。这主要是由于成员国之间在经济政策,如对外贸易安排方面分歧较大。

5. 阿拉伯自由贸易区协议

由阿拉伯联盟经济一体化委员会与阿拉伯各国财政、海关关长于1997年10月共同签订的《阿拉伯国家自由贸易区协议》,于1998年1月1日起生效。该协议规定:自1998年1月1日起,阿拉伯各国海关对阿拉伯国家本地生产的产品征收的关税每年降低10%,并逐步取消非关税贸易障碍;10年后,即2008年阿拉伯国家间实现零关税。目前22个阿拉伯联盟国家中已有14个同意全面执行这个减税计划,它们是:约旦、阿联酋、苏丹、伊拉克、阿曼、沙特阿拉伯、巴勒斯坦、卡塔尔、叙利亚、巴林、突尼斯、科威特、埃及、摩洛哥。这14国相互间贸易占阿拉伯国家间商品贸易总额的80%。阿盟的金融机构和阿拉伯伊斯兰开发银行也从金融上大力支持该协议,并帮助一些不发达的阿盟国家发展民族经济。阿拉伯信贷贸易管理委员会计划,由阿拉伯国家金融机构每年拿出3亿美元,向阿拉伯国家间的贸易提供信贷。

(五)澳洲

"澳新自由贸易区"是在1965年由澳大利亚和新西兰两国政府签署了自由贸易协议后建立的。该自由贸易协议生效运转了近20年后,于1983年被"澳新紧密经济关系协议"所取代。这样,澳新区域经济合作进入了一个空前的发展阶段。1965年协议被取代的原因是,贸易自由化的产品范围不符合"实质上所有贸易"的要求,协议只涉及关税减让,而未就非关税措施问题作出规定。这样的自由贸易区促进两国贸易发展的作用是极其有限的。从紧密经济合作关系协议的主要内容看,该协议不仅包括了所有贸易产品,而且规定在1990年7月1日前,所有关税及非关税措施全部取消,并对反倾销、反补贴等作了规定。1992年,澳新对协议又作了修改。修改了关于双方对协调统一商业法规和竞争政策作出承诺,使双方产品相互免除反倾销行动。所以说,澳新自由贸易区是当前众多自由贸易区中贸易自由化程度最高、最彻底的一个。

思 考 题

1. 区域经济一体化包括哪些形式?
2. 区域经济一体化发展的动因是什么?
3. 区域经济一体化对其成员国乃至整个世界贸易有哪些影响?
4. 影响区域经济一体化进程的因素有哪些?
5. 请比较三大区域经济一体化组织(EU,NAFTA,APEC)各自的特点。

第五章 关税与贸易总协定与世界贸易组织

第一节 关税与贸易总协定

一、关税与贸易总协定的诞生

20 世纪初，由于生产过剩的危机，各国都奉行高关税的贸易保护主义，严重阻碍了国际贸易的发展，并成为 20 世纪 30 年代世界经济危机的重要原因。经济危机的发生使各国意识到加强国际贸易协调与合作的必要性。

1943 年，美国最先倡议成立一个旨在削减关税、促进贸易自由化的国际贸易组织。这也与美国急于想确立自己在国际经济秩序和全球经贸关系中的主导地位有关。1944 年，美国、英国等 44 个国家在美国新罕布什尔州的布雷顿森林城召开会议，讨论国际货币金融体系问题，建立了国际货币基金组织（International Monetary Fund，IMF）和国际复兴开发银行（International Bank for Reconstruction and Development，World Bank）。美国还拟设立一个处理国际贸易与关税的专门组织，促进贸易自由化。1945 年，美国利用在伦敦与英国磋商战时租借账目清算的之机，提出了“国际贸易与就业会议建议议案”。在该方案中，正式提出建议：成立一个全球性贸易协调组织，即“国际贸易组织”，作为在国际贸易领域中与国际货币基金组织、国际复兴开发银行相对应的机构。

1946 年 2 月由美国发起召开国际贸易与就业会议，邀请了包括当时的中国政府在内的 19 个国家共同组建成立国际贸易组织筹备委员会，起草该组织宪章，并拟举行世界范围内的关税减让谈判。1947 年 4 月，在日内瓦举行的筹备委员会第二次会议上，通过了《国际贸易组织宪章》草案。为了尽快解决关税减让问题，参加会议的 23 个国家政府同意在国际贸易组织成立以前，先就关税减让和其他贸易限制等事项进行谈判。在谈判的基础上，达成了有关协议。此后，会议将这些协议同《国际贸易组织宪章》中有关贸易政策的内容一并构成单一协定，即《关税及贸易总协定》（General Agreement on Tariffs and Trade，GATT），作为一项过渡性的临时协议，以处理第二次世界大战后急需解决的各国在关税及贸易方面的问题。1947 年 10 月 20 日，23 个国家在日内瓦签署了该协定，并于 1948 年 1 月 1 日临时适用生效。

二、关税与贸易总协定的发展

关贸总协定的宗旨是：缔约各国政府，认为在处理它们的贸易与经济事务的关系方面，应以提高生活水平,保证充分就业,保证实际收入和有效需求的巨大持续增长,扩大世界资源的充分利用以及发展商品生产与交换为目的,导致大幅度的削减关税和其他贸易障碍,取消国际贸易中的歧视待遇,并对上述目的作出贡献。在这一宗旨的指导下,关贸总协定主持了一系列推动自由贸易的协商和谈判,为战后国际贸易和经济的发展做出了重要的贡献。

在《关税及贸易总协定》生效47年的历史上,共举行了八个回合的多边贸易谈判,具体见表5-1:

表5-1 关税与贸易总协定的多边贸易谈判

	时 间	谈判主要议题	地 点	国家数
第一轮	1947.4—10	关税	瑞士日内瓦	23
第二轮	1949.4—10	关税	法国安纳西	33
第三轮	1950.10—1951.4	关税	英国托奎	39
第四轮	1956.1—5	关税	瑞士日内瓦	28
第五轮(迪龙回合)	1960.9—1962.7	关税	瑞士日内瓦	45
第六轮(肯尼迪回合)	1964.5—1967.6	关税和反倾销措施	瑞士日内瓦	54
第七轮(东京回合)	1974—1979.4	关税、非关税措施和框架协议	瑞士日内瓦	102
第八轮(乌拉圭回合)	1986.10—1993.12	关税、非关税措施、规则、服务、知识产权、争端解决、纺织品和服装、农产品、世贸组织的成立等	乌拉圭塔斯特角	108

在这些回合中,最重要的是肯尼迪回合、东京回合和乌拉圭回合的谈判,下面具体介绍这三个回合的谈判过程和成果。

1. 肯尼迪回合

关税总协定第六轮谈判始于1964年,因由当时美国总统肯尼迪倡议,又称“肯尼迪回合”。这一回合有54个国家参加,历时3年多,于1967年结束。

与以往各轮谈判相比,肯尼迪回合有以下几个新发展。

第一,提出了全面降税的要求。谈判的结果,通过了采用线性减让工业制成品关税35%的协议。决定从1968年1月1日起,每年降低五分之一,5年完成这一目标。这项线性降税协议包括商品6万多种,涉及到400亿美元的商品贸易额。

第二,首次包括了非关税壁垒的内容。针对越来越严重的倾销行为和纠纷,这一回合制定了第一个反倾销协议。规定了倾销的定义,允许缔约国对倾销的产品征收数量不超过这一产品倾销差额(即产品低于正常价格的部分)的反倾销税。

第三,增加了贸易与发展的部分。在越来越多的发展中国家加入关贸总协定之后,关贸总协定在推动贸易自由化的过程中不得不开始考虑发展中国家的特殊情况,提出了对这些国家利益的特殊措施,促进他们的贸易和发展。由于许多发展中国家长期依靠某些有限初级产品的出口,因此,协议提出要为这些产品进入世界市场提供更有利的条件。

第四,首开了允许"中央计划经济国家"参加关贸总协定多边谈判的先例。当时的波兰在经过7年多的申请后,于1966年12月被接纳为关贸总协定正式成员。波兰为此承担了每年从全体缔约国增加进口不低于7%的义务;各缔约国则逐步取消了对波兰的歧视性禁运和数量限制。

2. 东京回合

在肯尼迪回合结束6年后的1973年,由美国总统尼克松倡议,各缔约国部长级会议在东京召开,通过了"东京宣言",宣布第七轮多边贸易谈判开始。谈判在日内瓦举行并被命名为"尼克松回合"。后因"水门事件"尼克松下台,第七轮谈判就改称为"东京回合"。"东京回合"有102个国家和地区(包括29个非缔约国)参加,历时5年多。与肯尼迪回合相比,东京回合又取得了一些新的成果。

第一,在限制非关税壁垒上进一步取得了成功。除了对反倾销协议作了修改之外,东京回合还在削减其他非关税壁垒措施上达成了包括进口许可证手续、贸易技术壁垒、政府采购补贴等九项协议。

第二,关税进一步下降。根据达成的协议,从1980年1月1日起8年以内,全部商品的关税平均下降33%,其中美国关税下降31%,欧洲共同市场下降27%,日本下降28%。但是,纺织品、鞋类、家用电器、钢铁以及其他对发展中国家比较敏感的产品没有包括在内,农产品的贸易保护问题开始引起重视但没有结果。

3. 乌拉圭回合

前几轮的贸易谈判虽然对国际贸易自由化进程有很大的推动作用,但一些老问题依然存在,许多新问题不断产生,阻碍着贸易自由化的进一步发展。这些新老问题具体表现为:①各种新形式的非关税壁垒不断出现;②劳务和服务贸易中的问题从未认真讨论,而劳务和服务贸易已在国际贸易中的比重日益增加;③农产品贸易保护问题没有得到解决,并且越来越严重;④非市场经济国家的贸易问题;⑤欧洲、北美等区域性贸易集团的出现。这些问题不得到妥善解决,必然会阻碍全球贸易的自由化发展。

1986年9月15日在乌拉圭埃斯特角城的多边贸易谈判(被称为"乌拉圭回合")共有15个议题,分为两个部分:第一部分是商品贸易,有14个议题;第二部分是服务贸易。这轮谈判的目标包括:①建立起反对新保护主义的一套规则;②建立起保护知识产权的规则;③改进解决国际贸易纠纷的机制;④在农产品贸易、服务贸易、对外投资等方面达成协议。

乌拉圭回合原定于1990年结束，结果拖拖拉拉，直至1993年底才完成。

乌拉圭回合的谈判为何如此艰难呢？究其原因，主要有以下两点。

第一，这是关贸总协定成立以来最复杂、最艰巨的一次多边贸易谈判。一方面参加的国家多，代表的各种利益也多，要想达到大家都满意的结果也难。另一方面，涉及的范围广，谈判的题目多。不仅要解决以往没有解决好的问题，还要讨论新题目。如此众多的难题在短期内达到共识并得到解决，并非易事。

第二，这轮谈判中有几个问题特别棘手，牵涉到一些国家之间根本利益的冲突，要想任何一方妥协都极不容易。首先是农产品贸易保护问题。虽然美国和欧洲都实行保护政策，相比之下，美国仍具有比较优势。若能同时取消保护的话，美国农民失去政府补贴，但可通过向欧洲、日本以及其他市场出口而获利，实际损失不大，对美国政府来说则可趁机卸掉一个庞大的财政包袱。因此，美国坚持要欧洲共同体削减农业补贴90%。但是，对于欧共体来讲，撤销生产补贴而无其他措施的话，就意味着将其农民抛进贫困甚至破产的境地。无论从政治上或从经济上说，欧共体政府不敢轻易冒这一风险。因此，农产品谈判不得不几陷僵局。

其次是纺织品和服装贸易的问题，这一问题牵涉到了发展中国家和发达国家的利益冲突。对发展中国家来说，纺织品是重要的出口商品，因此，发展中国家要求消除对纺织品可以实行配额等保护措施的规定，将纺织品贸易纳入关贸总协定的贸易规则。而发达国家则想把纺织品贸易同市场准入和知识产权等联系起来谈，企图为纺织品的自由贸易设置障碍。

服务贸易的市场准入和知识产权保护的谈判也很艰苦。美国在这方面牵涉的利益最大，在这一议题上提出的条件也最高。但是，对于大多数发展中国家来说，要求过高会有损其工业发展，因此也不愿意轻易让步。

这些特殊难题使这一轮的国际贸易多边谈判持续了7年多。乌拉圭回合虽然旷日已久，但毕竟取得了许多重要成果，对世界贸易自由化的过程起不可忽视的推动作用。乌拉圭回合的主要成果包括以下几个。

第一，进一步削减了关税。经过乌拉圭回合，关贸总协定中的发达国家工业品加权平均关税率从6.3%降低到3.8%，发展中国家工业品的加权平均关税率从20.5%降为14.4%。

第二，在降低非关税壁垒，限制不公平竞争和进一步促进货物贸易发展方面达成了一系列协议，制定了许多新的规则。这些协议包括：①补充修订后的货物贸易总协定——《关税与贸易总协定1994》；②两项具体部门协议——《农业协议》和《纺织品协议》；③七项有关非关税壁垒和影响贸易发展具体问题的协议——《技术性贸易壁垒协议》《海关估价协议》《装运前检验协议》《原产地规则协议》《进口许可程序协议》《动植物检疫措施协议》以及《与贸易有关的投资措施协议》；④三项维护公平竞争的协议——《补贴与反补贴措施协议》《反倾销协议》和《保障措施协议》。

第三,首次签订了《服务贸易总协议》,强调了服务贸易中非歧视性、透明度、市场准入等原则。在要求服务贸易自由化的过程中,《服务贸易总协议》也承认发达国家成员国和发展中国家服务业发展的差距,允许发展中国家在开放服务业贸易市场方面有更多的灵活性。

第四,首次将知识产权的保护纳入多边贸易谈判并达成了共识,签署了《与贸易有关的知识产权协议》。该协议明确了国际法律对知识产权保护的目标、范围、措施和处置,为保护知识产权,反对不公平竞争和维护正常贸易秩序制定了规则。《与贸易有关的知识产权协议》也对发展中国家做出了特殊的过渡期安排。

第五,建立了世界贸易组织。建立世贸组织原来不在乌拉圭回合的议题中,但是乌拉圭回合谈判的议题尤其是服务贸易和知识产权保护等已远远超出只管货物贸易的"关贸总协定"的职能范围。因此,建立一个更具广泛功能的更权威的国际贸易组织变得更为必要和迫切。1990 年,欧共体首先提出建立一个多边贸易组织的倡议,得到了其他国家的支持。1993 年,在美国的提议下,将多边贸易组织改成了世界贸易组织。经过进一步的讨论谈判,乌拉圭回合的参加方于 1994 年 4 月 15 日在摩洛哥马拉喀什通过了《建立世界贸易组织马拉喀什协议》,正式决定成立世贸组织。

三、历次多边贸易谈判的特点

1. 历次的谈判都是在美国策动下进行的

美国策划签订总协定,主要是为了通过总协定去削弱和摧毁其他国家的贸易壁垒,以便美国垄断资本无限制地对外扩张。

因此,美国一再倡议在总协定主持下进行多边贸易谈判。前五次的谈判是在美国展延了《互惠贸易法》之后倡议举行的。

1962 年美国通过了《扩大贸易法》,又倡议举行第六次的所谓"肯尼迪回合"谈判。

第七次"东京回合"谈判也是在美国尼克松总统倡议下举行的,因此它又曾称为"尼克松回合",紧接着美国通过了《1974 年贸易法》,并根据这项法案参加谈判。

在 20 世纪 80 年代初,美国竭力倡导举行新的一轮多边贸易谈判,以迫使其他国家进一步开放市场,特别是农产品市场和服务贸易市场。

不仅如此,在历次谈判中,美国竭力维护本国垄断资本的利益。它一方面胁迫其他国家下降关税,放宽进口限制;另一方面对于本国垄断资本认为可能受到外国商品竞争的商品,尽量不列入进行谈判的货单中。此外,美国还利用所谓"例外条款""国家安全条款"等规定,在必要时撤销已减让的关税或重新提高进口关税。

由此可见,多边贸易谈判往往是美国争夺国外市场和维护本国市场的重要手段。

2. 多边贸易谈判的内容和范围日益扩大

长期以来,总协定的多边贸易谈判以传统的货物贸易谈判特别是关税谈判为主。

随着国际经济与贸易关系的发展，多边贸易谈判的内容和范围日益扩大。在“东京回合”的谈判中，谈判之重点已从过去降低关税转向限制非关税措施的谈判上来，有关的协议也在总协定原有条款的基础上作了修改和补充，扩大了协议的内容和范围，在深度上也有了进一步的加强。

在1986年9月正式发起的“乌拉圭回合”的谈判，突破总协定传统的货物贸易谈判的格局，首次对服务贸易、与贸易有关的知识产权、与贸易有关的投资措施进行谈判，并把长期未解决的纺织品贸易、农产品贸易、保障条款和争端解决等问题列入谈判的议事日程。

3. 发达资本主义国家总是较多利益的获得者，发展中国家得利较少

虽然历次多边贸易谈判是在所谓“互惠互利”的基础上进行的，并根据总协定条文第四部分和“东京回合”通过的“授权条款”的原则，给予发展中国家某些优惠待遇，但实际上总协定的多边贸易谈判是以经济实力为基础的。

在历次的多边贸易谈判中，资本主义国家特别是美国、欧洲经济共同体和日本是谈判的主角，它们竭力维护本身的利益，因而谈判的主要受益者是发达资本主义国家，发展中国家得利较少。

例如，在“肯尼迪回合”谈判以前，对全部制成品的进口平均关税为10.3%，而对从发展中国家进口制成品征收的平均关税为17.1%；在“肯尼迪回合”谈判以后，这两项税率分别下降到6.5%和11.3%，但两者税率的差幅并未缩小。

在“东京回合”和“乌拉圭回合”的谈判中，发展中国家的某些意见已受到重视，如某些协议中增加了给予发展中国家某些优惠待遇的条款，但谈判主要仍在发达资本主义国家特别是美国、欧洲经济共同体和日本之间进行，许多发展中国家无法积极参加制定协议的主要条款的工作，这引起了发展中国家普遍不满。

发展中国家在谈判中取得的利益有所增加，但这些已经获得的成果是有限的。因此，发展中国家要在总协定谈判中提高自己的地位和作用，并取得更多的利益，还需进行的艰苦的斗争。

4. 发达资本主义国家经常各持己见，矛盾重重

多边贸易谈判中所达成的各项协议通常是发达资本主义国家之间暂时妥协的产物。这些国家，特别是美国、欧洲经济共同体和日本之间为了在协议中订入有利于自己的条款，经常在谈判中矛盾重重。例如，“肯尼迪回合”谈判，经过了三年多争吵，谈判几次濒于破裂，最后才勉强达成协议。

“东京回合”从1973年开始，原订于1975年结束，但由于各持己见，一再延期，到1979年4月才结束，谈判时间旷日持久，长达六年之久。

至于“乌拉圭回合”的谈判所涉及内容更为复杂，他们之间的分歧和矛盾更为突出，争吵更加激烈。特别是欧洲经济共同体与美国之间在农产品贸易等问题上发生尖锐分歧与对立一再中断和延期，历经八年，于1994年4月才正式宣告结束。

四、关贸总协定的作用

关贸总协定从 1948 年 1 月 1 日开始实施，到 1995 年 1 月 1 日 WTO 正式运行，共存续了 47 年，对国际贸易产生了很多积极的影响。

一是促进了国际贸易发展和贸易规模的不断扩大。在关贸总协定的主持下，经过八轮多边贸易谈判，各缔约方的关税水平均有了较大幅度的降低。发达国家加权平均关税从 1947 年的平均 35% 下降到 4% 左右，发展中国家的平均关税率下降到 12% 左右。在第七、八轮贸易谈判中对一些非关税措施的逐步取消达成协议，这对促进贸易自由化和国际贸易的发展作出了积极贡献。

二是缓和了缔约方之间的贸易摩擦和矛盾。关贸总协定及其一系列协议是各缔约方之间谈判相互妥协的产物。执行协议产生的贸易纠纷可以通过协商、调节、仲裁方式解决，这对缓和或平息各缔约方的贸易摩擦起到了一定的积极作用。

三是关贸总协定及其一系列协议发展成为一套国际贸易政策体系，成为国际贸易的交易规则。关贸总协定的基本原则及谈判达成的一系列协议，形成了一套国际贸易政策与措施的规章制度和法律准则，成为各缔约方处理彼此间权利与义务的基本依据，并具有一定的约束力。关贸总协定要求其缔约方在从事对外贸易和制定或修改其对外贸易政策措施，处理缔约方间经贸关系时，均需遵循基本原则和一系列协议。关贸总协定成为各缔约方进行贸易的规则。

四是对维护发展中国家利益起到了积极作用。随着发展中国家的壮大和加入关贸总协定，关贸总协定增加了有利于发展中国家的条款，并为发达国家、发展中国家在贸易上提供了对话的场所。关贸总协定为发展中国家维护自身利益和促进其对外贸易发展起到了一定的作用。

第二节　世界贸易组织

一、世界贸易组织的建立

1990 年初，欧共体轮值主席国意大利首先提出了建立多边贸易组织的倡议，同年 7 月，欧洲联盟以 12 个成员国的名义正式向“乌拉圭回合”体制职能谈判小组提出这一项倡议，随后，得到加拿大、美国的支持。1990 年 12 月，“乌拉圭回合”布鲁塞尔部长会议正式作出决定，责成体制职能小组负责多边贸易组织协议的谈判起草工作。1994 年 4 月 15 日，在马拉喀什召开的 GATT 缔约国大会上，《建立世界贸易组织协定》获得通过，与其他附件协议和部长宣言共同构成“乌拉圭回合”多边贸易谈判的一揽子成果，并采取单一整体义务和无保留例外接受的形式,被104个缔约方政府代表所签署。1995年1月1日,世界贸易组织宣告成立,总部设在瑞士的日内瓦。

二、世界贸易组织的宗旨、原则和职能

(一)世界贸易组织的宗旨

《WTO协定》前言指出,世界贸易组织的宗旨为:提高生活水平,保证充分就业,大幅度和稳定地增加实际收入和有效需求;扩大货物和服务的生产与贸易;按照持续发展的目的,最优运用世界资源,保护和维护环境,并以不同经济发展水平下各自需要的方式,加强采取各种相应的措施;需要积极努力确保发展中国家,尤其是最不发达国家在国际贸易增长中的份额,与其经济发展需要相称。

WTO的目标是产生一个完整的、更具有活力的和永久性的多边贸易体系来巩固原来关税及贸易总协定以往为贸易自由化所做的努力和乌拉圭回合多边贸易谈判的所有成果。为实现上述目标和宗旨,WTO规定各成员应通过互惠互利的安排,导致关税和其他贸易壁垒的大量减少和国际贸易关系中歧视性待遇的取消。

(二)世界贸易组织的原则

WTO的基本原则是在继承关贸总协定基本原则的基础上,进行必要的补充和修改形成的。最主要的几项原则包括:非歧视原则、自由贸易原则、公平竞争原则、透明度原则和权利与义务平衡原则。这些原则不仅适用于商品货物贸易,也适用于服务贸易和知识产权保护方面。

1. 非歧视原则

非歧视原则是世界贸易组织管辖的多边贸易协议与协定中最基本的原则之一,其核心是所有缔约国一律平等,进口产品与国内产品平等,这一原则主要通过最惠国待遇条款和国民待遇条款来实现。

(1)最惠国待遇原则

最惠国待遇(most-favored-nation treatment)指缔约一方现在和将来给予任何第三方的优惠与豁免,也同样给予缔约对方。最惠国待遇可以是无条件的,也可以是有条件的。在世界贸易组织中的最惠国待遇条款是无条件的,但对于非世界贸易组织的成员国,最惠国待遇只是各国分别谈判的结果而不是自动给予和无条件的。这个原则适用于货物贸易领域、服务贸易领域和知识产权领域。

最惠国待遇原则存在以下几种例外情况。

第一,某发达国家给予发展中国家出口的工业品及半成品以更加优惠的差别的关税待遇;在非关税措施方面给予发展中国家更为优惠的差别的待遇;发展中国家之间实行的优惠关税,对最不发达国家的特殊优惠,可不给予其他发达国家成员。

第二,自由贸易区、关税同盟及边境贸易所规定的少数国家享受的待遇和经济一体化

组织内部的待遇，可不给予其他世贸组织成员。

第三，一些成员为保障动、植物及人民的生命、健康、安全或一些特定目的对进出口采取的所有措施，不受最惠国待遇的约束。

第四，当一国的国家安全受到威胁时，可以不受最惠国待遇的约束。

第五，反补贴、反倾销及在争端解决机制下授权采取的报复措施，不受最惠国待遇的约束。

第六，货物贸易中的政府采购不受世贸组织管辖，所以不受最惠国待遇的约束。

第七，不属世贸组织管辖范围的诸边贸易协议中的义务。

（2）国民待遇原则

所谓国民待遇，指的是一国给予所有成员国的公民和企业在经济上的待遇不低于给予本国公民和企业的待遇。国民待遇原则适用的对象是产品、服务或服务提供者以及知识产权所有者和持有者。其目的是为了公平竞争，防止歧视性保护，实现贸易自由化。

国民待遇也有例外，包括未参加《政府采购协议》成员国的政府歧视性采购（优先购买本国产品），关贸总协定允许的某些特定的国内补贴，以及允许限制外国电影的放映数量。

2. 自由贸易原则

WTO 的一个重要目标是通过关税减让、取消数量限制等促进开放贸易体制的形成。世界贸易组织的这一原则，在多国贸易谈判以及在与贸易保护主义的斗争中，得到进一步加强和更加广泛的发展。现在，贸易自由化原则不仅在传统的货物贸易范围内得到加强和发展，而且在服务贸易和其他领域贸易中，也得到了发展。贸易自由化原则体现在世界贸易组织所管辖的各项协议中，主要通过关税减让规则和取消数量限制规则等实现。

关税和非关税措施是国家管制进出口贸易的两种常用方式。与名目繁多的非关税措施相比，关税的最大优点是它具有公开性和可计量性，能够清楚地反映关税对国内产业的保护程度。WTO 允许成员方使用关税作为唯一合法的保护手段的同时，要求成员方逐渐降低关税水平，并加以约束，以不断推动贸易自由化进程。

为了保证关税作为唯一的保护手段，世界贸易组织原则上不允许实施数量限制措施。《关税及贸易总协定》自成立之初，就提出取消数量限制原则。《关税及贸易总协定》第十一条规定，任何缔约方除征收税捐或其他费用以外，不得设立或维护配额、进出口许可证或其他措施，以限制或禁止其他缔约方领土的产品输入，或向其他缔约方领土输出或销售出口产品，同时，《关税及贸易总协定》也有例外规定。为防止数量限制例外的滥用，《关税及贸易总协定》第十三条规定，若确有必要实施数量限制，应在非歧视原则基础上实施。

3. 公平竞争原则

公平竞争原则是指成员方应避免采取扭曲市场竞争的措施，纠正不公平贸易行为，在货物贸易、服务贸易和与贸易有关的知识产权领域，创造和维护公开、公平、公正的市场环境。

在货物贸易领域，为了保证公平竞争，世界贸易组织禁止任何扭曲国际商品市场价格的行为，包括倾销和出口补贴。允许成员国在其某项工业受到别国倾销或出口补贴等歧视性贸易政策时，征收反倾销税或反补贴税以维持公平贸易。

服务贸易领域的公平竞争原则主要体现在鼓励各成员方相互开放服务贸易市场，逐步为外国的服务或服务提供者创造市场准入和公平竞争的机会。对抑制竞争，限制服务贸易的商业惯例，《服务贸易总协定》要求成员方在其他成员的请求下进行磋商交流以最终取消这些惯例。

在知识产权方面，公平竞争原则主要体现为对知识产权的有效保护和反不正当竞争，并允许成员方采取措施防止或限制不正当商业行为。

4. 透明度原则

透明度原则是指缔约方实施的与国际贸易有关的法令、条例与一般援用的司法判决以及行政规定，都应该迅速公布，以使各国政府及贸易商熟悉它们。一缔约方政府或政府机构与另一缔约方政府或政府机构之间缔结的影响国际贸易政策的现行规定也必须公布。对已经公布的各项经贸法规和政策措施，各缔约方必须以统一、公正与合理的方式加以实施。透明度原则是 WTO 的重要原则，体现在 WTO 的主要协定、协议中，主要内容包括贸易措施的公布和贸易措施的通知两个方面，其目的在于防止缔约方之间进行不公平的贸易。

此外，为提高成员方贸易政策的透明度，WTO 要求，所有成员的贸易政策都要定期接受审议，并成为 WTO 的一种机制，即贸易政策审议机制。

5. 市场准入原则

市场准入是指一国允许外国的货物、劳务与资本参与国内市场的程度。世界贸易组织制定市场准入原则的目的在于通过增强各国对外贸易体制的透明度，减少关税和其他各种强制性限制市场进入的非关税壁垒，以及通过各国对开放本国特定市场所做出的具体承诺，确立一个可以逐步开放市场的机制，切实改善缔约方市场准入的条件，使各国在一定期限内，逐步放宽市场开放的领域，从而达到促进世界贸易增长，保证各国可以在世界市场上公平自由竞争的目的。市场准入原则的实现必须依靠世界贸易组织其他原则的实施来加以支持，如贸易自由化原则、透明度原则等。

6. 权利与义务平衡原则

WTO 管理的协议是以权利与义务的综合平衡为原则的，这种平衡是通过互惠互利的开放市场承诺而获得的。互惠互利是多边贸易谈判，也是建立 WTO 共同的行为规范、准则过程中的基本要求。只有平等互惠互利的减让安排才可能在成员间达成协议。

三、世界贸易组织的职能、组织机构与法律框架

1. 职能

根据世贸组织协议第三条的规定，世贸组织的职能是：为该协议和各多边贸易协议的

执行、管理、运作和进一步目标的实现提供方便并提供框架,为该协议及其附件有关各成员方的多边贸易关系谈判提供场所,为在部长级会议决定下谈判结果的执行提供框架,为该协议附件二有关争端处理规则和程序谅解书进行管理,以及对贸易政策评审机构进行管理。此外,为在全球性的经济决策方面形成较大的协调,世贸组织还应和国际货币基金组织和世界银行及其附属机构进行适当的合作。

2. 组织机构

为执行其职能,世贸组织在瑞士日内瓦设立相应的组织机构。

(1)部长会议:它是世贸组织的最高决策机构(但为非常机构),定期举行会议(至少每两年一次),对国际贸易重大问题作出决策,在适当时侯发动多边贸易谈判:它是世贸组织的核心机构,负责日常对世贸组织的领导和管理。在部长会议休会期间代为执行各项职能。

(2)秘书处:它负责处理日常工作,由部长会议任命的总干事领导。总干事和秘书处的职责具有国际性,在履行职务中,不得寻求和接受任何政府或世贸组织以外组织的指示。

(3)分理事会:总理事会下设三个分理事会,分别履行不同的职责。

①货物贸易理事会。该理事会主要负责管理监督 1994 年关贸总协定及其附属的 12 个协议的执行。其下分设 12 个委员会具体负责各项协议的执行。

②服务贸易理事会。该理事会主要负责管理监督服务贸易总协定的执行。下设基础电信谈判小组、自然人移动谈判小组、海上运输服务谈判小组、金融服务委员会及专业服务工作小组。

③与贸易有关的知识产权理事会。它主要负责管理、监督世贸组织知识产权协定的执行。

(4)争端解决机构和贸易政策审议机制:这两个机构均直接隶属于部长会议或总理事会。

争端解决机构下设专家小组和上诉机构,负责处理成员方之间基于各有关协定、协议所产生的贸易争端。

政策审议机制负责定期审议各成员方的贸易政策、法律与实践,并就此作指导。

(5)专门委员会:部长会议下设有四个专门委员会分别负责处理相关事宜。

①贸易与发展委员会,其职责是定期审议多边贸易协定中对欠发达国家优惠条款的执行情况,并定期向总理事会报告,以便采取进一步行动。

②贸易与环境委员会,其职责是协调贸易与环境措施之间的矛盾,制定必要的规范,以促进贸易的持久发展。

③国际收支调控委员会,该委员会负责监督审查有关协定中涉及国际收支条款以及依据这些条款而采取限制进口措施的执行情况。

④财政和行政预算委员会,该委员会负责确定并收缴成员方应交的会费,提出世贸组

织的年度财务报告及预算，负责世贸组织的财产及内部行政事务。

3. 世界贸易组织的法律框架

世界贸易组织的法律框架由《WTO 协定》及四个附件组成。《WTO 协定》规定 WTO 机制方面的问题，多边贸易规则体现在四个附件中。附件一包括多边货物贸易协议、《服务贸易总协定》和《与贸易有关的知识产权协定》，其中多边货物贸易协议包括《农业协议》《实施卫生与植物卫生措施协议》《纺织品与服装协议》《技术性贸易壁垒协议》《与贸易有关的投资措施协议》《反倾销协议》《海关估价协议》《装运前检验协议》《原产地规则协议》《进口许可程序协议》《补贴与反补贴措施协议》《保障措施协议》；附件二为《关于争端解决规则与程序的谅解》；附件三为《贸易政策审议机制》；附件四是诸边贸易协议，包括《政府采购协议》《民用航空器贸易协议》《国际奶制品协议》和《国际牛肉协议》。其中，《国际奶制品协议》和《国际牛肉协议》已于 1997 年 12 月 31 日终止。附件一、二、三统称为多边贸易协议，对 WTO 的所有成员均有约束力；而附件四只约束参加协议的成员，并不约束全体 WTO 成员。

四、WTO 运作机制

（一）WTO 的决策机制

WTO 在进行决策时采行“协商一致”优先、“诉诸表决”其次的程序。具体来说，任何重大决策，均首先在各成员之间磋商，力求通过协商达成一致，只有在无法协商一致时才诉诸于投票表决。

所谓协商一致，就是在作出任何重大决策之前，先进行成员之间的广泛协商，争取获得所有成员的支持。而 WTO 具体决策中对于“协商一致”的理解，是“在作出决定的会议上，如果任何一个与会成员方对拟通过的决议不正式提出反对”，就算达成了协商一致。在所有重要政策问题上的决策，要采用协商一致的方法。

在无法取得协商一致时，进行投票表决，实行一个 WTO 成员一票的办法。一般情况下，部长会议和总理事会依据成员所投票数的简单多数作出决定，但某些重大问题上，则需按照绝对多数原则表决。其中在以下三大类议题的表决上，有专门规定。

第一类是关于 WTO 多边贸易协定条款之解释的投票表决。按照章程，部长级会议和总理事会拥有对《建立世界贸易组织协定》和其他多边贸易协议解释的权利，在具体解释中若发生争执，且无法通过协商达成一致，则部长级会议或总理事会可就监督实施协定的相应理事会提出的建议进行表决。此类表决，须获 3/4 以上多数方算通过。

第二类是关于义务豁免权的表决。根据 WTO 的有关协定，任何成员既享有一定的权利，也需要履行一定的义务。但在特殊情况下，部长级会议可决定豁免某一成员方应尽的某项义务。对成员提出的豁免要求，部长级会议应确定一个不超过 90 天的期限进行审议。首先应按协商一致的原则作出决定；如果在此期限内未能达成一致，则需投票表决，豁免决定需成员的3/4多数方能通过。豁免决定有明确的适用期限。如果豁免期限不超过一年，则到期自动终止；如果期限超过一年，部长级会议应在给予豁免之后的一年以内审议，并在此后每年审议一次，直至豁免终止。

第三类是关于修正案的表决。WTO的任何成员，均有权就《建立世界贸易组织协定》和其他多边协定条款，提出修正建议。部长会议或总理事会应在90天或在更长的期限内，本着协商一致的原则提出修正案，提请各成员方协商。若未能达成一致，则可诉诸于表决。此类表决，须获2/3多数通过，方能作出将修正案提请各成员接受的决议。

对于某些关键条款的修正，必须经所有成员国接受方能生效。

（二）争端解决机制

当某成员对另一成员执行WTO协议的情况感到不满且理由充分时，WTO将提供解决的办法。感到不满的成员可以借助WTO的争端解决机制。建立强有力的多边争端解决机制是乌拉圭回合谈判最重要的成果之一。WTO争端解决机制有一个严格的法律程序，它吸收了以往GATT争端解决机制的长处，并参考传统国际法上多双边争端解决的规则，又有新的创新。WTO《关于争端解决规则与程序的谅解》对法律文件项下出现的争端，提供了一套可适用的共同规则和程序。管理这些规则和程序主要由WTO争端解决机构负责，WTO的所有成员均是该机构的成员。

1. 争端解决机制的原则

争端解决机制的基本原则是平等、迅速、有效、双方接受。这个原则是经全体WTO的成员同意，如果他们认为其他成员正在违反贸易规则，受到贸易侵害的成员将使用多边争端解决机制，而不是采取单边行动，这意味着所有WTO的成员将遵守议定的程序和尊重裁决，不管是受到贸易侵害的成员还是违反议定的成员。

在关贸总协定及WTO的贸易争端解决机制的程序方面与法庭有一定的相似的地方，但最大的区别在于首先在引起贸易争端的成员国之间进行磋商，并自行解决贸易争端。因此，在贸易争端解决机制的第一阶段是由国家政府之间进行贸易磋商，甚至当案件已经发展到其他阶段时仍然可以进行磋商和调解。

2. 争端解决机制的机构

争端解决机制机构是由"专家组"组成的。专家组由3名（有时是5名）来自不同国家的专家组成，负责审查证据并决定谁是谁非。专家组报告提交给争端解决机构，该机构在协商一致的情况下才能否决这一报告。每一个案件的专家组成员可以从一份常备的符合资格的候选人名单中选择，或从其他地方选择。他们以个人身份任职，不能接受任何政府的指示。

3. 争端解决机制的基本程序

（1）磋商

争端解决程序的第一个阶段是磋商。若某成员对另一成员的某一行为或其未履行

WTO 义务感到不满,要求与后者进行磋商。被诉方必须在 10 天内作出答复,并在 30 天内进入磋商。若在规定时间(60 天)内未能得到答复,起诉方可以要求成立专家组。在紧急情况下,(如涉及易变质货物),各成员方应在接到请求之日后 10 天内进行磋商;如在 20 天内磋商未能解决争端,则申诉方可以请求成立专家组。

(2)成立专家组

如果磋商失败,起诉方可以要求任命专家组。争端解决机构在接到申请后的第二次会议上必须作出决定,即同意或不同意成立专家组。除非通过协商一致决定不成立专家组,争端解决机构接到通知后必须立即成立专家组。

专家组一般由 3 名成员组成。争端各方可以选择成立 5 人专家组,但必须在专家组成立起 10 天内就此达成一致。专家组成员由秘书处初步提名,除非有重要原因,当事方不会反对秘书处的提名。若专家组成立 20 天后,对专家组成员的提名仍有分歧,WTO 总干事将应任何一方的请求,与争端解决机构主席和有关委员会或理事会主席进行磋商,并在与当事人磋商后任命专家组成员。

专家组应该在 6 个月内结束工作,紧急情况下(包括涉及易腐货物时),时限为 3 个月。在规定的时限内,专家组起草最终报告,并分发给所有成员。

(3)上诉和争端解决机构的审议

随后,争端解决机构审议专家组报告。除非当时一方通知争端解决机构进行上诉的决定或争端解决机构协商一致决定不通过该报告,争端解决机构必须在报告分发给有关成员国 60 天之内通过该报告。

任何一方就专家组作出的裁决均可提出上诉,上诉必须根据有关法律的问题及与上诉有关的事由提起上诉,上诉不审理现有的证据或审查新的证据。上诉案由常设上诉机构中的 3 名成员组成审理合议庭。上诉可以确认、修改或推翻专家组的法律调查结果和结论。一般情况下,上诉不应超过 60 天,因特殊原因可以延长到 90 天。争端解决机构必须在 30 天内接受或否决上诉报告,而否决决定必须是协商一致才能作出。

(4)裁决的执行

争端解决程序强调,有关成员应立即采取行动,实施专家组和上诉机构的建议。在专家组或上诉机构通过报告的 30 天内,有关成员将通知争端解决机构其实是有关建议的意向,并提出实施时间表。争端解决机构将负责监督建议的实施情况。最终确定实施时间表 6 个月后,争端解决机构应将有关实施问题列入其议程,并保留在议程内,直到问题得到解决。

(5)赔偿和暂停减让

若有关建议未能在规定的时限内得以执行,申诉方可以寻求赔偿,或要求收回或暂停给予被诉方的减让。若申诉方就赔偿问题提出了建议,且在 20 天之内未能与被诉方就此问题达成一致,申诉方可以寻求争端解决机构授权,以收回或暂停给予被诉方的减让。暂停减让的程度需由争端解决机构批准,并且必须与被诉方造成的影响相当。但若有关具体协议禁止这种做法,申诉方将不会得到这种赔偿。

在贸易争端解决机制下的WTO争端解决分为不同的阶段,WTO争端解决的特点是所有的阶段、争端各方均可以进行调解和磋商,以便"庭外"调解解决争端。在争端解决过程中,WTO总干事均可以进行斡旋、调解或调停。

(三)贸易政策审议机制

如何在体制上增强多边贸易体制的监督职能,确保有效地监督各成员的贸易政策及其对多边贸易体制规则和法律的遵守,一直是GATT所追求的目标之一。建立贸易政策审议机制是乌拉圭回合最先建立的一个机制,也是乌拉圭回合谈判的早期成果之一。

1. 审议目标

贸易政策审议具有双重目的。首要目的是了解成员在多大程度上遵守和实施多边协议(在可行的情况下,包括诸边协议)的纪律和承诺。WTO作为监督者,通过定期审议,要确保其规则的实施,以避免贸易摩擦。政策审议的第二个目的是提供最大的透明度,以便外界更好地了解成员的贸易政策和实际情况。

2. 审议频率

贸易政策审议的频率取决于各成员在世界贸易中所占的份额。欧盟、美国、日本和加拿大四个贸易大国的贸易政策每两年审议一次;对排在其后的16个成员(根据其在世界贸易中的份额确定)每四年审议一次;其余成员每六年审议一次。但最不发达国家例外,它们有更长的审议周期。

3. 审议机构

贸易政策审议由总理事会主持,在进行审议工作时,总理事会就成了贸易政策审议机构。每次审议都要准备两份文件,一份是由接受审议的成员准备的报告,全面阐述其实施的贸易政策和做法;另一份是WTO秘书处根据自己的职权准备的详细报告,该报告要经过有关成员核对。国别报告和秘书处准备的报告,以及讨论记录在审议后立即发表。

4. 审议的作用

贸易政策审议的作用是:通过经常性监督,有助于增强各国贸易政策及做法的透明度,提高国际贸易的可预见性和稳定性;有利于提高公众和成员间对这些问题进行讨论的质量和对它们的理解程度,减少或避免贸易争端;各成员通过参与审议和评估,可以为接受审议的成员在贸易政策制定和改进方面提供一些意见或建议,有助于督促其履行作为WTO成员的义务,使多边评估贸易政策对世界贸易体制的影响成为可能。

5. 中国关于贸易政策审议机制的规定

中国加入WTO议定书第十八条的过渡性审议机制规定:中国加入WTO一年内,WTO的各个有关机构和总理事会将对中国承诺的执行情况进行审议,中国要按照要求提供材料;以后每年审议一次,连续八年。在第10年时进行一次最后审议。中国也有权就其他成员履行义务的情况向委员会提出质疑,要求磋商。

通过贸易政策审议机制,其他成员可以检查中国的贸易政策与措施是否与 WTO 有关协议一致,是否与中国承担的多边义务及其所作的承诺相符合。与此同时,中国可以通过 WTO 贸易政策审议制度了解其他成员乃至整个国际贸易政策发展趋势,了解和把握各国市场及世界市场的发展动向,有助于减少贸易摩擦,促进相互交流和合作,进一步融合到多边贸易体制和世界经济全球化的历史进程中。

五、世界贸易组织体制的特点

世界贸易组织和关税与贸易总协定有着内在的历史继承性。世界贸易组织继承了关税与贸易总协定的合理内核,包括其宗旨、职能、基本原则及规则等。作为货物贸易的主要协定,原来的"关税与贸易总协定"是世界贸易组织三大协议之一《1994 年关税与贸易总协定》的重要组成部分,仍然是规范各成员间货物贸易关系的准则。

但是世界贸易组织在许多方面具有以下特点,而与关贸总协定有所区别。

1. 管辖内容广泛

关贸总协定的管理范围狭窄单一,其规则只涉及货物贸易,且农产品和纺织品都是作为例外处理的。世界贸易组织体制不仅包括关贸总协定已有的货物贸易方面的规则,而且包括经"乌拉圭回合"修改和新制定的规则。例如,"东京回合"的五个守则、装运前检验协议、原产地规则协议、与贸易相关的投资措施协议、与贸易相关的知识产权协议和服务贸易总协定等。

2. 体制统一

关贸总协定体制由两层结构组成:一层是总协定文本和前七轮多边贸易谈判达成的关税减让表;另一层是多种纤维协议和东京回合的 9 个协议。多种纤维协议采用背离总协定的管理方法,东京回合守则采取自由选择参加方法,这样就导致缔约方在总协定体制内权利和义务的不平衡,还导致关贸总协定体制本身的分化。而世界贸易组织体制所管理的协议,除政府采购协议、牛肉协议、民用航空器贸易协议、国际奶制品协议等东京回合的四个协议外,成员方必须一揽子签署参加,确保了世界贸易组织体制的统一性。

3. 法律健全

关贸总协定从法律上说并非一个组织,只是一项临时适用的契约,其组织机构和法律基础都不健全。世界贸易组织的体制不但把总协定临时适用变为正式适用,而且建立了一整套组织机构。这样,世贸组织将与其他国际组织在法律上处于平等地位,具有法人资格,对其所有成员国均有严格的法律约束力。作为正式国际组织,它是国际法主体,享有特权与豁免。由于它不是联合国专门机构,也不隶属于联合国体系,因此可避免联合国的各种影响,比较符合发达国家特别是贸易大国的愿望。

4. 完善了争端解决机制

关贸总协定是唯一有争端解决机制的准国际组织，但该机制不够健全。表现在：专家小组权限过小，争端解决时间过长，监督后续行动不力。“乌拉圭回合”中建立起来的综合争端解决机制健全了各种程序，特别是加强了对实施裁决的监督。为确保世界贸易组织规则的严格遵守和世界贸易组织体制的正常运作，综合争端解决机制适用该体制所管理的一切协议和决定。

5. 建立了贸易政策审议机制

为了监督缔约方是否严格维护关贸总协定秩序，许多国家要求通过“乌拉圭回合”建立贸易政策审议机制。1988 年底各缔约方就建立贸易政策审议机制问题达成了协议，该协议于 1989 年 4 月 12 日临时生效后试行的结果表明，贸易政策审议机制不但能促进各国政策的透明度，而且有利于改善缔约方之间的贸易关系。

6. 加强了全球经济决策的协调

世界贸易组织通过加强其与国际货币基金组织和世界银行之间的联系，将使它们在全球经济决策过程中加强协调，以使政策和行动更加和谐一致，发挥更大的作用。

六、世界贸易组织对世界经济贸易的影响

如上所述，世界贸易组织统辖着国际贸易中货物、服务、与贸易有关的知识产权和与贸易有关的投资措施等领域的业已强化的规则，其参加方包括了世界绝大多数国家或地区，尚未加入的国家和单独关税区纷纷提出申请。

可以断定，若世界贸易组织体制按既定目标正常运行，有效实施各有关规则，必将能遏制贸易保护主义的蔓延，促进贸易、投资自由化发展，从而加速国际货物贸易、服务贸易、国际投资的增长，并推动世界经济一体化、全球化进程。

值得注意的是，自世界贸易组织体制运作以来，出现了一些不正常现象，暴露了一些问题。如大国操纵多边决策现象依然存在；实施某些规则时忽略成员方经济发展水平的差异；接纳新成员谈判的内容与世界贸易组织协议的规定相脱节等。

例如，1999 年底在西雅图召开的世贸组织第三届部长会议上，美国、欧盟等发达国家针对发展中国家的廉价劳工这一主要有利条件，企图把贸易与劳工标准问题挂钩，遭到发展中成员的坚决反对，矛盾难以调和，导致西雅图会议无果而终——会议结束时仍未能就启动新一轮多边贸易谈判达成一致。

因此，世贸组织应采取有效措施制止和纠正各种不正常现象，解决所存在的种种问题，使世贸组织体制正常运行，确保各成员方，尤其是发展中国家得到相应的利益，最大限度地推动世界经济贸易的发展。

思 考 题

1. 简述 1947 年关贸总协定的重要成果。
2. 关贸总协定与世贸组织的联系和区别是什么？
3. 世贸组织的基本原则有哪些？
4. 如何理解世贸组织的宗旨和目标？
5. 简述世贸组织的争端解决机制。

第六章　国际投资与国际贸易

第一节　国际投资概述

19 世纪中后期至 20 世纪初期,随着资本主义到了蓬勃发展的垄断阶段,国际投资十分活跃,在世界经济中的地位愈发重要,成为当时世界经济的重要经济特征。二战以来,尤其是自 20 世纪 80 年代以来,伴随着经济全球化的进程,资本的国际移动速度大大加快,对各国经济产生了巨大的影响。

国际投资是指资本在不同国家或地区之间移动,主要从事商品生产和金融等服务业方面的投资活动。资金在世界各国之间的流动是十分频繁的,但是,并不是所有资金的国际流动都属于资本的国际移动,只有那些以获取利润为目的的资金在各国之间的流动才能称为资本的国际移动。它既包括投资资本和借贷资本的输出输入,也包括黄金和外汇等资本的国际移动。

按照不同的标准划分,国际投资有以下几种形式。

一、按国际投资的期限(时间)长短划分

①短期资本移动,是指投资期限在 1 年以下的国际投资。

②中长期资本移动,是指投资期限在 1 年以上的国际投资。有时将投资期限在 1 ~3 年间的国际投资称为中期资本移动;3 年以上的国际投资称为长期国际投资。

二、资本持有者的性质划分

①私人资本移动,一般指一国的个人或经济单位、法人以营利为目的而对其他国家或地区进行的投资活动。

②国家资本移动,指一国政府或国际组织用于社会公共利益的投资,带用一定程度的国际经济援助性质。如一国政府为另一国兴建机场、码头、铁路、公路等公共基础设施;或世界银行或国际货币基金组织等国际金融机构给某国贷款用于开发其农业或基础设施建设。

三、按投资者是否拥有或参与所投资企业经营管理划分

(一)对外直接投资

对外直接投资是一个国家的投资者输出生产资本直接到另一个国家的厂矿企业进行

投资,并由投资者直接进行该厂矿企业的经营和管理,以获取利润为目的的一种投资形式。按照不同的标准,对外直接投资可分为以下几类。

1. 按投资者对投资企业拥有的股权比例不同

(1)独资企业

独资企业是指投入企业的资本完全由一国的投资者提供,投资者对投资企业的股权拥有的比例在95%以上的企业。独资企业包括设立分支机构、附属机构、子公司等。它可以采取收买现有企业或建立新的企业来进行。

(2)合资企业

合资企业是指两国或两国以上的投资者在一国境内根据投资所在国的法律,通过与东道国的投资者签订合同,按一定比例或股份共同投资建立、共同管理、分享利润、分担亏损和风险的股权式企业。

从投资者的角度上,合资企业有利于其利用合资对象的销售渠道进入和开拓特定地区市场或国际市场;有利于合资各方在资本、技术、经营能力等方面相互补充,增强合资企业自身的竞争力;能够获得东道国给予的税收等优惠待遇,减少或克服东道国的差别待遇和法律障碍;有助于分散或减少国际投资中的风险;更好地了解东道国的经济、政治、社会和文化,有助于投资者制定正确的决策。

然而,合资企业也有一些不利因素,主要表现在由于投资各方经营目标,经营决策管理方法不一致,投资的长、短期利益难以统一等,从而导致投资者之间的摩擦,导致经营效益不理想。因此,合资企业经营的成功往往取决于投资者各方面的协作程度。

2. 按投资者投资组建方式的不同

(1)收购方式

收购方式是指一个企业通过购买东道国现有企业的股权而对该企业进行直接经营和管理的方式。

通过收购东道国的企业,投资者往往能以最快的速度进入对目标市场,尤其在制造业领域,可以省去建厂时间,并且能够快速获得现成的管理人员、技术人员和生产设备,并利用被收购企业的分销渠道,迅速占领市场。同时能够获得在公开市场上不易获取的经营资源,如通过收购发达国家企业能获得其的先进技术和专利,提高公司的技术水平;通过收购发展中国家的企业,可获得适合当地市场发展的中间性技术和适用性技术。同时,通过收购东道国现有企业,可以减少投资的不确定性和风险,也有利于投资者较快地取得收益,收回投资。

这种投资方式也存在一些不足,如对被收购企业进行价值评估比较困难;被收购企业与收购企业在经营思想、管理制度和方法上可能存在较大的差异,可能导致收购企业无法对被收购企业实行真正的经营控制,甚至造成兼并失败。

(2)创建方式

创建方式是指在东道国建立新的企业或对其他实际资产进行投资。

通过创建新企业,投资方往往能够充分发挥其主动权,选择适当的地理位置进行投资,并按照自己所希望的规模筹建和安排工厂布局,招聘管理人员和员工,对资本投入和支出实施完全的控制。同时,通过对企业实施符合投资方管理风格的管理制度和技术标准,加强了企业的组织控制,减少了投资风险。

但是,由于采用创建方式需要较长周期,在国际市场瞬息万变的情况下,可能会出现对产品的需求发生变化,使经营风险随之加大,从而企业受到损失。

总之,创建新企业往往能够促进企业生产能力、产出和就业的增长,而收购主要改变一家企业的所有权。一般而言,收购方式的优点往往是创建方式的缺点,而收购方式的缺点往往止是创建方式的优点,因此收购和创建是对外直接投资的两种可交替使用的方式。

(3)合作经营

合作经营是指国外投资者根据投资所在国法律,与所在国企业通过协商签订合作经营合同而设立的契约式企业,也称为合作企业或契约式合营企业。签约各方可不按出资比例,而按合同条款的规定,确定出资方式、组织形式、利润分配、风险分担和债务清偿等权利、义务。

(4)利润再投资

利润再投资是指投资者在国外企业获得的利润并不汇回本国,而是作为保留利润额对该企业进行再投资。虽然这种对外投资并没有涉及资本流出入,但是也属于一种直接投资。

3. 按照投资者的投资动机的不同分类

(1)资源导向型

资源导向型是指为了开发油田、矿产等自然资源以及林业、水产资源,在当地投资,建立企业。

(2)市场导向型

市场导向型是指以扩大商品销售,占领市场为目的而建立的企业。这一类型的投资有三种情形:①利用当地各种廉价资源,低成本生产,当地销售;②实现规模经济,降低单位产品成本;提高产品的竞争力;③绕过对方的贸易壁垒,实现对市场的占领。

(3)生产要素导向型

生产要素导向型是指在生产要素中,劳动力的流动受到限制,土地等自然资源则没有流动性,为利用这些资源就必须到拥有这些资源的国家去投资。

(4)地缘导向型

这种投资以地理位置、空间距离来决定投资,建立企业。这种情况发生往往以某个工业较发达的地区为中心,呈辐射型状态向外扩散。例如,美国对墨西哥及某些拉美国家的投资，西欧国家对西欧和东欧的投资。

(5)全球战略导向型

全球战略导向型是指企业为了实现其全球发展战略，取得最佳经营效果进行投资，建立企业。它是跨国公司进行全球扩张的一种经营战略，跨国公司将其全球范围的经营活动视为一个整体，依据资源和市场的分布情况在世界范围内进行灵活、有效和统一的经营，有计划地对生产、销售和技术开发等方面进行直接投资。一般说来，这种类型是国际投资发展到较高层次的体现。

4. 按投资者投资的部门结构关系不同分类

(1)垂直型对外直接投资

垂直型对外直接投资又分为两种。一种是一国投资者为了在生产过程的不同阶段实行专业化而将生产资本直接输出到另一国进行设厂或建立企业的投资活动。这种对外直接投资在资源的开采、提炼、加工和制成品制作过程中使用较多。另一种是把劳动力密集型产品的某些生产阶段采用投资的方式转移到劳动力成本较低的国家或地区进行。这种类型的垂直型对外直接投资一般是依据每个生产阶段的不同特点和要求，利用有关国家或地区的资源、加工条件、优惠措施等进行的。如电子元器件和产品的设计、制造由美国或日本的电气公司完成，而将其运到香港、韩国或我国的附属公司进行组装。

(2)水平型对外直接投资

水平型对外直接投资是指一国的公司或企业作为投资者将生产资本输出到另一国，在投资所在国设立子公司，根据当地情况从事某种产品的设计、规划、生产和销售等全部经营活动。

(二)对外间接投资

对外间接投资包括证券投资和借贷资本输出，其特点是投资者不直接参与这些资本企业的经营和管理。

1. 证券投资

证券投资指投资者通过在国际证券市场上购买外国企业和政府的中长期债券，或在股票市场上购买上市的外国企业股票进行的一种投资活动，证券投资者一般只能取得债券、股票的股息和红利，对投资企业并无管理的直接控制权，因此，属于间接投资。

2. 借贷资本输出

借贷资本输出是以贷款或出口信贷的形式把资本供给外国企业和政府。一般有以下方式。

(1)政府援助贷款

政府援助贷款是各国政府或政府机构之间的借贷活动。这种贷款通常带有援助的性质，一般是发达国家对发展中国家或地区提供的贷款，这种形式的贷款一般利息较低，还款期较长，一般可达20~30年，有时甚至是无息贷款。同时，这种贷款一般有一定的指定用途，如用于支付从贷款国进口各种货物或用于某些开发援助项目上。

(2)国际金融机构贷款

国际金融机构一般包括国际货币基金组织、世界银行、国际开发协会、国际金融公司及各洲的开发银行和联合国的援助机构等。其贷款条件一般比较优惠。

国际货币基金组织。国际货币基金组织的贷款对象是其成员国政府，贷款用途只限于解决短期性国际收支不平衡问题，用于贸易和非贸易经常项目的支付。国际货币基金在贷款时要求贷款国以相应数量的本币购买外币，偿还贷款时再用国际基金组织指定的货币购回本币。国际货币基金组织的这种贷款利率较低，此外还需支付少额的手续费。

世界银行，又称国际复兴开发银行。世界银行主要面向发展中国家，其贷款对象主要是成员国政府或经成员国政府担保的公共机构和私人机构提供贷款，贷款重点用于能源、农业、交通运输、教育等方面。贷款期限短则3~5年，长则20年，宽限期为5年。贷款利率随国际金融市场利率水平定期调整，但低于国际金融市场利率水平。贷款收取的杂费很少，只对签约后未支用的货款额收取0.75%的承诺费。世界银行的贷款一般与特定的某一工程项目相联系。银行一般只提供该贷款项目所需建设资金总额的30%~50%，其余部分由借款国家自选准备(通称配套资金)。另外，世界银行贷款必须专款专用，接受银行的监督，保证银行贷款只用于双方已规定的项目和目的。并且银行贷款的使用不能限定在某一特定的成员国内进行采购，而要通过国际公开招标的方式进行。

国际开发协会。国际开发协会属于世界银行的下设机构，又称第二世界银行，专门从事对最不发达国家提供无息贷款业务。协会的成员国分为两类：第一类是经济上比较发达或收入水平较高的国家，它们是协会资金主要的提供者；第二类为发展中国家，协会贷款的接受者。与世界银行的贷款相同，国际开发协会的贷款也要经过严格的审查，但它的贷款条件更为优惠，为无息贷款，只收取少量的手续费(一般0.75%)，并对已承诺未支用的贷款收取0.5%的承诺费。贷款期限一般为35~40年，宽限期平均为10年。贷款可部分或全部用本国货币偿还。国际开发协会对申请协会贷款的国家，有严格的资格标准，同时还要考虑借款有效使用资金的能力和贷款国的资信情况。

国际金融公司。国际金融公司是世界银行的另一个附属机构，专门从事对成员国私营部门的贷款业务。向发展中国家的私营部门提供中、长期贷款是公司的主要任务。公司的投资活动分为两种形式，一是贷款，二是参股。国际金融公司的投资活动不论是贷款还是参股，公司的投资对象均为成员国的私营企业，有时也向有利于私营部门发展的公私合营或为公众企业提供资金的国营金融机构发放贷款或参股投资。国际金融公司的贷款完全按商业利率进行，但期限较长，一般为5~15年，甚至更长，并有一定的宽限期。

国际金融公司在提供贷款或投资人入股时一般遵循三个原则：一是对成员国私人企业提供资金无需政府担保，但仍需政府认可；二是公司只向资金结构健全、管理能力较强、保证盈利的项目提供贷款，并尽可能挑选有创汇能力的项目，以确保公司能收回贷款并有一定盈利;三是公司投资入股时,公司的股份一般不超过私营企业资本总额的25%,并且不参加该企业的经营管理,也不在该企业董事会上行使所拥有的投票权。

(3)国际金融市场贷款

国际金融市场分为货币市场和资本市场。前者是经营短期资金借贷的市场,后者是经营长期资金借贷的市场。货币市场的贷款期限在一年以内,资本市场的贷款期限在一年以上,属中长期贷款。中期贷款一般为1~5年,长期贷款一般期限在5年以上,最长可达10年。一般来讲,国际金融市场贷款利率高,但可用于贷款国任何需要,对贷款的用途没有限定。

(4)出口信贷

出口信贷是指一个国家为了鼓励商品出口,加强商品的竞争能力,通过银行对本国的出口厂商或国外进口厂商或进口方银行所提供的贷款。

第二节　战后国际投资的特点与原因

一、国际投资的产生

国际投资最初表现为间接的借贷投资方式,后来随着垄断资本的出现,谋求经营管理的直接投资形式出现了。国际间接资本移动起源于欧洲,其产生标志是跨国银行的出现。最早的跨国银行是14世纪成立的利梅迪西银行。16世纪时,英国伦敦和法国巴黎相继成为国际银行的活动中心。19世纪后,英国、德国、荷兰、比利时相继在殖民地建立银行体系。此后,一些银行几经兼并、改组成为著名的跨国银行。跨国银行的出现使货币资本开始在国际间移动。19世纪末、20世纪初,国际贸易和国际货币移动的发展,促进了国际分工和社会生产力的发展,国际直接投资形式应运而生。1914年世界各主要工业国家对外长期投资总额已达400亿美元以上。然而,在第一次世界大战以前,国际投资仍以间接投资为主,直接投资的大部分源于私人资本,官方资本比重很小,投资行业部门主要集中在资源开发和铁路建设上,英国是当时最大的对外投资国,资本从英、法、德等少数国家流向美洲、澳洲等国家以获取利润率的差异。此后直至第二次世界大战结束,由于受世界范围的经济危机及战争影响,资本国际移动面临巨大的风险,资本国际移动基本处于停滞状态:英、美是当时主要的资本输出国;资本输出的对象以殖民国家的海外领地和亚非拉经济落后的国家为主;主要投资部门是采掘业、运输业和农业。

二、战后国际投资的特点

第二次世界大战后,随着各国之间经济联系日益密切,国际经济一体化趋势不断加强,资本的国际移动呈现出急剧增长态势,特别是20世纪八九十年代以来,资本国际移动发生了重大变化:资本国际移动不仅作为经济全球化和一体化的最重要后果之一,同时也进一步推动了经济全球化和一体化的进程。总的来看,当代国际投资主要具有以下几个特点。

(一)资本国际移动规模迅速扩大,国际直接投资日益占据主导地位,

国际资本市场融资和国际直接投资规模均不断扩大,其中,直接投资取代间接投资占据了主导地位。同时,外国直接投资年平均增长速度超过国际贸易的增长速度和工业生产增长速度。如1973—1979年,发达国家工业年均增长速度为2%,而同期的外国直接投资年平均增长率达18%。进入20世纪90年代以后,外国直接投资进一步增长,2000年外国直接投资创造了超过14 000亿美元的历史纪录,以后全球直接投资规模迅速下降,到了2004年又开始呈现出增长趋势,到2007年,全球外国直接投资流入量达到18 333亿美元,年均增长率超过30%,资本的国际移动扩张仍呈递增之势。

表6-1 2000—2009年世界主要国家外国直接投资及对外直接投资金额

(单位:亿美元)

国家和地区	外商直接投资			对外直接投资		
	2000	2008	2009	2000	2008	2009
世界	14 014.66	17 708.73	11 141.89	12 328.88	19 287.99	11 009.93
中国	407.15	1 083.12	950	9.16	521.5	480
中国香港	619.38	596.21	484.49	593.74	505.81	522.69
印度	35.88	404.18	346.13	5.14	184.99	148.97
日本	83.23	244.26	119.39	315.57	1 280.19	746.99
韩国	90.04	84.09	58.44	49.99	189.43	105.72
新加坡	164.84	109.12	168.09	59.15	-84.78	59.79
加拿大	667.95	552.7	186.57	446.78	807.97	388.32
墨西哥	180.98	236.83	125.22	3.63	11.57	75.98
美国	3 139.97	3 245.6	1 298.83	1 426.26	3 304.91	2 480.74
巴西	327.79	450.58	259.49	22.82	204.57	-100.84
法国	432.52	622.57	596.28	1 774.49	1 610.71	1 471.61
德国	1 982.77	244.35	356.06	565.57	1 345.92	627.05
意大利	133.75	170.31	305.38	123.16	438.39	439.18

表 6-1(续)

国家和地区	外商直接投资			对外直接投资		
	2000	2008	2009	2000	2008	2009
俄罗斯联邦	27.14	754.61	387.22	31.77	560.91	460.57
英　国	1 187.64	914.87	456.76	2 333.71	1 610.56	184.63
澳大利亚	156.12	467.22	225.72	42.21	328.19	184.26
新 西 兰	13.47	49.93	3.48	6.1	-2.39	-4.06

资料来源:联合国贸发会议 FDI 数据库

(二)发达国家仍然作为推动国际投资的主体

第二次世界大战前,国际投资几乎全由发达资本主义国家所垄断。二战后,这一格局发生了变化,20 世纪 90 年代以来,国际资本流向发展中国家的比重有了一定程度的提高,然而,进入 21 世纪后又出现下降的趋势。1996 年,发展中国家吸引的外国直接投资占国际直接投资的比重由 20 世纪 80 年代末的 20% 上升到 37%,其中亚洲发展中国家占发展中国家吸收国际直接投资的 60% 左右,拉美占约 30%,非洲占 10%。然而,总的来看,国际投资无论是从对外投资者,还是从吸收投资者看,发达国家都占据主导地位和绝对的比重。据联合国贸发会议《2008 年世界投资报告》统计,2007 年全球外国直接投资流向的地区分布中,发达国家占 68.1%,发展中国家吸收的外国直接投资占总数的 27.3%。其中,美国、英国、德国、日本是最主要的对外投资国。从证券资本发行看,国际证券的主要集中在美元、欧元和日元三种币种上,发行额占全部证券发行额的 75% 以上。从国际银行贷款方面看,以国际银团贷款为主要方式的借贷资本移动,发达国家占整个市场规模的 80%。

(三)国际资本流向的领域逐步由资源开发和劳动密集型产业向资本、知识密集型产业转移

战前和战后初期,发达资本主义国家的对外直接投资大部分投入自然资源开发,如采掘工业、公用事业。20 世纪 60 年代中期以来,随着科学技术日新月异,以信息技术为代表的高新技术及其产业迅猛发展,为了提高国际竞争力,发达国家纷纷增加了对一些发展迅速、以高新技术为特征的新兴工业部门,其中软件和计算机服务的增长率最高。随着科学技术的不断创新和各国产业结构的加速调整,国际直接投资的重心明显向附加值高的技术和知识密集型倾斜。从全球最大 100 家跨国公司和发展中国家最大 50 家跨国公司的产业构成看,用于电子计算机、生物工程、精密机械等高精尖产业的投资增长速度大大超过传统产业,并有不断上升之势。

近年来,对第一产业的直接投资明显萎缩,对第二产业的直接投资亦呈现下降趋势,而对以金融保险、贸易服务为主的第三产业的直接投资则大幅度增长。国际直接投资在产业分布上的这种由制造业向高新技术产业和金融服务业转移,主要是由于对投资国来说,第三产业的投资普及面广,影响范围大,投资的灵活性高,获利程度高,投资回收期短;而对东道国来讲,在第一、二产业发展到相当程度后,会对第三产业的发展提出更高的要求,必须尽快提高银行服务、贸易服务和旅游服务的效率和增加基础设施的建设。因此,许多国家先后取消了对金融、保险等行业外商投资的限制,促进了对第三产业直接投资比重的提高。同时,从全球范围看,随着网络信息技术的日新月异,网络经济也日益首选的投资对象。

二、国际投资迅速发展的原因

资本的国际移动原因多方面,不同类型的资本其移动的原因也不同。然而,无论资本的国际移动采取的是直接投资的方式,还是以资产投资的方式进行;是长期资本移动还是短期资本移动。其根本原因无疑是为了在国外可以获得更高的利润报酬,能够满足其利润最大化或收益最大化的目的。一般来说,资本从收益低的地区向收益高的地区移动。在间接投资的方式下,资本在不同国家间收益率的差异是促使资本跨国进行转移的根本原因。具体来讲,国际投资的主要原因有以下几个。

(一)生产国际化的发展,国际经济相互依存度提高

生产国际化的发展是战后国际投资、特别是对外直接投资发展的客观基础。生产国际化是生产社会化在国际范围的条理分明,它是指由于社会生产力的发展,生产过程超出国家的界限,在国际范围内形成生产部门相互依存体系,使各国的生产部门都成为这个体系中相互依赖和相互补充的一个组成部门。

战后,由于生产国际化的发展,各国在生产过程中加强专业化协作,各国一体化所需要的生产资料在更大的程度上依赖国外供应。同时,各国的产品有更多的部分要在国外市场上销售,这就使国际资本的移动具有更大的可能性和必要性。

(二)科学技术的迅速发展和新技术革命的兴起

战后,科学技术和新技术革命的兴起,从两方面促进了国际投资的迅速发展。一方面,科技进步引起发达国家产业结构的变动和调整,包括劳动密集型和污染比较严重行业在内的一些传统产业纷纷迁至发展中国家,带动了资本在发达国家和发展中国家间的转移和移动。另一方面,发达国家科技发展的不平衡及技术的差异也导致它们之间的相互竞争。战后,美国在重化工业中的部分优势逐渐丧失,如船舶、化学工业部门,而日本和欧洲在相应行业的优势正在体现,从而引发日本、欧洲企业对美国相应行业的投资。

(三)国际市场竞争加剧,贸易保护主义抬头

战后初期已出现了争夺市场的贸易摩擦。随着区域性经济一体化的出现和发展,它在贸易上呈现出的排他性和对非成员国的歧视性,导致非成员国企业大举进行以占领市场为目的的直接投资;同时区域性经济贸易集团的建立,内部市场的扩大,也迫使各成员为维护

自身利益竞相在其他成员国扩大直接投资。西欧经济共同体的建立和发展对外国直接投资流向地区的影响就是一个很好的说明。20 世纪 70 年代中期以来，由于关税与贸易总协定的约束，以非关税壁垒为主要特征的新贸易保护主义泛滥，各国通过采取非关税等限制进口措施保护本国市场，加剧了贸易摩擦。为了绕过对方的贸易壁垒，企业纷纷借助直接投资的方式进入和占领对方市场，这在客观上刺激了直接投资的增长。

（四）国家垄断资本的输出促进了私人资本的输出

第二次世界大战后，发达国家政府通过对外“援助”和贷款迫使受援国开放本国的商品和资本市场，允许外国资本的自由移动，如战后美国实施的马歇尔计划，规定受援国要执行产业非国有化，同时允许外国资本自由进入；同时政府还把“援助”和贷款投入一些私人资本不愿意或不容许进入的交通、通信等公用事业部门，为私人资本的投资创造良好的投资环境。

（五）跨国银行和区域性金融投资机构的兴起，促使国际资本市场进一步扩大，为资本移动提供了良好的环境

第二次世界大战后，跨国银行通过其海外的分支机构、银行、国际联合银行等形式来经营国际性金融投资业务。国际联合银行的建立分散了独家从事大规模国际借贷活动的风险，它由一国以上的银行组成的银团对某一国或某一项目提供贷款，由此扩大了国际投资的规模和活动范围，有力地促进了国际投资的进行。

（六）发达国家经济发展的不平衡

战后初期，美国处于国际经济贸易的霸主地位。西欧和日本经历了战后的恢复，经济迅速发展，经济实力大增加，缩小了与美国的距离，增加了对外投资，逐渐恢复和提高了它们在国际投资中的地位。根据 UNCTAD 统计，世界外国直接投资流入最多的国家和地区主要有美国、英国、法国、比利时、中国、加拿大、中国香港、德国、意大利、卢森堡等国。

第三节　国际投资对国际贸易的影响

国际贸易中的商品移动与资本移动不同，但是由于资本的移动对生产国际化和国际分工产生了深远的影响，因此也对国际贸易产生了重要影响。

一、第二次世界大战前的国际投资对国际贸易的影响

第二次世界大战前，发达国家的资本输出主要集中于经济落后的国家和地区，资本输出的部门主要集中于采掘业、铁路交通、公用事业及与商品进出口有关的部门。资本输出一方面带动了发达国家机器设备和工业消费品的出口，同时也促进了经济落后国家和地区初级产品的生产和出口，促进了这两类国家经济的发展和贸易的往来。

二、第二次世界大战后国际投资对国际贸易的影响

(一)加速了国际贸易的发展

(1)战后初期美国对西欧和日本进行国家资本输出,美国进出口银行规定,所得贷款必须全部用于购买美国商品,货物须由美国船只装运,由美国保险公司保险。美国1954年制定的“480号公法”(农业贸易发展与援助法)规定,据此法案进行的对外援助,全部是出售美国剩余的农产品。西欧和日本在经济恢复以后向其他发展中国家提供的援助和投资贷款也属于这种性质。由此扩大了商品在国家间的流动,促进了国际贸易的发展。

(2)战后发达国家的企业尤其是跨国公司通过在其他国家设立生产基地对外进行直接投资,以直接带动了机器设备的出口。跨国公司母公司与子公司、子公司与子公司之间的协作化生产,增大了中间产品在国际贸易中的流量,加速了国家间贸易的往来。

(3)跨国公司通过在发展中国家建立独资、合资企业,加强了对发展中国家原料产地的投资,扩大了原料长期稳定的供应,并促进了初级产品的生产和贸易。

(4)发达国家向发展中国家提供的巨额或私人出口信贷,是扩大发达国家大型成套机器设备出口的重要手段。虽然进入21世纪,西欧、日本经济增长缓慢,国际贸易形势有所恶化,国际投资速度的加快和规模的扩大促使国际贸易恢复了快速增长。

(二)国际投资对国际贸易地理分布和商品结构的影响

1. 国际投资对国际贸易的地理分布的影响

战后跨国公司对外直接投资的75%集中在发达国家,这种直接投资的地区格局致使发达国家间的分工与协作不断加强,促进了发达国家对外贸易的发展,也促进了世界贸易的发展。战后发达国家对外贸易一直占世界贸易总额的70%左右,这与跨国公司投资的方向有密切的关系。另外,战后虽然发达国家对发展中国家的直接投资在对外直接投资总额中的比重有所降低,但是,从20世纪90年代后又有所回升,而且绝对额仍在增加,再加之新兴工业化国家资本的注入促进了发展中国家工业的发展,扩大了发展中国家工业制成品的出口,加强了它们同发达国家及发展中国家间的贸易关系。发达国家和新兴工业化地发展中国家的直接投资,促进了发展中国家工业化的发展,扩大了同发展中国家的贸易关系。

2. 国际投资对国际贸易商品结构的影响

第二次世界大战后,国际贸易商品结构发生了很大的变化,工业制成品的比重超过初级产品的比重,在工业制成品中中间产品比重增长很快。这些都与国际投资,特别是由于跨国公司大量的直接投资资本集中于制造业有着密切的联系。二战后的科技革命促进发达国家产业结构的调整,促进了新兴部门的建立,企业在大举对新兴工业部门投资的同时,大量向发展中国家迁出夕阳产业,这些行业的企业通过对外直接投资,利用东道国有利的资源条件和政策在当地开展生产和经营活动。产品除供应国内市场外,还出口到其他国家。此外,西方企业还借助各种合同安排实现专业化生产,把生产的不同阶段和环节根据

各地的条件进行安排,产品在世界范围销售,这些都促进了国家间工业品流动。20 世纪 60 年代后发展中国家的工业化战略的实施及外交的引入加速了国内工业的发展,使发展中国家和地区的出口商品结构呈现出多样化,改变了出口商品结构中严重依赖初级产品的状况,提高了工业制成品的出口比重。20 世纪 70 年代后,跨国公司大量投资于资本密集型和技术密集型企业,尤其是信息等高新技术产业,使国际贸易商品结构不断发生变化。此外,跨国公司内部专业化协作的发展,对发展中国家制造业投资的增加,也是制成品贸易比重不断上升的重要原因。

中间产品比重的持续增长在一定程度上与跨国企业的经营方式有关。跨国企业是从全球的角度依照各地的具体条件进行资源配置的。其经营方式为内部企业间分工协作,定点生产、定点装配、定向销售,这样便会出现大量零部件在国家间的往返运输,由此增加了中间产品的贸易比重。

(三)国际投资加强了国际贸易中的竞争和垄断

国际投资,特别是对外直接投资增加了跨国公司争夺国外市场的竞争力。这是因为首先,对外投资企业可利用自身优势,准确搜集当地市场的商业信息情报,根据市场状况及时调整生产,它对改进产品与销售十分有利。其次,通过对外直接投资,就地生产和销售,既可避免许多贸易壁垒,扩大当地市场份额,又可以利用当地廉价的各种生产要素,减少了产品的生产成本和其他费用,从而提高了产品的价格竞争能力。同时,国际贸易的垄断程度大为增加。20 世纪 70 年代跨国公司的贸易在世界贸易中所占的份额为 1/2,近年来已高达 70%。这说明世界贸易的大部分是由跨国公司来进行的。一些巨型跨国公司在世界市场上占有垄断地位,往往通过垄断价格来控制和操纵世界市场。

(四)国际投资使国际贸易方式多样化

战后,在国际投资中,跨国公司的对外投资迅速增加。跨国公司通过在海外设置自己的贸易机构或建立贸易为主的公司,经营进出口业业务;由于跨国公司内部分工的发展和专业化协作的发展,使公司内部贸易不断扩大。这与传统贸易相比,贸易中间商、代理商的地位大为下降。与此同时,国际贸易的方式也多样化,出现了加工装配贸易、补偿贸易、国际租赁、国际分包合同等形式。

第四节　跨国公司与国际贸易

随着世界经济的发展和全球经济一体化的逐步深化,跨国公司对各国经济及世界经济的影响日益重要。

一、跨国公司的定义

跨国公司又称多国公司和宇宙公司,1974 年联合国经社理事会第 57 次会议对跨国公司的内涵进行了限定,而后联合国才统一使用"跨国公司"这一名称。跨国公司是在二战后,尤其是 20 世纪 50 年代以来迅速发展起来的一种国际企业组织。国际上,判定一个企业是否为跨国公司的标准很多,一般把跨国公司在国外销售额、投资、利润、雇佣人数和生产经营活动的地理区域及范围作为界定标准,以一个绝对数或相对数来划分是否是跨国公司。大体上可以概括为以下三种标准。

1. 结构标准

结构标准(Structural Criterion),是指以企业从事生产经营活动跨越的地理区域和企业资产所有权作为划分跨国经营的标准与尺度。英国经济学家约翰·邓宁(J. H. Dunning)认为,跨国公司"简单地说就是在一个以上的国家拥有或控制生产设施(例如,工厂、矿山、炼油厂、销售机构、办事处等)的企业"。但有学者指出,跨国公司一般应有相当广泛的地理分布,对于那些只在本国基地以外一或两个国家拥有子公司的企业,一般不能称之为跨国公司。从企业所有权来看,一般认为,一个企业只有拥有国外企业的股份所有权才能构成跨国公司。经济合作与发展组织则认为,跨国公司"通常包括所有权属于私人的、国营的或公私合营的公司或其他实体"。对于拥有国外企业股权的标准,目前普遍使用的权威性标准是国际货币基金组织提出的,跨国公司控制境外企业所有权的合理标准不得低于 25%。

2. 经营业绩标准

经营业绩标准(Performance Characteristics Criterion),是指企业在海外的资产、利润、销售额、产值和雇员人数等必须在整个企业业务中达到一定百分比以上才能称为"跨国公司"。如同所有权标准,西方学者普遍认可 25% 的海外业务份额。对于其中常用的销售额指标,一种观点认为营业额超过 1 亿美元的才能称之为跨国公司。联合国贸发会议文件则认为,年销售额在 10 亿美元以上的才能称作跨国公司。

3. 行为特征标准

行为特征标准(Behavioral Characteristics Criterion),是指跨国公司应实行全球化经营战略,公司最高决策从公司整体利益出发,以全球范围内利润最大化为目标,而不是局限于某地区市场的盈亏得失。美国经济学家霍华德·巴尔马特(Howard Perlmutter)认为,企业是否能从国内公司成长为具有严格现代意义的跨国公司,必须以其战略决策的取向作为重要标准,只有那些实现了全球取向战略决策,实行全球系统化决策的企业才能称得上是真正的跨国公司。

联合国给跨国公司下了一个权威性定义,即跨国公司"就是在它们的基地所在国之外拥有或控制着生产或服务设施的企业,这样的企业并不总是股份公司或私人企业,它们也可能是合作社或国有实体"。

联合国1986年制定的《跨国公司行为守则》(United Nations Code of Conduct on Transnational Corporations)草案对跨国公司的定义是:“本守则中使用的跨国公司一词系指由两个或更多国家的实体所组成的公营、私营或混合所有制企业,不论此等实体的法律形式和活动领域如何;该企业在一个决策体系下运营,通过一个或一个以上的决策中心使企业内部协调一致的政策和共同的战略得以实现;该企业中各个实体通过所有权或其他方式结合在一起,从而其中一个或多个实体得以对其他实体的活动施行有效的影响,特别是与别的实体分享知识、资源和责任。”

综上所述,跨国公司作为一种复杂的经济形态,由于对其界定标准不同,跨国公司的定义也多种多样,主要指以本国为基地,通过对外直接投资,在世界各地设立分支机构和子公司,从事国际化生产和经营活动的私人垄断企业。为了进一步澄清跨国公司的基本内涵,联合国跨国公司中心在1983年的研究报告中明确指出跨国公司应包括三个基本要素:第一,包括设在两个或两个以上国家的实体,不管这些实体的法律形式和领域如何;第二,在一个决策体系内经营,能通过一个或几个决策中心采取一致对策和共同战略;第三,各个实体通过股权或其他方式联系起来,其中一个或多个实体有可能对别的实体施加重大影响,特别是同其他实体分享知识资源和分担责任。20世纪80年代后,国际社会对于联合国提出的跨国公司定义的三大要素已基本达成共识。

二、跨国公司的经营特征

跨国公司是对企业内部生产过程的所有环节,包括在科学研究、生产、销售等方面进行国际安排和控制的一种垄断组织的新形式。尽管跨国公司各自的形成和发展阶段不同,行业和经营方式也各不相同。但是,现代跨国公司在其规模和战略目标上,都有着共同的基本特征。总的来说,跨国公司一般具有如下基本特征。

(一)经营规模庞大,实力雄厚

跨国公司都是在一个或几个部门居于垄断地位的国际化大企业或企业联合体。大型跨国公司拥有先进的技术和管理经验,雄厚的资金,良好的商业信誉和惊人的销售规模。由于跨国公司资金雄厚,优势显著,通过全球经营获得规模效应,在国内外处于寡头垄断地位,因此,人们将一些巨型跨国公司称为“私人王国”。世界上大部分产业部门都为大型跨国公司所控制,全世界汽车产量的85%,计算机产量的70%以及软饮料产量的65%都是由跨国公司生产和销售的。世界汽车制造被通用、福特、戴姆勒－克莱斯勒、大众、丰田等大公司所垄断;全世界飞机几乎均为美国波音公司和欧洲空中客车公司所制造;微软公司、国际商用机器公司、惠普公司和戴尔公司占全球计算机软件市场的绝大多数份额;世界手机市场由摩托罗拉、爱立信、诺基亚三家公司占了50%以上。根据2007年《财富》杂志的世界500强排名,2007年世界最大10家跨国公司的营业收入总和达24 352.15亿美元。其中,位于第一位的世界零售巨头沃尔玛全年营业收入为3 511.39亿美元。《2007年世界投资报告》显示,全世界跨国公司有7.8万家,拥有近80多万家海外子公司,它们占全世界国内生产总值的10%和全世界出口额的三分之一。世界上按资产额排名的100家非金融类企业中位于第一位的通用电气2005年全球总资产为6 733.42亿美元,其中海外资产为4 126.92亿美元,而位居世界资产额最多50家金融类企业之首的花旗银行的总资产更是高达14 940.37亿美元,相当于一个中等发达国家全年的国民生产总值。

表6-2 2010年度《财富》世界500强1~20名跨国公司排名

单位:百万美元

排名	中文常用名称	总部所在地	主要业务	营业收入
1	沃尔玛	美国	一般商品零售	408 214
2	皇家壳牌石油	荷兰	炼油	285 129
3	埃克森美孚	美国	炼油	284 650
4	英国石油	英国	炼油	246 138
5	丰田汽车	日本	汽车	204 106
6	日本邮政	日本	邮政服务	202 196
7	中国石化	中国	炼油	187 518
8	国家电网	中国	公用事业	184 496
9	安盛	法国	保险	175 257
10	中国石油天然气	中国	炼油	165 496
11	雪佛龙	美国	炼油	163 527
12	荷兰国际集团	荷兰	银行	163 204
13	通用电气	美国	多元化	156 779
14	道达尔	法国	炼油	155 887
15	美国银行	美国	银行	150 450
16	大众汽车	德国	汽车	146 205
17	康菲	美国	炼油	139 515
18	法国巴黎银行	法国	银行	130 708
19	忠利保险	意大利	保险	126 012
20	安联	德国	保险	125 999

资料来源:美国《财富》杂志

(二)对外直接投资是跨国公司向外扩张的重要手段

二战后,跨国公司对外直接投资发展迅速,其增长速度超过了同时期世界国民生产总值、工业生产及对外贸易的增长速度。美国取代了战前英国的地位而居世界对外直接投资第一位。其他资本主义国家随着国力的恢复和经济的发展,对外直接投资发展加快,其中,日本对外投资发展尤为迅猛。从20世纪70年代开始,一些新兴工业化的发展中国家也纷纷加入到这一行列,并取得了长足的进展。同时,跨国公司对外直接投资的领域不断扩大,资本的投向由早期的矿产开采等初级产品部门,转向制造业、新兴工业部门,对汽车工业、石油化工、电子机械等行业的投资比重不断提高,对服务行业的直接投资也不断上升,并由商品贸易等传统服务领域向金融、通信、旅游等综合性经营业务领域扩展。

这表明,对外直接投资是跨国公司向外扩张的重要手段,是其实行生产国际化经营的基础。通过对外直接投资,在国外设立分支机构和子公司,并对其实行有效控制,以实现自己的全球战略目标。

(三)建立内部一体化经营体系,实行全球战略

跨国公司的管理体制虽然多种多样,但原则上都是集中决策,分散经营。从而使现代跨国公司具有全球性的战略目标和战略部署。所谓全球战略是指跨国公司将其全球范围的经营活动视为一个整体,面对世界市场来安排生产、销售与科研等经营活动,其目标是追求这一整体利益的最大化,而不考虑局部利益的得失。。

现代跨国公司在国外拥有众多的分支机构和子公司,形成了一个集生产、贸易、投资、金融、信息一体化的世界网络。在总公司的统一指挥下,总公司与世界各地分支机构和子公司、子公司与子公司之间相互配合协作,按总公司的决策进行各项业务活动,从而结成一个整体,形成内部一体化的经营体系。一方面通过分级计划管理落实公司的全球战略安排,另一方面则通过信息共享和内部贸易来共担风险。而公司的集中与分散程度,则视公司的业务性质、产品结构、地区分布、风险等来定。因而,虽然跨国公司在全世界拥有众多的分支机构和子公司,但由于实现了内部一体化,从某种程度来讲,一个跨国公司就像一个单一企业一样高效率地经营。跨国公司这种特有的全球战略和经营内部一体化,正是其区别于其他国际企业组织的重要特征。

(四)跨国化程度高,并且主要集中在美国、欧洲和日本三个国家和地区

跨国公司的跨国化程度(也称跨国指数)是指跨国公司在海外的业务占其业务总量的比重,通常以三项比率来衡量,即国外资产/总资产;国外销售额/总销售额;国外雇佣人数/总雇佣人数,然后再把这些比率综合起来计算得出一个跨国化指数。如,雀巢公司的跨国化指数高达94.2%,这说明该公司绝大部分业务不是在国内而是在国外。1999年,全球最大的100家巨型跨国公司大多数分布在北美、欧洲和日本,其具体分布是欧洲50家、美洲27家、日本17家,其他国家6家。表9-2中列出了2004年世界最大100家跨国公司的国别结构和平均跨国指数,由表中可以看出,这100家世界最大的跨国公司的跨国化程度普

遍较高,跨国指数平均达到52.6%,其中瑞士和加拿大超过90%。

表6-3　2004年世界最大100家跨国公司的国别结构和平均跨国指数

国家/地区	跨国指数 TNI	公司数量
发达国家	56.8	100
美国	48.2	25
法国	62.3	15
德国	52.2	13
英国	70.5	11
日本	52.2	9
发展中国家	50.7	100
非洲	48	10
东南亚	57.2	21
东亚	53.2	55
拉丁美洲和加勒比	38.1	12

资料来源:UNCTAD/Erasmus University database

(五)大型跨国公司主要集中在一些高新技术产业部门

现在世界经济几乎所有部门和行业都已被少数巨型跨国公司所控制,其中高新技术部门的巨型跨国公司发展尤为迅速,成为巨型跨国公司俱乐部中的佼佼者。

20世纪60年代,在世界巨型跨国公司的排名表上传统产业部门如石油、汽车、化工、金属、精炼、电器等的跨国公司还占主导地位,但20世纪80年代中期以来,高科技迅猛发展,特别是信息技术革命高潮到来,大量资金源源不断转入这些部门。一批新型大跨国公司迅速崛起,并逐步取代了那些传统部门的跨国公司。据有关数据显示,2005年世界100家最大的非金融类跨国公司中,企业排名表的前20名中,电信领域的有3家,其中英国的Vodafone Group PLC从2002年到2005年一直仅次于美国通用电气公司而居于第2位。此外还有法国的Eléctricité de France和德国的Deutsche Telekom AG分列排名的第11和17位。还有如默克公司、辉瑞公司等生物制药公司也在世界最大跨国公司中成绩显赫。而一些传统部门的跨国公司则发展迟缓,地位有所下降,甚至从排名表上悄然隐没。当然,并不是所有传统部门的大公司都走向没落,如通用汽车公司连续近20年高居榜首,而这主要是因为通用公司把信息技术和其他高新技术(新能源、新材料、环保技术等)引入生产,从而使公司保持发展活力和竞争优势。

(六)立足于核心产业,发展多样化生产和经营

为适应日益复杂的国际投资环境和瞬息万变、竞争激烈的国际市场,现代跨国公司的生产和经营越来越多样化,范围也越来越广。二战后初期,跨国公司内部母公司与子公司之间大体上只生产同一种类产品,即经营同类业务。而后,逐渐发展到母公司与子公司之间分别生产不同类别产品,但是产品之间的生产过程相互衔接和联系。如制造业公司投资采掘业,以确保原料供应来源。从20世纪60年代开始出现组建跨多种部门、多种行业的混合型大企业的热潮,即跨国公司实行综合型多种经营,其业务特点是根据生产、销售过程内在的需要,将有关生产联系起来,进而向其他行业渗透,形成生产多种产品的综合体。公司内部母子公司各自生产不同种类甚至不同行业的产品。"从方便面到导弹",几乎无所不包。如美国的杜邦公司除经营化工产品,还兼营药品、食品、化妆品、首饰工艺品、纺织、冶金、电子、化肥、农药、运输和旅馆等各种行业。但是,由于这种大型联合企业并不能充分发挥其规模优势,并且管理难度加大,以致有些公司经营效益不高。目前的跨国公司以某一产业或行业为核心,旁及其他与其核心产业和产品的生产及技术上有关的产业和产品,实行多样化经营。这样既可充分发挥自己的核心产业方面的特长和优势,又可实现生产多样化,取得一定的范围优势。如飞机制造公司也进行航天业和某些武器生产,汽车生产企业也进行电器和机器设备的生产。

以核心产业为立足点发展多样化生产经营,有利于跨国公司对各种资源的优化组合,发挥其综合优势,有助于跨国公司获得比较稳定的效益和较多的发展机会。

三、跨国公司的形成与发展

跨国公司是垄断资本主义高度发展的产物,是随着产业资本国际化进程出现的。产业资本输出是跨国公司形成的物质基础。尤其是二战后,生产国际化高度发展,资本国际化迅猛前进,发达资本主义国家的私人垄断企业纷纷在国外直接投入生产资本,并控制国际生产,此时真正意义的跨国生产经营实体便产生了。

(一)跨国公司的起源与发展

产业资本的国际化是跨国公司的形成基础。跨国公司的出现同产业资本国际化密切相关,资本国际化的发展过程,大致有三个阶段:

(1)自由资本主义阶段,其特征是商品输出,从而使商品资本国际化;

(2)垄断资本主义阶段,其特征是资本输出,从而使以借贷资本为主的货币资本国际化;

(3)二战后,生产国际化的高度发展,推动生产资本国际化迅猛前进,其特征是生产资本输出,企业在国外直接投入生产资本,并控制国际生产,从而形成跨国公司。

可见,跨国公司是国际直接投资的载体和主体,也是资本国际化由流通领域发展到生产领域,即产业资本国际化的产物。

早期跨国公司起源于19世纪60年代,当时在发达资本主义国家,一些大型企业通过对外直接投资,在海外设立分支机构和子公司。当时具有代表性的是3家制造业企业:1865年,德国弗里德里克·拜耳化学公司在美国纽约州的奥尔班尼开设一家制造苯胺的工厂;1866年,瑞典制造甘油、炸药的阿佛列·诺贝尔公司在德国汉堡开办炸药厂;1867年,美国胜家缝纫机公司在英国的格拉斯哥建立缝纫机装配厂,开始它以格拉斯哥的产品供应欧洲和其他地区的市场,随后,又在伦敦和汉堡等地设立销售机构,负责世界各地的销售业务。

美国的爱迪生电气公司、伊斯特曼·科达公司以及一些大石油公司、英国的万尼莱佛公司、瑞士的雀巢公司、英国帝国化学公司等都在这一时期先后到国外投资设厂,开始跨国性经营,成为现代跨国公司的先驱。

两次世界大战期间,由于战争和经济危机,跨国公司发展速度受阻。但是,由于各国为保护本国民族工业,纷纷设置贸易壁垒,迫使一些以出口为主的大公司纷纷转向海外进行直接投资设厂。这一时期,跨国公司的发展比较迅速,美国海外直接投资的地位逐渐上升。据统计,1913年,美国187家制造业大公司在海外的分支机构有116家,1919年增至180家,1929年为467家,1939年为715家,到1938年美国海外直接投资增至73亿美元,占世界对外直接投资总额的27.7%,位于英国(39.6%)之后,居世界第二位。二战以后,美国国力大增,而英、法等欧洲国家受战争影响经济发展缓慢。美国大企业乘机加大了向海外投资,跨国公司的发展进入一个新阶段。20世纪50年代起,欧洲各国经济开始复兴,欧洲公司开始大规模向美国直接投资,形成了北美和西欧发达国家之间的双向投资现象。20世纪70年代,日本经济迅速崛起,20世纪80年代亚洲四小龙腾飞。东亚地区的跨国公司渐渐成长为世界经济中与欧美跨国公司并驾齐驱、举足轻重的力量。

(二)战后跨国公司迅速发展的原因

二战后,跨国公司迅速,原因主要体现在以下几个方面。

1. 科技革命和社会生产力的发展的推动

20世纪50年代以后,开始了以原子能、电子信息技术为代表的第三次科技革命,这次科技革命对生产过程的影响范围和程度是前两次科技革命无法相比的。大量科技成就广泛应用于生产,出现了一系列新产品、新技术、新材料、新工艺和新兴工业部门,大大促进了生产力的发展。同时,发达资本主义国家的经济发展日益受到国内资源与市场的约束,需要更多的原料和销售市场,要求企业生产和销售进一步向国际化发展。企业开始大举向外投资,积极开拓海外市场。以战后海外投资发展速度最快的日本为例,日本国内资源贫乏,战后经济和贸易的飞速的发展使其资源问题更加突出,由此引发了日本企业为获取海外资源的市场供应的几次投资浪潮。此外,日本的工业严重依赖于国际贸易,如日本商船制造的30%、电视40%、半导体30%、汽车30%都靠国外市场吸纳,这些行业的企业纷纷通过对外直接投资,以占领海外市场和扩大市场份额。同时,科技革命的进步大大改进了现代的运输工具和通信方式,大大缩短了国家之间的距离。电话、电传和电子计算机和网络信息系统等通信技术为各国之间的快速、便捷的联系提供了必要的保证。从而为跨国公司把各地的子公司紧密联系起来,实行有效控制,为实现其国际化生产经营和全球战略目标奠定了物质基础。这些都直接促进了战后跨国公司的发展。

2. 国际市场竞争日益激烈

二战后初期,美国由于其经济实力远远高于其他资本主义国家,在国际经济贸易上占绝对优势和垄断地位。而后,随着西欧经济的逐渐恢复和日本经济的崛起,其他国家对国际市场的争夺日益激烈。尤其是20世纪70年代以来,美国经济相对削弱,西欧国家和日本的跨国公司加快了对外投资步伐,纷纷在国际范围内与美国跨国公司进行竞争,争夺市场。各国为了扩大市场份额,一方面增加本国企业的海外销售,另一方面以设置各种关税和非关税壁垒限制其他国家商品的进入。在这种条件下,发达国家的跨国公司便借助于直接投资的方式,进入出口受阻的国家或地区,在当地进行生产和销售,绕过东道国的贸易壁垒,从而实现了对市场的占领。

3. 生产和资本日益集中,"过剩"资本不断增加

二战后,发达国家生产和资本日益集中,垄断程度不断加剧,拥有大量资本和先进技术的资本主义垄断企业迫切要求到国外寻求更加有利的投资场所和销售市场。如美国垄断资本在两次大战中积聚了巨额资本,二战以后又发生了第三次兼并高潮,使原有大公司规模不断扩大,甚至在一些新兴工业部门形成了少数大企业垄断的寡头统治。日本经济在逐渐从战争中恢复以后,20世纪60年代也出现了企业兼并的浪潮,形成了许多垄断国内市场的大企业。企业规模越大,其生产能力超出国内有支付能力需求的程度就越大。这必然要求企业向海外扩张,寻求利润丰厚的投资市场。跨国公司也就是在这种情况下积极向国外进行投资,从事生产和经营。

4. 国际分工的深化,生产和资本的国际化

二战后,国际分工在广度和深度上进一步发展,大大加强了各国之间的互相依赖和协作。国际分工已不只限于部门之间,而进入部门内部;国际经济联系也不只限于商品流通领域,而进入生产领域。国际分工正朝着部门内部的分工及产品专业化、零部件专业化和工艺专业化方向发展,大大促进了生产和资本的国际化。因此,发展跨国公司顺应了二战后生产和资本国际化发展的客观要求。

5. 发达国家政府扶持并鼓励本国跨国公司的发展

二战后,发达国家政府相继实行了对外资开放的政策,放宽对外资的限制,改善国内投资环境。同时,政府加强了对经济生活的干预,制定了一系列政策措施,鼓励和扶持本国企业向外进行投资,为跨国公司进行海外投资提供条件:

(1)政府通过与它国签订避免双重课税、保证投资安全的协定来减轻跨国公司的纳税负担,保证跨国公司海外投资的利益与安全。通过与它国缔结贸易条约,使本国企业在缔约国享受尽可能充分的国民待遇。

(2)政府通过设立的专门银行向公司提供各种优惠贷款,为公司的海外扩张提供资金。通过税收优惠资助企业的研究与开发活动,以提高中其产品的竞争力。

(3)政府还运用自身的力量为公司的海外投资创造条件。其中尤以美国突出,二战后美国执行帮助欧洲经济复兴的马歇尔计划,其附加条件就是受援国实行资产非国有化,允许美国资本自由进入。美国还通过国内法律的制定与执行促进企业向外扩张。如美国的《反托拉斯法》的核心内容是反同行业垄断,反国内垄断,从而促使美国企业向海外投资,实现国际垄断。

6. 发展中国家要求发展民族经济促进了跨国公司的发展

二战后,一大批发展中国家,脱离了殖民体系,宣告政治独立。这些国家发展民族经济时遭遇了缺少资金、技术和管理经验的瓶颈因素,希望引进发达国家跨国公司的资本、先进管理技术和经验。因此,发展中国家东道国政府为吸引外国跨国公司的投资积极创造条件,并给予税收政策上的优惠。发达国家也企图利用跨国公司作为工具,保持和扩大其在发展中国家的经济利益,从而也为其跨国公司在发展中国家的发展提供了有利条件。

除了积极引进外国资本以外,发展中国家的跨国公司在战后也获得了快速发展,其主要原因是:

(1)二战以后一些发展中国家,尤其是一些新兴工业化国家的民族经济发展迅速,生产和资本集中相应加强,开始出现一些较大型企业,而这些企业在发展过程中也要求对外进行扩张;

(2)为提高国家在国际经济中的地位,进一步增强本国企业的国际竞争力,一些发展中国家政府鼓励国内企业对外投资;

(3)一些发展中国家在实行进口替代、出口替代战略、优化产业结构、扩大对外贸易和改善国际收支的过程中,加强了本国企业参与国际竞争的意识,同时促进了本国跨国公司的发展。

(三)跨国公司的发展趋势

1. 跨国并购依然是国际直接投资的主要方式

进入20世纪90年代以来,跨国并购日益成为国际直接投资的主要方式。跨国公司将超过被并购企业股份10%以上的部分作为跨国公司的国际直接投资,这种跨国并购叫做跨国并购式的国际直接投资。跨国并购式国际直接投资1996年为2 270亿美元,1999年则迅速上升到72 014亿美元,2000年则达到了最高峰,全年跨国并购金额高达1.1万亿美元,占当年全球外国直接投资总额的78%,因此,跨国并购式国际直接投资的快速增加构成世界对外直接投资增加的重要组成部分。虽然此后跨国并购连年下降,导致全球外国投资总量不断萎缩,但是进入21世纪初后,跨国并购又有所上升,据联合国贸发会议《2007年世界投资报告》统计,2006年,全球跨国并购总价值达8 800亿美元,在全球外国直接投资中所占的份额的2/3,比2005年提高23%。而且在数量上(提高14%,达到6 974笔)均显著增长,接近2000年达到的上一个并购高峰。并且与1990年代后期的并购热潮不同，在此轮增长中并购交易绝大多数由现金和借贷支付，而非通过换股实现。2006年巨额交易（即金额高达10亿美元以上的交易）达172笔，交易金额占跨国并购交易总额的约2/3。

2. 注重技术的研究与开发和企业创新成为跨国公司增加企业竞争力的重要条件

20世纪90年代以来，随着知识经济和信息化的飞速发展.很多跨国公司开始调整全球化经营战略的中心，建立了以全球技术战略为核心的跨国经营战略。主要表现在跨国公司研发全球化程度不断提高，跨国公司海外直接研发投资增长迅速。研究开发是特定中间产品和知识的来源，是跨国公司扩大国际竞争力优势的源泉。跨国公司通过内部转让定价手段，从而更有效地组织这些中间产品和知识的交易及国际转移。根据OECD的分析结果表明，跨国公司对外直接投资的研发投入已经占OECD产业研发投资的10%以上。美国商务部的报告也显示，在美国投资的跨国公司的研发资金及美国跨国公司对外投资的研发资金在20世纪的最后十年间均增长3倍左右。日本跨国公司的对外研发投资也有可观的增长。

跨国公司海外研发投资具有明显的行业特点。研发国际化较高的行业有化学和医药行业、家用电子行业、信息和通信业等；而传统机器制造业和一些特殊的研发密集型行业，研发的全球化程度相对较低。

现代跨国公司的研究开发更加注重企业的创新能力，这是由于创新可以提升企业的核心竞争力，但是如果创新不符合时代的要求，企业会被市场所淘汰。例如，施乐公司（xerox），曾经是企业创新的代表，从施乐成立于1970年的帕罗阿尔托研究中心（Palo Alto现已分拆为独立公司）里，曾经产生了以激光打印机、图形用户界面等最新的创意和理念。事实上，施乐走向衰落并非缺乏创新所致，而是其创新没有及时跟上办公设备数字化的趋势，而是长期坚持以传统复印机为产品中心的方向，从而在创新上输给了同行业的竞争对手。

3. 大规模定制成为跨国公司新的生产方式

大规模定制是指对定制的产品和服务进行个别的大规模生产。包括从有效地参与特定需求市场的竞争，实际上为每一个顾客提供独一无二定制产品的整个范围。大规模定制与20世纪初在美国首先开始的大规模生产方式不同，其区别如表6－4所示。

表6－4　大规模定制与大规模生产方式的区别

大规模定制	大规模生产
成本适当，高质量，定制产品	低成本，质量稳定，标准产品
产品开发及生命周期短	产品开发及生命周期长
以整个过程效益为主	以生产效率为主
管理费用低	管理费用高

表 6－4(续)

无库存,按订单生产	库存大,按计划生产
低成本,多样化	高成本,多样化
对工人技能的高利用和高投入	缺乏对工人技能的投入
与供应商之间的相互依存	与供应商之间的关系不紧密
对变化的客户需求响应快速	容易忽略客户的需求

资料来源:康荣平:《大型跨国公司战略新趋势》,P11

总结起来,大规模定制实施的特点如下。

(1)以个性化客户为中心。在大规模生产中,生产出来什么就卖什么,客户位于价值链的最末端;而在大规模定制中,是围绕客户的需求来生产产品,客户处于价值链的最前端。

(2)能够灵活和快速地反映实现产品或服务的定制化。

(3)电脑、网络、电子商务等信息技术是实行大规模定制新战略的技术基础。

(4)公司与客户和供应商形成一种新的合作关系。

(5)注重整个过程的效率,而不仅仅局限于生产效率。

目前已经涌现出许多大规模定制的典范,例如,美国戴尔电脑公司在成立的不足 20 年的时间里,业绩成长速度惊人。2001 年戴尔公司以 26.9% 的市场占有率成为全球个人电脑行业第一。其成功的关键就是以低于竞争者的成本向客户提供有价值的、个性化的服务。在其为福特汽车公司供货时,通过福特公司内联网接到订货,为不同部门,不同工种的员工设计各种不同的配置,组装合适的硬件,甚至安装适当的软件。目前,顾客已经能利用戴尔公司的在线配置系统对电脑尺寸、硬盘能力、调制解调器等方面进行多达 1 600 万种组合,戴尔的配系统可使流水线上组装的产品与顾客的需求完全一致,并能提供优秀的售后服务。由于戴尔能够以低成本开展大规模定制服务,其电脑价格比 IBM 和康柏还低一些。

4. 服务业成为跨国公司投资的主要增长点

服务业市场开放将是 21 世纪初期贸易自由化和投资自由化的重点。2000 年跨国公司对服务业的直接投资占其对外直接投资总额的一半以上。目前,发达国家对服务业的管制措施和对外国投资的约束条件进一步放宽,而发展中国家和转轨经济国家大多都已加入或即将加入世界贸易组织。金融、电信、公共基础设施、咨询等行业都受世界贸易组织相关协议的制约下采取了逐渐开放的态度,而这些行业在这些国家的开放和发展大多落后于制造业,并且市场庞大,成长潜力巨大,潜在利润十分丰厚。同时,信息技术的发展也使服务业跨国输出的技术障碍减少,这些来自市场供求双方的推动力量都将使服务业成为跨国公司竞相投资的热点。同时,随着全球经济自由化措施的逐一落实,跨国公司在服务业的投资收购战必将日趋激烈。

5. 中小型跨国公司发展迅速

贸易自由化、投资自由化、资本市场自由化以及国有企业私有化，不但减少了企业海外投资的各种障碍，而且使海外投资的机会显著增加。这些使得过去只有大企业才能开展的跨国投资，现在和将来中小企业也能够进行。瑞典中小型跨国公司占跨国公司总数的4/5，意大利这一比例也达3/5，日本企业在海外新建的分支机构的1/2以上为中小跨国公司所有。

同时，东亚和拉美的发展中国家和东欧转轨国家将有越来越多的企业成长壮大，并加入跨国投资的行列。与欧美巨型跨国公司相比，这些企业绝大多数只能称为中小企业。20世纪90年代初期，发展中国家跨国公司（母公司）只有2 700家，而到1998年发展到了9 246家，增长了2.4倍，而同期发达国家跨国公司从33 500家增加到49 806家，增幅尚不到50%。

除了有利的国际经济环境，信息技术、生物技术等高新技术产业也十分适宜中小企业成长，为中小企业向外直接投资提供了物质基础。同时，由于这些行业产品的最后组装又大多是劳动密集型工序。因此，随着这些行业的迅速发展，高新技术中小企业以寻求低成本生产要素为目标的跨国公司投资必将与日俱增。

6. 跨国公司对发展中国家的对外直接投资额逐年增加

近年来，跨国公司对发展中国家的直接投资不断增加，虽然跨国公司对发展中国家直接投资占全世界直接投资额的比重在20世纪末达到了近40%的高度后又有所下降，但是在绝对数量上却是逐年增加。据《2007年世界投资报告》数据显示，发展中国家的FDI在1995—2000年期间年均流入量为1 880亿美元，占全球FDI流入量的25.4%。2001年流向发展中国家的FDI达到2 120亿美元，2002年有所下降，2003年以后又开始连年增长，并且占全球外国直接投资比重也快速增加，到2004年，发展中国家吸引的外国直接投资占全球的38.1%。2006年流向发展中国家的外国直接投资已达到3 791亿美元。

表6－5　1995—2006年发展中国家外国直接投资流入一览表

单位：10亿美元

	1995—2000（均值）	2001	2002	2003	2004	2005	2006
发展中国家	188.0	212.0	166.3	178.7	283.0	314.3	379.1
世界	740.7	832.6	622.0	564.1	742.1	945.8	1 305.9
发展中国家占世界比重/%	25.4	25.5	26.7	31.7	38.1	33.2	29.0

资料来源：《2007年世界投资报告》

7. 网络经济对跨国公司的影响越来越大

20 世纪 90 年代中期,随着因特网的推广,网络经济很快渗透到各个产业和部门。网络经济对跨国公司的经营和管理提出了严峻的挑战。20 世纪 90 年代末以来,针对这一变化,跨国公司迅速作出反应,并制定了自己的网络经济战略。

1999 年 11 月,通用汽车和福特汽车公司先后宣布将把它们庞大的采购部门转移到互联网上。这两家公司的采购部门将通过互联网来与世界各地的供应商、商业合作伙伴以及顾客进行联系。网络的开放性和全球性使两家汽车公司更容易对所需货物进行对比,从而选择性能和价格最佳的产品,仅此一项就能够节省 20% 的成本。而 1999 年戴尔公司的网络销售收入高达 61 亿美元,占其总销售额的 40%。

金融业也深受网络经济的影响。世界最大的商业银行之一——德意志银行宣布了其"全球电子商务战略",其目标是通过与国内外网络、软件和电信等产业巨头的紧密合作,全力拓展互联网业务和电子商务,扩大在全球金融市场的优势,使网上客户到 2002 年底增加到 200 万户,年营业额达到 600 亿欧元,德意志银行 700 万客户中有 20% 的客户已经转为纯粹的网上客户。

四、跨国公司对国际贸易的影响

1. 跨国公司的发展促进了国际贸易总额的增长

二战以后,跨国公司发展迅速。为争夺市场和掠夺海外资源,跨国公司通过对外直接投资在世界各地设立子公司,将母国公司内的部门间和部门内的分工扩展到世界范围,从而形成了一个从国内到国外,从生产到销售的超国家企业经营实体。加强了各国之间在经济贸易上的相互依赖与协作,促进了各国商品在国际上的流动,推动了国际贸易的发展。根据 IMF《世界经济展望》统计 2002 年世界贸易额达 75 160 亿美元。其中,跨国公司的贸易额占总量的 2/3,并且国际贸易额的 1/3 是在跨国公司内部进行的。由此可见,跨国公司的发展与国际贸易的增长是紧密相关的。跨国公司本身的发展,销售额的不断增长,大大促进了国际贸易总额的增长。

2. 跨国公司对国际贸易商品结构和流向的影响

跨国公司作为国际贸易的主要力量,不仅促进了国际贸易额的增长,其行业和地区的特点和变化必然影响到国际贸易的商品结构和流向。目前在世界国际贸易总值的 2/3 以上由跨国公司控制经营,其中技术贸易的 70% ~ 80%,尤其是对发展中国家的技术贸易的 90% 以上控制在西方跨国公司手中。跨国公司对外直接投资的主要行业是制造业,尤其在资本、技术密集型产业,如航天、办公自动化设备、电子、化工、计算机、机器设备、汽车和金属制品等行业。这就直接影响着国际贸易商品结构的变化。这种变化的集中反映是制成品贸易所占比重上升,初级产品所占比重下降。这主要是因为战后跨国公司对制造业的集中投资促进了制造业的迅速发展,确定了制成品贸易发展的基础。此外,跨国公司内部专业化协作的发展也使制成品贸易中中间产品贸易比重不断上升。

跨国公司海外投资的3/4及设立的海外子公司的2/3集中于发达国家和地区。跨国公司通过内部贸易和外部贸易(与其他外部公司进行的贸易)促进了发达国家之间的贸易,带动了这些国家对外贸易的发展。而发展中国家和地区吸收了跨国公司海外直接投资总额的1/4、海外子公司数的1/3。跨国公司在发展中国家生产的产品大多为附加价值较低的劳动密集型产品和初级产品,因而使其在国际贸易中的份额较小,与其吸收海外投资的比重相当。

3. 跨国公司促进了国际技术贸易的发展

跨国公司是国际技术贸易中最活跃、最有影响的力量。跨国公司为了在激烈的竞争中保持自己的地位,扩大自己的份额,需要不断地进行科学技术研究,不断地推出新产品。

跨国公司对全球技术的推动作用主要通过技术创造和技术转移两种方式实现。技术创造主要集中在西方发达国家,并且大多为一些大型跨国公司所垄断。大型跨国公司都有自己的研究机构,每年投入大量的研究与开发费用,直接促进了新技术新产品的研究与开发,加速了产品的更新换代。资料显 OECD 国家的研发支出占世界总研发支出的90%,其中仅美国就占40%。在美国的外国跨国公司拥有的715家R&D机构中,仅日本、德国、英国、法国、荷兰、瑞士、韩国等7个国家的365家母公司即在美国拥有700家K&D机构,占全部外国在美R&D机构总数的98%。伴随着跨国公司创新活动的国际化,越来越多的公司将研发活动移往国外,在向东道国市场提供技术支持的同时,跨国公司日益将整个系统的创新活动一体化,以真正实现技术创新全球化。

同时,战后国际技术贸易的快速发展,在很大程度上得益于跨国公司技术与技术转让的发展。国际技术贸易的75%以上属于与跨国公司有关的技术转让。而技术贸易最大的顺差国——美国在技术贸易的专利和专有技术使用费收入占全球跨国公司该项收入总额的80%以上。

4. 跨国公司的内部贸易对国际贸易影响作用日益加大

二战后,跨国公司体系内母公司与子公司之间及各子公司之间内部贸易迅速增加,在国际贸易的比重不断上升。据联合国估计,跨国公司内部贸易约占世界贸易总额的1/3。跨国公司的这种内部贸易属于国际贸易的范畴,然而又不同于普通意义上的国际贸易。其与传统意义上的国际贸易的区别在于跨国公司的内部贸易不通过公开市场进行交易,其交易对手不是局外企业,而是本公司内部体系的有关企业。跨国公司母子公司及各子公司之间的贸易部分或全部替代原本需从母公司及子公司以的进口,因而影响了国际贸易的流向。同时,跨国公司往往通过内部调拨价格实现其全球利润最大化的战略目标。因此,这种以内部贸易表现出来的国际贸易,大大加强了跨国公司在国际市场的控制和垄断地位。同时,跨国公司内部贸易的出现,给东道国政府的管理带来了困难,增加了国际贸易和国际市场的不确定性。

综上所述，二战后跨国公司规模空前的发展，不仅对国际贸易领域产生深刻影响，而且在某种程度上影响了当代国际贸易的发展方向。

思 考 题

1. 跨国公司的基本特征有哪些？
2. 二战以后跨国公司迅速发展的动因是什么？
3. 跨国公司对国际贸易有哪些重要影响？
4. 跨国公司内部贸易的特点及结构特征有哪些？

第七章 国际金融与国际货币体系

第一节 国际货币体系

在国际金融领域,国际货币在国家(地区)之间的贸易金融活动发挥着至关重要的作用。如果与国际货币相关的,如货币本位、汇率制度、国际储备货币、国际收支调节等制度安排是在独立国家的主权范围内确定的,则在这个国家之间相互依存和相互影响的世界经济中,各国不同的金融制度安排既是自身利益的体现,又会影响到他国经济。若不存在着世界中央银行和统一的世界货币,那么,由于不同国家和不同的金融制度安排所形成的成本,即溢出效应,也就是负外部性会放大,并有可能危及全球金融市场以及所有国家(地区)。因此,必须建立一种国际货币制度,通过国际间的政策协调以减少这种负外部效应,实现利益与成本的平衡。我们把这种国际货币制度安排称之为国际货币体系。

由此可以看出,国际货币体系是对货币本位、货币制度、国际储备货币、国际收支调节政策及其协调等以法律或法规形式加以明确,形成大多数国家(地区)愿意承诺和遵守的共同规则,这种制度安排即"游戏规则"被称之为国际货币体系。主要体现在四个方面:

(1)汇率制度安排。因为汇率是国际金融的"灵魂",它的变化直接影响到国家(地区)之间的利益分配。因此,不同货币之间汇率的决定,能否成为可自由兑换的货币,选择浮动或是固定的汇率制度安排等,构成了国际货币体系的基本内容。

(2)国际储备资产的确定。即选择何种货币作为国际贸易和金融的支付货币,选择哪些货币作为一国金融管理当局的国际储备资产,以维系国际支付原则和满足储备资产供应的需要。

(3)国际收支调节机制。即需要使世界各国公平地承担国际收支调节的责任和义务,帮助国际收支恶化的国家摆脱困境。

(4)国际货币金融的协调。这个体系应具有协调各国货币金融活动的机制,使国际间的货币金融活动能够在国际经济金融组织制定的,各国认同的游戏规则下进行和协调。

一、国际金本位制

(一)国际金本位制的演进及相应规则

国际金本位制起始于1879年,其标志是在这一年,所有的主要工业国家和其他绝大多数中小国家都已经事实上采用了金本位制度(金币本位制),这个制度一直持续到1914年第一次世界大战的爆发。战争使欧洲各国不再允许本国货币自由兑换其他国家的货币,也不允许用本国货币自由兑换黄金,从而造成了国际金本位制的崩溃。在这以后,一些国家试图恢复金本位制,采用金块本位制和金汇兑本位制,直至1937年,所有国家都放弃了金本位制。

17世纪到18世纪,西方主要资本主义国家实行的是采用黄金和白银作为货币的"金银复本位制",随着银产量的大幅增加以及白银价格的持续下跌,劣币(白银)驱除良币(黄金)的现象日益凸现,以致金银复本位制度难以维持下去。1816年,英国颁布《金本位制法案》,正式实施金本位制,随后,前西德、法国、瑞士、意大利、比利时、美国等国家纷纷宣布实行金本位制,到1879年,世界上大多数国家都实行了以黄金作为本位货币的制度。虽然当时没有一个条例或法规标志着国际金本位制度开始实行,但是实行金本位制的国家一致遵循着相应的各项规则,这意味着国际金本位制是自然形成的。

金币本位制是金本位制度的初始形态,金币本位制下的游戏规则主要有:国家用法律规定金铸币的重量、形状和成色;金币具有无限法偿权,可以自由铸造、自由输出入、自由熔化;各国之间国际结算使用的货币是黄金,国际储备货币也是黄金;各国货币相互之间汇率根据"铸币平价"决定。比如,美国在1879年采用金本位制后,规定1美元的含金量为23.22克纯金,同期的英镑含金量为113.001 5克纯金,因此美元与英镑的汇率为1英镑=4.866 5美元;同理,1美元=5.183法郎;1美元=4.198马克,等等。

在国际金本位制运行期间,也同时发行一定数量的银行券或纸币,但由于能够保证按面值足额兑换黄金,所以其规则不受影响。还有,由于英国是金本位制时期世界上最发达的居于霸主地位的经济大国,英国伦敦既是世界贸易的中心,又是世界金融中心,英镑可以自由兑换黄金,并成为各国广为使用的国际结算货币和国际储备货币,因此这一时期也被称之为英镑本位制度。

第一次世界大战爆发后,西方各国因战争影响使经济陷入困境,纷纷放弃金币本位制,并采取严厉的资本管制措施,阻止黄金货币外流。战争结束后,为避免战争期间滥发不能兑换黄金的纸币所带来的通货膨胀压力,相继恢复金本位制,但是由于战争期间各国通货膨胀差异很大,主要国家货币之间的汇率大大偏离铸币平价及购买力平价的水平,以纸币面值自由兑换足额黄金已不可能。除美国还能实行完整的金币本位制外,英国和法国开始实行金块本位制,而前西德、意大利、奥地利和丹麦等三十几个国家实行金汇兑本位制。

金块本位制的游戏规则主要有:由国家储存金块作为发行货币的储备;金币仍然作为本位货币但不在国内流通,国内只流通纸币,纸币有无限法偿权;不允许自由铸造金币,禁止私人输出黄金;仍规定纸币的含金量和黄金官价,但纸币不能自由兑换黄金,只有在国际支付需要或工商业用途时,可有条件的用纸币向中央银行兑换数量有限的金块,等等。

金汇兑本位制也被称为虚金本位制。一次世界大战后,对于黄金储备十分匮乏的国家,无力实行金块本位制,只能选择金汇兑本位制。实行金汇兑本位制的国家要将本国货币与一个实行金币本位制或金块本位制国家(如美国、英国或法国)的货币挂钩,保持固定汇率,并在该国存放大量外汇和黄金,以便随时干预外汇市场。这种制度的主要规则是:法定国内货币单位的含金量,国内流通纸币,纸币与法定含金量保持等价关系,禁止铸造金币;纸币不能自由兑换黄金,但可以兑换成外汇,用外汇可在国外兑换黄金,这也被称为金汇储备制;可以纸币向中央银行请求兑换金块,金币或外汇用于国际贸易中的对外支付,但受到中央银行的管制,因而外汇买卖不是自由的,外汇供求是受到控制的。

如前所述,一次大战结束以后,由于世界黄金存量绝对不足和相对不均,以及严重的通货膨胀和纸币贬值,致使大多数国家放弃了金币本位制改为实施金块本位制或金汇兑本位制,但这仍然不能有效地提升市场信心,随着世界经济环境的变化,世界各国越来越重视内部经济的均衡,放任国际收支的失衡,不愿遵守游戏规则,甚至采取以邻为壑的政策,当20世纪30年代席卷西方世界的大危机来临时,各国便纷纷放弃了不同形式的金本位制,导致国际金本位制的彻底崩溃。

(二)国际金本位制的特点

从国际金本位制的游戏规则上看,这种制度具有以下几个特点。

1. 汇率自动稳定机制

从国际金本位制的演进过程可以看出,早期的国际金本位制保证了国际金本位制下各国货币之间的汇率是固定的,或只在极小的范围内波动。金币的自由兑换,保证了黄金与其他代表黄金流通的金属铸币和银行券之间的比价相对稳定;金币的自由铸造或熔化,有助于调节货币流通量。就汇率而言,国际金本位制条件下,存在着两种国际结算方式:外汇结算或黄金结算。由于外汇市场上汇率是随着市场供求变化而变化的,对进口商而言,当国际结算的成本超过铸币平价加上运送黄金的费用时,进口商便会改变结算方式,用本币购买黄金并输出黄金进行国际结算,导致黄金输出;如果是出口商,结算方式的改变将导致黄金输入。因而汇率波幅不会超过黄金输出点或输入点,最大波幅为铸币平价加上运送黄金的总费用。显而易见,国际金本位制必然形成国际固定汇率制度,是一种完全市场化的波幅很小的具有自动稳定机制的固定汇率制度。

2. 国际收支自动调节机制

如果一国国际收支持续的出现大幅度逆差,因为黄金自由输出入和自由兑换的规则,使国际收支自动调节机制得以形成,并能保证国际收支失衡能够自动纠正和汇率的稳定。

3. 外部平衡的制度安排

汇率自动稳定机制和国际收支自动调节机制意味着国际金本位制度下外部平衡成为金融管理当局的首要目标。实现这一目标要求金融管理当局保证本国货币与黄金的自由兑换、自由铸造和自由的输出入,不能采取冲销政策调节国际收支和货币投放,以确保国际收支自动调节机制和汇率自动稳定机制的有效运行。同时,一旦出现资本外逃并引发危机时，为减少市场的外部负效应，中央银行应通过提高利率阻止资本外逃，并向商业银行增加贷款投放，以避免银行体系的崩溃。需要注意的是，以外部平衡为政策目标的制度安排必然会以牺牲内部经济为代价，调节国际收支的逆差引起的贸易减少、产出降低、就业减少和总需求的下降等，会明显减少国民福利水平。

4. 制度的非歧视性

国际金本位制下，暂时中止货币与黄金的自由兑换后应该尽快恢复按最初平价的兑换是各国的主动承诺，这意味着有些时候货币管理当局可以采取国内经济政策来纠正特定的铸币平价汇率。由于有这样的共同承诺，一旦出现大量的贸易逆差，和短期融资需求，只要有较小的利率变动就能引起跨国资本大规模流动，自发的调节国际收支。进一步说，由于在货币创造上各国都是被动的，其供给量受到黄金储量和开采量的制约，那么世界价格水平即由货币的供求内生地决定，从这个意义上说，国际金本位制无视各国经济实力的差异，对所有国家都是一视同仁的。

（三）国际金本位制的缺陷

国际货币体系需要解决两个核心问题，一是寻找和确定充当国际清偿力的本位货币并保持其适度增长；二是形成围绕本位货币的国际收支协调机制。而国际金本位制度存在着一个明显缺陷是：黄金的自律并不构成人类对清偿力增长的自律。这是因为：

（1）从理论上看，一价定律保证了黄金必然依据“黄金输送点”构成平价，即“国际收支自动调节机制”，黄金的流动将自动调节全球国际收支的平衡，但实际情况并不是完全如此。金铸币往往被遵循金本位的模范国家的关键货币所替代。例如，在19世纪下半叶，以英镑为中心的国际贸易和投资体系覆盖全球，90%的国际支付以英镑进行，而印度等国的中央银行则直接持有英镑而不是黄金，这使“英镑等同于黄金几乎是天经地义的事”（L. Yeager；1976）。因此国际金本位制实质上是英镑－黄金本位制，并且英镑替代了黄金发挥着世界货币的职能。

（2）当英镑（纸币和铸币）充当世界货币时，英国的英镑供给就不是单纯取决于本国货币存量了，还与黄金价格以及准备金率有关。然而，黄金的供给是有限的，而纸币的供给是无限的，纸币的迅速扩张所形成的清偿力相应的膨胀日益侵蚀着国际金本位制的根基。

因此，在国际金本位时期，英镑得以充当世界货币的起因一方面是因为其经济上的强大，另一方面在于英国必须模范遵守按金平价自由兑换的规则。但是，一旦英镑获得这样的声望便有可能产生滥用其特权的冲动，这终将危及金本位制度本身。由此可以看出，当纸币替代黄金成为主要清偿力时，纸币信用的盲目扩张促成恶性通货膨胀是国际金本位制度解体的根本原因。

第二节　布雷顿森林体系与牙买加体系

一、布雷顿森林体系

1944 年 7 月,44 个国家的 300 多为代表出席了在美国新罕布什尔州的布雷顿森林召开的国际金融会议,通过了布雷顿森林协议以及国际货币基金组织(IMF)章程,从而确立了新的国际货币体系——布雷顿森林体系。

(一)布雷顿森林体系的创建

第二次世界大战使西方国家之间的力量对比发生了巨大变化,美国已经取代英国成为世界上头号经济强国,当时的美国,黄金储备拥有量接近世界黄金储备总量的三分之二,工业制成品占据世界市场总量的二分之一,对外贸易占据世界总量的三分之一,并成为世界上最大的债权国。居于霸主地位的美国无疑将在新的国际货币体系创建中发挥主导作用。

第二次世界大战即将结束前夕,美国和英国政府就在着手研究战后国际货币体系的重建问题,并提出了各自的重建方案。美国的财政部长助理哈里·怀特(H. D. White)提出了"国际稳定基金方案",亦称"怀特计划";同期著名经济学家凯恩斯(J. M. Keynes)在英国政府的支持下提出了"国际清算联盟方案",又称"凯恩斯计划"。

怀特计划的主要内容是:①由各国缴纳资金(以黄金、本国货币和政府债券缴纳 50 亿美元,)来建立基金组织;②各国的投票权取决于各国缴纳份额的多少;③基金组织发行一种叫"尤尼塔"的国际货币作为计价单位,一个尤尼塔的含金量相当于 10 个美元的含金量;④各国货币与尤尼塔保持固定比价,并应该努力维持这一平价关系;⑤基金组织的主要任务是稳定汇率,并对成员国提供短期信贷,以解决国际收支不平衡问题。

凯恩斯计划与怀特计划有明显的不同,凯恩斯考虑到当时的英国黄金储备已枯竭,从英国的立场出发而反对以黄金作为主要储备资产,所提出的计划主要有:①成立一个"国际清算联盟"的世界性中央银行;②由国际清算联盟发行不可兑现的货币"班柯"作为结算单位,各成员国规定本国货币与班柯的汇率平价;③各国通过班柯存款账户来清算相应的官方债权债务,各国在国际清算联盟中所承担的份额以战前三年的平均进出口贸易额计算,但成员国不需缴纳黄金或现款,而只在国际清算联盟开设往来账户;④当某一成员国国际收支有顺差时,就将顺差实现的收入存入该账户,发生逆差时,则按规定的份额申请透支,透支额为 300 亿美元,或用自己账户中的余额支付。

可以看出,这两个计划的共同点在于都主张各国政府应该承担稳定汇率的责任,并保留一定的控制短期资本流动的权利,这表明美英两国都认识到保持汇率稳定的重要性。但是这两个计划的差异也是非常明显的:比如,相对于怀特计划而言,凯恩斯计划在汇率的控制上允许成员国有较大的灵活性；对成员国的信贷额度放得较宽；但试图弱化黄金的国际地位，班柯虽以黄金定值，但不能兑换黄金，最终用班柯取代黄金；在国际收支的调节上规定无论国际收支顺差国还是逆差国，都应该共同承担调节国际收支的责任，等等。

由于美国当时已经在世界政治、经济和军事等方面处于绝对的优势，最后通过激烈交锋的结果是"怀特计划"占据上风，1944 年 7 月的布雷顿森林会议通过了以"怀特计划"为基础的方案，形成了《国际货币基金协定》和《国际复兴开发银行协定》两个文件，新的国际货币体系——布雷顿森林体系由此诞生。

（二）布雷顿森林体系的内容及特点

1. 布雷顿森林体系的内容

新的国际货币体系——布雷顿森林协议建立了一系列规则取代金本位制度，其内容主要包括以下六个。

（1）美国承诺固定黄金与美元的兑换价格：即 1 盎司黄金兑换 35 美元，各成员国可以这个官方价格在美国中央银行用美元兑换黄金。

（2）固定本国货币与黄金或与一种与黄金挂钩货币的官方平价。

（3）在短期里，汇率可围绕平价进行 ±1% 的波动；在长期里，如得到国际货币基金组织的同意，可以对本币的平价进行调整。

（4）允许在经常账户交易下货币自由兑换，但可以实施资本管制措施来限制货币投机。

（5）可以运用官方储备和国际货币基金组织的贷款来弥补短期的国际收支不平衡，并且可以冲销外汇市场干预对国内货币供应带来的影响。

（6）允许各国自主地实施宏观经济政策，各成员国追求其自身的价格水平目标和就业目标。

2. 布雷顿森林体系的特点

布雷顿森林体系下的汇率制度也是固定汇率制度，各国货币之间汇率决定的基础是黄金，同时具有以下特点。

（1）黄金 - 美元本位制。与国际金本位制度下的固定汇率制度不同，布雷顿森林体系下，美元与黄金建立固定的比价关系，即 1 盎司黄金 =35 美元，各国通过本币与黄金的价格间接的固定了本币与美元的比价，这就是"双挂钩"，即美元与黄金挂钩，各国货币与美元挂钩。由于美国向世界承诺锁定美元与黄金的价格和自由兑换，意味着美元与黄金一样，是各国的储备货币和国际结算货币，并成为各国货币之间汇率决定的基础，因而也将布雷顿森林体系下的汇率制度称为黄金 - 美元本位制。

（2）美国在布雷顿森林体系中须承担的责任和义务。国际金本位制下，英国处于该体系中的"霸权国"地位，英镑和黄金成为当时的国际储备货币和国际结算货币。布雷顿森林体系下，美国处于"霸权国"地位，美元成为世界各国主要的国际结算货币和储备货币。在美元在获得等同于黄金的世界货币特权的同时，美国也要肩负着维系布雷顿森林体系稳定的关键性责任和义务，美国须向成员国中央银行作出以 1 盎司黄金兑换 35 美元（即 1 美元的含金量为 0.888 671 克）的价格双向无条件自由兑换的承诺，以保证各国的国际清偿力；同时还要承担保持美国国际收支平衡和稳定美元汇率，从而保证世界商品价格稳定的责任。

（3）成员国政府须承担的责任和义务。国际金本位制度下的各国货币之间的汇率围绕铸币平价，并在其黄金输送点之间波动，且波动幅度为运送黄金的费用，汇率的变动和稳定存在着自动调节机制，因而完全是市场化的。而布雷顿森林体系下，汇率的变动虽然受到外汇市场供求的影响，但不存在着自动调节机制，各成员国政府有义务承担稳定汇率的责任，当汇率波幅超过平价的 ±1% 时，有关国家的货币金融管理当局就必须干预外汇市场，通过调节外汇供求（包括采取其他相应措施）使汇率回落到规定的波幅之内。布雷顿森林体系要求成员国将外部平衡和汇率稳定作为首要目标，这一方面依赖货币政策的调控，另一方面，需要赋予成员国尤其是市场调控弱的成员国实施程度不同的资本管制的权力，成员国有权对“稀缺货币”采取暂时性的兑换限制，因为对于任何国家，储备资产都是有限的，若完全开放资本账户，对大多成员国来说，不可能有效的抵御大规模货币投机冲击和维持汇率稳定。

（4）可调整的钉住汇率制度。由于布雷顿森林体系下汇率的稳定需要通过有关国家货币金融管理当局切实的承诺和有效的调控方能实现，因此稳定汇率的能力取决于所在国货币金融当局储备资产的规模、宏观经济基本面和调控汇率的能力等。显然，要求通货膨胀率高、国际收支持续逆差但经济实力和调控能力都很弱的国家和发达国家一样遵守将汇率变动较长时期维持在硬性的平价 ±1% 的波幅之内的规则是不现实的，也是不可能做到的。因此，在得到 IMF 同意的情况下，当国际收支出现“根本性失衡”时，可以根据实际情况通过改变官方平价加以调节。在实践中，平价变动若小于 10%，一般可自行调整，只有当平价变动大于 10% 时，才须 IMF 批准。因此布雷顿森林体系下的汇率制度又被视为可调整的钉住美元的汇率制度。

（三）布雷顿森林体系的演进和缺陷

布雷顿森林体系的创建是国际金融史上的一大创举。它的运行对二战后世界经济的发展起到了积极的促进作用。布雷顿森体系从创建到崩溃仅仅 20 多年，这本身就说明该体系在运行中存在着明显的缺陷，随着世界经济的发展和环境的变化，这些缺陷越发凸现。

1. 美元供给：短缺与过剩

二战结束后，各国经济均受到不同程度的破坏，经济复兴构成了大量美元的需求，出现了世界性的美元短缺，历史数据表明，1947 年欧洲同世界其他国家的国际收支逆差总额达到 76 亿美元，1948 年欧洲的国际储备仅有 97 亿美元，美元短缺造成各国国际清偿力的不足，严重制约着世界经济的发展。为解决美元短缺，美国开始实施“马歇尔计划”，扩大对欧洲的援助,从1948年到1952年,共向西欧16个国家提供了约170亿美元的援助。另一方面,美国在东西方对抗和朝鲜战争中耗费了大量军费开支,美元大规模外流,等等。这些因素不但改变了美元短缺状况,到20世纪50年代末期,出现了美元过剩的现象。1960年美国境外短期负债达到210美元,第一次超过美国黄金储备规模178亿美元。

2. 美元危机及应对措施

20世纪60年代初,美元的大量外流和美国黄金储备的迅速减少,使市场对美国能否维持黄金的美元官价稳定的能力产生了怀疑,对美元的信心开始动摇,1960年10月,英国伦敦市场上爆发了抛售美元抢购黄金的投机风潮,当时的金价暴涨到每盎司41.5美元,高出官价的20%,形成了布雷顿森林体系的第一次美元危机。对此,欧洲主要工业化国家中央银行订立了"君子协议"共同约定以不超过1盎司黄金=35.2美元(这一价格等于美国出售黄金的价格,即35美元+0.25%的手续费+从纽约到伦敦的黄金运输成本)的价格相互购买黄金,以稳定黄金和美元的价格。

1961年3月,前西德马克和荷兰盾升值使美元再次受到冲击,并危及英镑,使国际金融市场一片混乱,英国、法国、前西德、意大利、比利时、瑞士、荷兰、瑞典欧洲八国在巴塞尔签署了另一项"君子协议",规定当八国中的一国货币出现危机时,其他国家应保持该国货币的头寸,并通过贷款向该国提供黄金和外汇的支持,帮助该国政府稳定汇率。1961年10月,美国联合欧洲七国(英国、法国、前西德、意大利、荷兰、比利时、瑞士)共拿出2.7亿美元建立了黄金总库,总库所需50%的黄金由美国提供,前西德提供11%,英国、法国和意大利三国各提供9.3%,瑞士、荷兰和比利时各提供3.7%,建立黄金总库的目的是为了平抑金价,并由英格兰银行作为黄金总库的代理机构,负责在伦敦黄金市场买卖黄金,将金价维持在1盎司黄金=35.2美元的水平上。同年11月,IMF与美国、英国、前西德、法国、日本、加拿大、瑞典、比利时、荷兰、意大利十国在巴黎集会(又称巴黎俱乐部),达成一项"借款总安排"协议,签订此协议的目的是从美国以外的九国获取借入资金以支持美元,缓和美元危机,维持国际货币体系的正常运转。它规定当国际货币基金组织需要时,可以从十国集团借入总额为62亿美元的资金用于扩大对成员国的借贷以应付货币危机。1962年3月,美国又同"十国集团"成员以及其他一些国家(共14个国家)分别签署了总额为117.3亿美元的"互惠信贷协议",也称"货币互换协议",协议承诺,一旦需要时协议双方中央银行可按照协议规定的汇率互换本国货币,从而增强本国的国际清偿力和稳定汇率的能力。这些举措对美元汇率和国际金融市场的稳定发挥了一定的效用。

20世纪60年代中期,美国约翰逊政府对外卷入越南战争,对内实施"伟大社会"福利计划,国内财政赤字经济过热,通货膨胀削弱了美国出口商品的价格竞争力,导致国际收支恶化和美元贬值压力凸现,法国等西欧国家纷纷用美元向美联储提取黄金,致使美黄金储备急剧下降,从1950年的250亿美元降至1968年的121亿美元,而同期相对于美国黄金供应的美元债务从50亿美元增加到近400亿美元(见本书第五章国际金融市场图5-4),黄金储备不到同期对外美元负债的三分之一,金融市场的剧烈动荡导致第二次美元危机的爆发,法国巴黎的黄金价格一度暴涨到1盎司黄金44美元,美国黄金储备流失了14亿美元。迫使伦敦黄金市场关闭和解散黄金总库,各国不再按照官价在黄金市场出售黄金,黄金价格开始随市场供求的变化而自由升降,但同时各国的中央银行仍能以官价用美元向美联储兑换黄金,即形成了“黄金双价制”。

第二次美元危机的爆发使各国更加清楚的意识到布雷顿森林体系的缺陷和寻求摆脱危机的措施,经过广泛的讨论协商,IMF于1969年创设了被称之为“纸黄金”的特别提款权(SDR)。特别提款权既是对黄金的一种节约,又是对美元的一种补充,SDR作为一种储备资产,其的价格为1盎司黄金=35 SDR,基金组织的成员国之间可以用SDR替代黄金和美元以解决国际收支逆差和稳定汇率。因此,布雷顿森林体系由黄金-美元本位制演变为黄金-美元/SDR本位制。

到1970年,美国对外美元负债增加到700亿美元,而同期的黄金储备仅有100亿美元,贸易收支开始出现逆差,国际收支和国内经济进一步恶化,以致到1971年5月爆发了第三次美元危机,同年8月15日尼克松政府不得不宣布实行“新经济政策”,将美元的官价调整到1盎司黄金42美元,并不再承诺按官价兑换各国中央银行持有的美元,从而正式关闭了“黄金窗口”,同时开始征收10%的临时进口附加税,试图扭转贸易逆差。美国政府放弃承诺之时,也就是布雷顿森林体系开始崩溃之日。

到1973年初,美国经济进一步恶化,国际金融市场大幅震荡,抛售美元抢购黄金的投机风潮此起彼伏,美国政府不得不宣布第二次美元贬值,美元对黄金贬值10%,黄金官价从每盎司黄金38美元上调到42.22美元,以致工业化国家纷纷取消史密斯协议规定的汇率平价,导致布雷顿森林体系的彻底崩溃。

二、牙买加体系

布雷顿森林体系的崩溃对国际金融市场和世界经济带来了剧烈的震荡和极大的损害。美国等工业化国家放弃钉住汇率转而实行浮动汇率制度,但仍然有相当多的国家实行调控程度不同的钉住汇率制度,国际货币体系一度混乱无序,这促使国际社会为谋求建立健康稳定的新的游戏规则而进行艰苦的激烈的交锋和磋商,最终达成共识,于1976年1月在牙买加首都金斯顿签署了“牙买加协议”。同年4月,IMF通过了IMF协议的第二次修订案,形成了“牙买加体系”。

牙买加协议在加强了布雷顿森林体系下IMF作用的同时,放弃了布雷顿森林体系下的双挂钩制度,其游戏规则也作了较大的改动,主要集中在汇率、黄金和特别提款权三个方面:

(1)汇率制度的选择多样化。IMF成员可以针对本国实际,经IMF认可后选择不同的汇率制度,IMF将对其汇率制度进行监督,以避免汇率操纵和不公平竞争。

(2)黄金非货币化。黄金退出流动,彻底与货币脱钩,这意味着成员国货币不能与黄金挂钩,黄金不再是官方平价的基础。

(3)增强特别提款权的作用和扩大IMF份额。协议认为特别提款权(SDR)是未来的国际货币体系中的主要储备资产,成员国可用SDR履行IMF的义务,成员国之间可以相互借贷SDR用于平衡国际收支和稳定汇率。为增强IMF的作用,IMF的份额从原有的290亿SDR扩大到390亿SDR。

上述内容可以看出,牙买加协议是对布雷顿森林体系崩溃后形成的"既成事实"的一种法律上的追认。牙买加体系下黄金退出流通,不再是各国货币平价的基础,也不能用于各国政府间的国际清算。同时,新体系下的游戏规则虽然规定了SDR为国际货币体系的主要储备资产,但由于作为储备资产的SDR在成员国储备资产占比太少,事实上形成了以过去美元独霸天下过渡到美元为主,前西德马克、日元、英镑、法国法郎、特别提款权等主要货币为补充的储备货币多元化为特征的国际货币体系。而汇率制度安排上也发生重大变化,由布雷顿森林体系的单一的可调整的钉住美元的汇率制度过渡到多种汇率制度并存的多元化汇率制度。据IMF统计,到1981年,实行可调整的钉住汇率制度的国家有99个,实行有限灵活的汇率制度的国家17个,实行更加灵活的汇率制度的国家有33个。

虽然黄金-美元本位制的布雷顿森林体系崩溃了,但美元仍然是国际金融市场的中心货币,由于黄金退出流通,而相对其他货币而言,美元能够更好的履行货币的职能,在国际贸易结算和融资中,外汇市场汇率的标价和交易额、石油和农产品以及矿产品等初级商品的标价等都继续用美元和用美元来表示;国际储备资产中的75%是美元资产,官方在外汇市场进行干预时大多使用美元;在离岸金融市场上,大约75%的资产和负债是用美元表示的。由于主要工业化国家都实行了浮动汇率制,因而,牙买加体系下的汇率制度实质上是浮动汇率美元本位制。

在牙买加体系下,世界各市场经济国家都会将汇率视为最为重要的经济变量,一国的经济政策、汇率或利率的变化,有可能对其他国家造成严重的"负溢出效应",对此,IMF允许成员国使用包括旨在限制汇率短期波动的简单熨平操作,旨在将汇率钉住某一货币在某一具体水平或范围内的汇率目标操作在内的多种干预技术。

第二节 国际金融市场

自第二次世界大战以来,尤其是20世纪80年代到今天的20多年里,世界经济和金融环境发生了巨大变化,在推动国际金融市场迅速发展的同时,又促使这个市场的内部结构和功能上出现一系列新变化。

一、国际金融市场的概念

金融市场是金融资产交易的场所。具有三大功能:一是为金融资产定价,二是增强金融资产的流动性;三是降低金融产品的交易成本(包括寻找成本和信息成本)。在金融全球化环境中,对于任何一个国家,其企业的投融资是多样化的,可以在国内金融市场,也可以跨越国界进入国际金融市场,因而企业投融资面对的是一个国内和国际金融市场日益整合的全球化的金融市场。

一般而言,在进行金融市场分类时,通常以金融资产交易双方身份的不同来划分:如果金融资产的交易(资金借贷)发生在本国居民之间,就是国内金融市场,或称内部市场;而这种交易涉及到其他国家(非居民)或超越国境,成为国际性的金融资产交易,即为国际金融市场,或称外部市场。由此可见,国际金融市场是居民与非居民之间,或者非居民与非居民之间的金融资产交易的场所。通常还把非居民之间金融资产交易的场所称为"离岸金融市场"或"境外金融市场",这是相对于国内金融市场而言的,其一般含义为在原货币发行国境外进行各种金融资产交易的场所,比如像欧洲美元市场或者欧洲货币市场,由于是境外交易,其参与者就应该是交易地点的东道国的非居民。根据这样的理解,金融市场可以分为国内金融市场、国际金融市场和离岸金融市场三部分(见图7－1)。

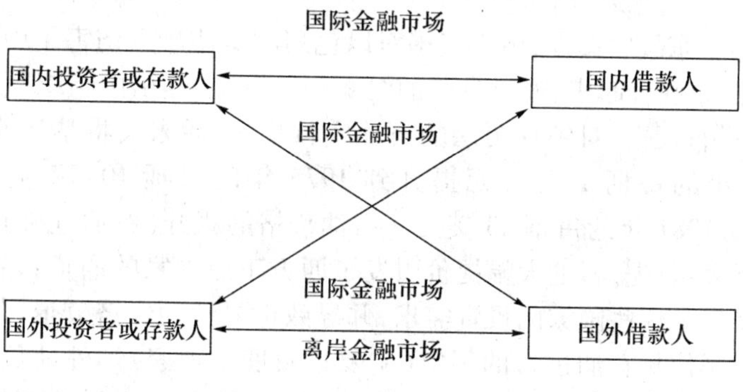

图7－1　金融市场的构成

20世纪90年代以来,各国纷纷开放市场,加速贸易和金融的自由化,越来越多的国家作出承诺,在统一的全球规则(世界贸易组织、国际货币基金组织等制定的规则)下从事贸易和金融活动,同时,网络金融和电子商务迅猛发展,使国际金融市场与国内金融市场日趋融合,从而形成了全球一体化的金融市场。

二、国际金融市场的形成与发展

一次世界大战以前,英国的自由资本主义迅速发展并向海外积极扩张,使其经济实力跃居世界首位，英国伦敦在当时囊括了世界上大部分金融财富，英镑成为世界上主要国际储备货币和国际结算货币，伦敦以其政治稳定、经济繁荣和较完备的金融制度等优越条件率先成为世界上最大的国际金融市场。

一战爆发至二战结束后，英国经济持续遭到战争重创，伦敦国际金融市场的作用随之逐步削弱。同时，美国利用二战积累的巨额资本，成为世界上最大的资金供应者，控制着整个西方经济，美元成为各国的储备货币和国际结算货币，美国纽约金融市场迅速崛起，继伦敦之后并超过伦敦，成为世界上最大的国际金融市场。在同一时期，西欧的瑞士因免受战争灾难，并且具有良好的金融环境和瑞士法郎能够自由兑换的优势，使苏黎世金融市场的外汇交易和黄金交易非常活跃，金融市场规模也迅速扩大。在这一阶段，纽约、伦敦和苏黎世被公认为世界三大国际金融市场。

进入20世纪60年代，美国国际收支出现持续巨额逆差并危及美元的信用，同时美国政府的一系列金融管制措施进一步诱发美元大规模外逃，促使美国境外的国际金融市场迅速发展，不仅在欧洲形成了规模巨大的欧洲美元市场和欧洲货币市场，而且在亚洲和世界其他地区也出现了引人注目的国际金融市场。在此以后，国际金融市场不再局限于少数国家，而是扩张到巴黎、法兰克福、阿姆斯特丹、卢森堡、东京、新加坡、香港等国家和地区，甚至一些鲜人未知的地方，如加勒比海地区的开曼群岛和中东的巴林等地，也相继形成重要的国际金融市场。

1973年10月，中东战争爆发，由于美国对以色列的支持严重伤害了中东地区阿拉伯石油输出国家，这些国家联合起来，通过自己的组织——“石油输出国组织”(OPEC，简称欧佩克)以石油为武器进行反击，对销往美国的石油实行禁运，后来又将禁运改为石油提价，把石油价格从1970年的每桶1.3美元提升到1975年的每桶10.72美元、1980年的每桶28.67美元，以及1981年的每桶43美元。石油价格的飙升(石油危机)对世界经济和国际金融市场影响巨大：首先，石油大幅提价引发了西方工业国家的通货膨胀，由通货膨胀引致的高利率大大降低了这些国家的投资需求，并导致世界性的经济衰退；其次，石油提价和高利率进一步加重了依赖石油进口的国家(主要指发展中国家)的外债负担，据测算，当时每桶石油的价格上升1美元，依赖石油进口的国家就要为进口石油多支付20亿美元，国际金融市场利率每提高一个百分点，依赖石油进口的国家大约要多支付40亿美元的利息，最终导致了20世纪80年代国际债务危机；同时，石油提价的结果使欧佩克国家获得巨额石油收入，这些“石油美元”源源不断地流入美国和欧洲金融市场以生息获利，不但促进了欧洲美元市场、欧洲货币市场、欧洲信贷市场、欧洲债券市场的发展，而且有效地帮助了工业化国家和发展中国家摆脱国际收支逆差的困境，并为这些国家扩大再生产，促进经济发展创造了有利条件。

到20世纪80年代初，如上所述，石油危机的结果一方面促进了国际金融市场的发展，另一方面又使世界经济发展，尤其是发展中石油进口国付出高昂的代价，同时，美元的高汇率和高利率使债务国雪上加霜，进而引发了国际债务危机。几乎在整个 20 世纪 80 年代，国际金融市场的资本流动呈现大幅度的收缩。

1981 年 3 月波兰政府宣布无力偿还 25 亿美元到期外债，拉开了国际债务危机的序幕；接着在 1982 年 8 月，墨西哥政府宣布全部外汇储备耗尽，要求延期偿还债务；巴西和阿根廷紧随其后，于同年 9 月和 12 月宣布无力偿还债务，其他发展中国家纷纷效仿，国际债务危机全面爆发。1982 年发展中国家的外债总额达到 7 248 亿美元，1984 年突破 8 000 亿美元，为 8 124 亿美元。国际债务危机对国际金融市场的影响非常显著，据统计，在 20 世纪 80 年代的 10 年间，国际资本流动的总量由年融资额约 2 000 亿美元的水平下降到 1 500 亿美元（图 6－2），累计下降幅度超过 20%。其中发达国家的“经济合作与发展组织”（OECD）的筹资额在 1982 年和 1983 年间出现收缩，到 1984 年开始好转和迅速回升，但非 OECD 国家的筹资额在这期间出现长时期的收缩，由 1981 年的 419 亿美元下降到 1987 年的 211 亿美元，跌幅近 50%，直到 1993 年才超过 1981 年的水平，达到 653.42 亿美元。整个收缩期长达 10 年。

20 世纪 90 年代，金融全球化的趋势日益明显，国际金融市场上的金融活动呈现出新的特征。

1. 金融衍生产品市场迅速拓展

一些由基础金融资产价值、金融指数或利率衍生出来的合约被称为衍生金融产品，或称为衍生金融工具。从事衍生金融产品交易的场所就是衍生金融产品市场。由于衍生金融产品市场具有降低交易成本、增强流动性和风险再分配三大优点，因而其市场发展非常迅速。

2. 私人资本成为国际金融市场资本流动的主体

20 世纪 90 年代以前，国际金融市场上官方资本流动的规模较大，但是进入 20 世纪 90 年代以后，私人资本流动规模迅速增加，并大大超过了官方资本流动规模。不论是发达国家还是发展中国家，国际金融市场上私人资本流动都占据了绝对主导地位。

3. 机构投资者在国际金融市场的地位迅速上升

20 世纪 90 年代以前，诸如养老基金和保险公司等这样的机构投资者所持有的金融资产几乎全部投资于国内金融市场，有些国家还有限制这些机构投资者投资于国际金融市场的法律法规。20 世纪 90 年代中期以后，情况发生了很大的变化，美国、日本、德国、法国、英国等国的机构投资者所管理的资产总量都超过了所在国家 GDP 的规模。

4. 网络金融迅猛发展

网络金融是金融业的重大创新，1995 年 10 月 18 日，世界第一家网络银行——“安全第一网络银行”在美国诞生，并且从诞生之日起就具有“全球银行”的特色，在其后短短几年里，网络金融业务就在全球金融市场迅速扩张，网络银行已经遍及世界各地，能为客户提供超越时空的“AAA”式服务，即在任何时候“Anytime”、任何地方“Anywhere”、以任何方式

"Anyhow"为客户提供每年365天,每天24小时的全天候、全功能的和个性化的服务。网络金融使金融业运作趋向虚拟化和智能化,犹如进入了全方位的"网络金融百货公司",使金融机构可在不增加经营风险的情况下大幅度降低经营成本,显示出强大的竞争优势,代表着未来金融业发展的方向。

5. 国际金融危机频频爆发

金融全球化一方面使金融市场流动性和运行效率明显增强,另一方面又加剧了市场风险及其传染性,全球金融市场的动荡已成为一种常态,巨额国际资本流动负"外溢效应"导致国际金融危机频频爆发。据统计,20世纪70年代爆发的具有全球性影响的危机是"石油危机",20世纪80年代是国际债务危机,在这20年间大约10年出现一次国际金融危机。但到20世纪90年代,先后于1992年爆发英镑危机、1994年爆发墨西哥金融危机、1997年爆发东亚金融危机、1998年爆发俄罗斯金融危机、1999年爆发巴西金融危机,进入21世纪后爆发阿根廷金融危机,并波及主要拉美国家。

三、国际金融市场的分类和作用

(一)金融市场的分类

随着金融全球化步伐的加快,国际金融市场与国内金融市场的界限已经越来越模糊。因此,需要针对国内市场与国际市场日趋融合的现实,来对金融市场(包括了国内金融市场和国际金融市场)进行分类。下面按照经营业务种类划分的方法,对国际货币市场和国际资本市场进一步分类。

国际货币市场由国际短期信贷市场、国际短期证券市场、国际贴现市场所构成。

1. 国际短期信贷市场

这是国际银行业对客户提供一年或一年以内短期贷款的市场,目的在于解决临时性的资金需要和以风险管理为目的的头寸调剂。贷款的期限最短为一天,最长为一年,也可三天、一周、一月、三月、半年等。其中银行或金融机构在每个营业日结束时,因风险管理或经营管理的需要,在同业间进行头寸调剂而形成的市场又称为银行同业拆借市场。国际短期信贷市场的利率以伦敦同业拆放利率为基准,交易通常以批发形式进行,少则几十万美元,多则几百万美元甚至更多,一般不需要担保或抵押,完全凭信誉,交易简便,并通过现代化通信设施或互联网进行。

2. 国际短期证券市场

国际短期证券市场的交易对象是期限为一年以内的短期证券。

(1)短期国库券,是西方发达国家财政部为筹集季节性资金需要或进行短期经济和金融调控而在国际金融市场上发放的短期债券,期限一般为三个月或半年。以美国财政部发行的短期可转让国库券为例,其期限分别为13周、26周和52周三种,按折扣发行,到期按面额偿还本息。另外美国财政部还发行一种现金管理国库券,其目的是为平衡财政收支的暂时余缺,这种国库券的期限是可变的。所有这些短期国库券都是在每周的星期三到期,其中,13 周和 26 周的国库券是每周发行的,而 52 周的国库券每周四发行一次。

(2)可转让银行定期存单是存户在国际银行的定期存款凭证,可以转让和流通。存单的利率与 LIBOR 大致相同,到期后可向发行银行提取本息。

(3)银行承兑汇票,是一种高流动性的信用支付工具。银行承兑汇票由银行承兑后可"背书"转让,到期可持票向付款人取款。美国短期国库券的投资者(个人、企业、金融机构、政府等)来自于全球各地。

3. 国际贴现市场

这是对未到期的信用凭证(短期国库券、存单、汇票等)按贴现方式进行融资的国际性交易场所。贴现就是把未到期的信用凭证打个折扣(按一定的贴现率)从银行或有关金融机构换取现金的一种方式。在凭证到期时,银行或金融机构持该凭证向发票人或承兑人兑取现金,如果该凭证还没有到期而银行或金融机构又急需现金,可将此凭证向中央银行进行再贴现。贴现业务是货币市场资金融通的一种重要形式,贴现率一般要略高于银行利率。中央银行通常在再贴现业务中通过再贴现利率的调节来影响市场利率和控制信贷规模。在国际贴现市场上,跨国公司、跨国银行、国际金融机构和主要发达国家的中央银行等是贴现交易的主要参与者。

国际资本市场由国际信贷市场和国际证券市场所组成。

1. 国际信贷市场

国际信贷市场是各国政府、国际金融机构和国际商业银行向客户提供中长期信贷的场所,其主要业务是政府贷款、国际金融机构贷款和国际商业银行贷款等。

政府贷款一般期限长、利率低,还规定贷款中应有部分"赠与成分"。但提供贷款时往往附加一些约束条件,如借款国必须用所获贷款购买贷款国指定的商品,或借款国必须作出实施某些经济政策或调整某些外交政策的承诺。

国际金融机构贷款有国际货币基金组织贷款、世界银行贷款、国际金融公司贷款、国际开发协会贷款和地区性开发银行(如亚洲开发银行、泛美开发银行等)贷款。与政府贷款相比,这些贷款具有相同的优惠利率,而且期限更长一些。国际货币基金组织贷款目的是帮助成员国解决国际收支失衡和本币大幅度贬值以摆脱金融危机的困境,因而其贷款往往要附加一些贷款条件,即要求危机国必须接受 IMF 提出的治理金融危机的方案,以作为提供贷款的先决条件。世界银行提供的贷款主要是项目贷款,其目的是支持成员国的经济发展,国际金融公司侧重向成员国的私人企业提供贷款,国际开发协会主要向贫穷的发展中成员国提供条件更为优惠的贷款,以帮助贷款国摆脱贫困。

国际商业银行贷款大多是跨国银行,如花旗银行、汇丰银行和渣打银行等提供的无约束贷款,贷款利率视市场行情变化和贷款人信用而定。

2. 国际证券市场

国际证券市场是指筹资者直接到国际金融市场发行债券或股票,以及买卖债券或股票的场所。国际证券市场包括初级市场(一级市场)和二级市场。初级市场是证券的发行市场,是指新证券的发行人从策划到由中介机构承销直至全部由投资人认购完毕的过程。二级市场是指已发行证券的交易市场,包括证券交易所和场外交易市场。

在金融全球化环境中,国际金融业务交叉渗透,国际银行业或非银行金融机构已经不再像过去那样只能分业经营,或只能经营少数金融业务,而是能够提供包括银行、证券、保险等各种金融服务,"超级金融百货公司"越来越多,网络金融迅猛发展,衍生金融产品层出不穷,专业性市场之间的界限越来越模糊,全球金融市场日趋一体化。

(二)国际金融市场的作用

二战以来,世界经济和金融环境发生了巨大变化,随着技术进步和社会生产力的发展,以及各国持续推进贸易和金融的自由化,使生产的国际化有力地推动金融资本的国际化,国际金融市场发挥着越来越重要的作用。

1. 促进了生产和资本的全球化

国际金融市场通过世界各国的银行和非银行金融机构,广泛地组织和吸收世界各国(地区)以及国际社会的各种资金,把大量闲散资金积聚起来变为有效资本。特别是跨国公司和跨国银行的发展、互联网技术和电子商务在金融业的广泛运用、贸易和金融自由化的持续推进、生产和金融资本在全球统一规则下实现全球范围内优化配置,并能提供各种形式的不同货币的高效能的国际结算服务。国际金融市场的功能与效率的拓展和提高,为生产和资本的全球化创造了有利条件。

2. 改善国际收支状况

国际金融市场在调节国际收支方面发挥着重要作用。国际收支出现逆差的国家越来越多的到国际金融市场筹借资金以弥补逆差;同时,国际金融市场还可以通过汇率变动来影响国际收支状况,这是因为,国际金融市场上外汇供求的变化会导致外汇汇率的变动,而汇率的变动又可以影响国际经贸往来,进而可以调节国际收支的状况。

3. 支持世界各国的经济发展

国际金融市场积极发挥世界资本再分配的职能,为各国经济发展提供了资金。如战后形成的欧洲美元市场和欧洲货币市场为促进西欧和日本等国家的经济复兴发挥重要的作用,亚洲美元市场的发展为东亚国家和地区的经济成长和繁荣注入了大量资金,特别是许多发展中国家可以通过国际金融市场筹措资金以满足其经济发展的投资需求。国际金融市场提供的资金有力推动了各国经济乃至世界经济的发展。

4. 国际金融市场的迅速发展也产生了一些副作用

由于国际金融市场积聚大量的跨国流动的资本,尤其是"国际游资"规模庞大,促使汇率和利率频繁大幅度波动,强化了国际金融市场的不确定性,这些都会削弱政府经济与金融政策的有效性,诱发金融危机,降低了全球范围内金融资源的配置效率。20 世纪 90 年代以来就有许多新兴市场国家受金融危机的重创而蒙受惨重损失。

四、离岸金融市场

离岸金融市场的迅速发展是 20 世纪以来国际金融市场的重大创新之一。考察离岸金融市场有助于全面认识和理解国际金融市场在不同的发展阶段所呈现的特征。

"离岸"金融是相对于"在岸"金融而言的。图 7－2 中的列栏有两种货币,美元和英镑;行栏为两个市场,在岸金融市场和离岸金融市场。显然,投资者可在美元和英镑这两种货币面值的金融资产之间进行选择,促使美元证券市场与英镑证券市场的竞争。由于在岸市场存在着一定的管理费和政治风险,如果这些因素使总的成本增加到一定程度时,就会激励投资者直接进入离岸金融市场以降低交易成本和规避风险。因此,离岸金融市场形成,其金融产品(以存款和贷款开始并包括更多复杂的金融工具)与以传统在岸金融市场为基础的金融产品展开竞争。如图 7－2 所示,各类投资者:银行、公司借款人和主权国家发行人等,都会充分利用离岸金融市场。

	美元	英镑
在岸	美国银行存款 美国国库券和债券 美国公司债券	英国银行存款 英国政府债券 英国公司债券
离岸	欧洲美元存款 欧洲债券 (公司和主权国家为发行人)	欧洲英镑存款 欧洲英镑债券 (公司和主权国家为发行人)

图 7－2　离岸金融市场与在岸金融市场

图 7－2 还表明,离岸金融市场实际上是一个与在岸金融市场进行竞争的平行市场,竞争的主要因素是两个市场的进入成本、效率和风险。早期的离岸金融市场凭借税收优惠、法规约束少、较高的市场效率等优势赢得投资者的青睐,得以迅速发展。但是当一国政府采取金融自由化政策,降低进入成本并提高市场效率时,其在岸金融市场的发展空间将随之放大。

进入 21 世纪后,在全球范围内已经形成了几十种形式各异的离岸金融市场,根据离岸金融市场的功能和经营管理特征来划分,可以把离岸金融市场分为内外混合型离岸金融市场、内外分离型离岸金融市场,以及避税港型离岸金融市场。

1. 内外混合型离岸金融市场(或称一体化离岸金融市场)

内外混合型离岸金融市场是最早出现的离岸金融市场,伦敦是目前世界上最著名的内外混合型离岸金融市场。内外混合型离岸金融市场是指该市场的业务和国内金融市场市场的业务不分离,目的在于发挥两个市场资金和业务的相互补充和相互促进作用。该市场的主要特征有:①市场的主体包括居民和非居民;②交易的币种是除东道国货币以外的可自由兑换货币;③该市场的业务经营非常自由,不受东道国国内金融法规的约束,国际和国内市场一体化。

2. 内外分离型离岸金融市场(或称分离型离岸金融市场)

这种类型的离岸金融市场是专门为进行非居民交易而创建的金融市场,具有同国内金融市场相分离的特征,表现为东道国金融管理当局对所设立的离岸金融市场中的交易予以金融和税收的优惠,对境外资金的流入不受国内金融法规的约束,但离岸业务必须与国内(在岸)账户严格分离,其目的是将离岸金融活动与东道国国内(在岸)货币活动隔绝开来。典型的内外分离型金融市场有美国的纽约、日本的东京、新加坡和巴林等。

3. 避税港型离岸金融市场(或称名义性离岸金融市场)

避税港型离岸金融市场又称"走账型"或"簿记型"离岸金融市场。这种市场实际上不进行实际的金融交易,各银行只是在这个不征税的地区(国家)建立"空壳"分行,通过这种名义上的机构在账簿上中介境外与境外的交易,以逃避税收和管制。典型的避税型离岸金融市场有加勒比海的开曼群岛和巴哈马,以及西欧的海峡群岛等。

五、欧洲货币市场

欧洲货币市场是离岸金融市场的核心组成部分。欧洲货币市场起源于20世纪50年代末期的英国伦敦,其主要交易货币是欧洲美元,因而也叫欧洲美元市场,后来这个市场逐渐扩大,其主要的交易货币不仅有欧洲美元,还有其他国家的货币,如英镑、马克、法国法郎、瑞士法郎和日元等,这些货币的交易形成范围广泛的欧洲货币市场。

(一)欧洲美元及欧洲美元市场的形成

根据国际清算银行的定义,欧洲美元指由美国本土以外的银行取得,直接用以或经过货币转换后,贷放给非银行大众的美元。而一般最常见的定义为:欧洲美元是存放于美国境外的外国银行及美国银行的海外分行的美元存款;或是存储在美国以外银行以美元为面值并以美元支付的存款。显而易见,凡是在美国境外的美元存款,不论银行属于哪一个国家,均将此存款视为欧洲美元。此种美元之所以被冠上"欧洲"两字,是因为大量境外美元存款诞生于欧洲的缘故。由此,"欧洲"并非指地理上的欧洲,而是泛指"境外"的意思。

欧洲美元市场的最初形成出现在20世纪50年代中期,而且通常归因于前苏联人当时的交易动机:前苏联人通过销售黄金和其他一些产品获取美元,并将这些美元用来购买粮食和其他西方国家的商品,其中大部分来自美国。出于意识形态方面的考虑,前苏联人不愿意将美元存放在美国银行。因为如果和美国的冷战加剧,这些美元存款就有可能被冻结。所以前苏联人把他们的美元转移到英国和法国的银行,英国和法国的银行又将这些美元用来购买美国的国库券或其他金融资产等,并用这些投资赚取的利润支付前苏联人的美元存款利息。当然,前苏联人的存款转移在欧洲美元市场的形成和发展过程中起到的作用是微小的,欧洲美元快速成长的原因主要有以下几个。

(1)美国政府于 1947 年实施马歇尔计划,使巨额美元资金流向欧洲。马歇尔计划又称欧洲复兴计划,是当时美国国务卿马歇尔宣布的,该计划以提供大量美援的方式,帮助重建西欧国家的基础工业和交通结构,旨在恢复整个西欧的经济。计划中承诺持续 2 ~3 年向欧洲国家提供约为美国国民生产总值 2% 的援助,相当于 20 世纪 80 年代末期的每年 1 000 亿美元。

(2)1956 年苏伊士运河危机使英国的中央银行——英格兰银行无力维持英镑汇率在国际货币基金组织 IMF 规定的平价上下 1% 以内的水平,而美国中央银行欲大举出售英镑以迫使英国自埃及撤退,因而导致 1957 年的英镑危机。为对付危机,英格兰银行加强管制英镑,除提高再贴现利率外,严格禁止英国银行在非英镑国家以英镑进行贸易融资,并且禁止银行用英镑放款,以避免外国人抛售英镑。于是,完全依赖英镑融资的海外国家政府及商人银行集团只能另谋生路,以美元为国际贸易融资,促使欧洲美元的需求倍增。

(3)20 世纪 60 年代欧洲各国所拥有的美元已经大大超过了美国黄金存量按官价每盎司 35 美元计算而得到的价值,这意味着若欧洲和其他各国政府同时要求用美元兑换黄金,则美国黄金库存将不敷使用。为此,美国政府采取一连串限制资本流动的措施:首先,在 1963 年对购买外国证券的美国居民开征利息平衡税,以限制外国人在美国发行证券,试图以增加外国人在美国发行证券成本的方式来限制欧洲和其他国家持有美元。此举抬高了在美国的长期借款价格,促使外国人去其他地方筹借资金;这又促使美国银行将其大量资金转至设在欧洲的分行以避免税负;由于发现利息平衡税对于阻止资本外流无效,1965 年美国又实施对外信用限制方案以限制美国银行对外放款,并要求美国公司自动限制对外投资,进而迫使许多借款人到欧洲美元市场寻求贷款来源,而这些贷款大多是美国银行的欧洲分行安排的。

(4)在 20 世纪六七十年代,美国银行和其他存款机构的存款利率一直受到美国联邦储备局 Q 项条款和存款准备金制度的限制。Q 项条款规定美国所有的储蓄存款及定期存款的利率上限,而欧洲美元存款则无利率上限的限制,如果存放在欧洲的美元存款利率高于存放在美国的美元存款利率,必然促使美元向欧洲银行转移;同样,在存款准备金制度下,银行及存款机构必须保留的准备金实际上是闲置资金,而欧洲美元存款不受存款准备金制度的限制,可以提供相对多的贷款和投资,这意味着经营成本相对的减少和经营利润的相对增加,从而激励美国银行把美元存款转移到没有规章限制的欧洲美元市场。据有关资料显示,在 20 世纪 60 年代末期,欧洲美元存款利率与美国美元存款利率的差额高达 5% ,这导致美元大量流向欧洲。

(5)20 世纪 60 年代初因越南战争的庞大军费支出和同期对外贸易的巨额逆差,使美国国际收支呈现大幅度逆差,美元大量流向欧洲美元市场。

(6)20 世纪 70 年代初中东战争导致石油危机,OPEC 因提高石油价格而取得巨额石油美元,并将其存放在欧洲银行,进一步推进欧洲美元市场的成长。

(7)20 世纪 60 年代至 20 世纪 80 年代是美国采取在世界范围内跨国合作行动迅速扩张时期,许多跨国公司每天都在全球范围内营运大量资金,他们发现持有欧洲美元比把美元留在美国更为有利,从而使大量美元流入欧洲美元市场。

(8)远程通讯技术和计算机技术的迅速发展以及欧洲美元市场高效率的营运机制使美元存款的国际交易更加方便和活跃。

(二)欧洲货币市场的特征

20 世纪 60 年代以来,由于美国黄金储量严重不足和国际收支持续巨额逆差,导致国际社会对美元信心动摇,防范风险和储备资产多样化的动机促使抛售美元,抢购黄金或其他硬通货的风潮频频发生,当时的西德马克、瑞士法郎等身价倍增,也成为各国中央银行、企业及个人储备资产的一部分,从而形成了大量的“欧洲西德马克”“欧洲瑞士法郎”等其他欧洲货币,最初的欧洲美元市场也因此而逐渐发展成为欧洲货币市场了。到 20 世纪 70 年代中期,欧洲货币市场的范围远远超出了欧洲的疆域,欧洲以外的国家和地区,如像加拿大、日本、海湾地区的离岸金融市场巴林,加勒比海地区的巴哈马、开曼群岛,以及以新加坡为中心的亚洲美元市场(亦称离岸金融市场)和中国的香港离岸金融市场,都是从欧洲货币市场衍生出来的。

欧洲货币市场之所以能够快速成长,是因为该市场具有以下几个独到的特点。

(1)欧洲货币市场是一个短期资金市场,融资期限一般都在 1 年以内;同时它又是一个批发市场,每笔交易额一般都在 10 万美元以上,多则几亿甚至几十亿美元。同时,欧洲货币市场借贷业务中使用的货币种类较多,除欧洲美元外,还有欧洲马克、欧洲英镑、欧洲法国法郎和瑞士法郎、欧洲日元等,以及到 20 世纪末欧元问世后新的欧洲货币——欧元。

(2)欧洲货币市场主要是银行间的市场,银行间同业拆借为欧洲货币市场的主要交易,据估计,银行间的欧洲货币存款约占欧洲货币总负债规模的 80% 以上。

(3)欧洲货币市场是一个自由的市场,没有中央管理机构,不受存款利率最高限和法定准备金等制度的限制,这意味着经营欧洲货币有相对低的成本和相对高的利润;欧洲货币市场有独特的利率结构,银行可以在欧洲货币市场以较高的存款利率吸收存款,并以较低的贷款利率发放贷款,同时又可以扩张贷款数额;在经营灵活自由的环境下,欧洲货币市场竞争激烈,市场效率很高。

(4)欧洲货币市场为经营欧洲货币业务的银行建立了良好的交易网络。若无欧洲货币市场的存在,某一有闲置资金的 A 银行难以与需要资金的另一国家的 B 银行取得联系。欧洲货币市场在各国经营欧洲货币业务的银行之间建立的连锁关系，能使这些原本相互陌生的A银行和B银行，通过连锁关系中彼此认识的其他经营欧洲货币业务的银行为媒介，很快就能进行融资交易，从而提高了融资效率。

(5)欧洲货币市场经营灵活，调拨资金自由方便，已成为各国有闲置资金的企业、政府或个人理想的存放与投资的场所，对各国银行来说，也是一个低成本的资金来源；投融资者可以自由选择多样化的金融产品和交易方式，这是改善资产的流动性的有效途径。

欧洲货币市场对国际金融市场发展的贡献是非常显著的，但是也存在明显的缺陷：一方面欧洲货币市场没有中央银行机构，这意味着该市场没有最后融资的支持者，若经营欧洲货币业务的银行发生问题引起倒闭或发生清偿困难时，将没有中央银行出面支持；同时，欧洲货币市场没有设立存款保险制度，这使存款的安全性缺乏保障，因而一旦这个市场潜在风险外化，所形成的外部负效应会更大。另一方面，欧洲货币市场充斥着庞大的国际游资，数万亿美元的国际游资在国际金融市场上横冲直撞，极易造成市场的频繁动荡，危及各国金融市场的稳定。20世纪90年代以来国际金融危机频频爆发，充分验证了这个市场的缺陷。

第三节　国际资本市场

国际资本市场是期限在一年以上的金融资产交易的市场。它是在国内资本市场的基础上逐步拓展延伸的，其快速发展是金融全球化的一个重要的特征。国际资本市场可细分为国际信贷市场、国际债券市场、国际股票市场和国际衍生产品市场。

一、国际信贷市场

国际信贷市场是国际资金借贷活动的场所。这个市场起源于欧洲货币市场，所以也可称为欧洲信贷市场。20世纪70年代以来，欧洲货币市场规模迅速扩大，为国际信贷市场提供了充足而广泛的资金来源。国际信贷市场的主要参与者是各国政府的借款者，国际组织和机构、跨国公司和跨国银行等，其信贷活动的特点类似于欧洲货币市场，从而使这个市场保持着充裕的资金来源和畅通的资金投放渠道。国际信贷的形式有国际金融机构贷款、政府贷款、国际银行贷款等，其中国际银行贷款尤其是国际辛迪加贷款占国际信贷市场绝大比重，因此备受市场的关注。

国际银行贷款也称欧洲银行贷款，指在国际金融市场上，一国银行向另一国借款人提供资金融通的业务。国际银行贷款的主要特点有：①资金来源广泛，全球金融市场上众多跨国银行的资金都可作为借款人的资金来源；②有较强的选择性和灵活性，因为可以借到各种自由兑换的外汇，且无附加条件，手续简便，资金的用途一般不受贷方的限制，还本付息的方法较多;③成本相对高,即以市场利率提供贷款,根据客户的资信状况,在基础利率上附加一个加息率提供贷款,多采用浮动利率,与政府贷款或国际金融机构(国际货币基金组织或世界银行等)贷款相比,具有利率高,期限短的区别;④风险大,由于利率水平相对高且普遍采用浮动利率计息,利率和汇率的频繁变动将增大借款人的利率风险和汇率风险。

在国际信贷市场上,国际银行提供的贷款主要分为有期限的贷款和循环贷款。

(1)有期限的贷款是指有放款期限的贷款,借款人必须在一定期间内全额借取款项,并届满一次还款,定期支付利息,利率可以是固定利率,也可以采用展期定价法或称滚动定价法定期调整利率。展期定价法是指由一串不同的利率(短期利率)定期滚动,以其相对应的短期贷款即可组合成的一笔事实上的长期贷款。进一步说,其贷款的利率在每个确定的短时期(一般为6个月)内是固定的,然后每6个月根据市场利率的变化而调整一次,这个市场利率主要参考国际信贷市场银行同业利率。

(2)循环贷款则是银行给予客户一个信用额度,在此限额内根据客户对资金的需求情况,随时动用所需资金;只须对已动用的部分支付利息,而未动用的部分仅需支付少量的承诺费。比如,交易双方约定在一定的年限内(3~10年)由银行连续提供期限为6个月的贷款,新旧贷款首尾相接,当旧的贷款到期并偿还后,银行自动提供新的贷款,利率以当期市场的浮动利率为准,借款人有权不提取新的贷款,但对未提取的部分每年支付大约为0.5%手续费。

二、国际债券市场

(一)国际债券、外国债券、欧洲债券和全球债券

1. 国际债券

国际债券是指长期资金的筹措者在国外发行上市的、以外国货币定值并销售的债券。从事国际债券交易而形成的市场称为国际债券市场,其参与者由借款人和投资人(包括参与者所在国政府、金融机构、企业或个人)以及中介人所构成,借款人即国际债券的发行人,投资人是国际债券市场债券的购买者,而中介人是承销国际债券的金融机构。

2. 外国债券

外国债券是外国借款人到某一国家的债券市场上发行的债券。债券面值货币是市场所在国的货币,债券由市场所在国组织的辛迪加承销,债券的经营受到所在国政府有关法律的管辖。外国债券与国内债券的不同之处在于各国对于本国居民发行的债券和对外国人发行的债券作了法律上的区分。例如,税率不同、对发行时间和金额有不同的管制、债券发行前对发行者应该披露的资料信息种类和数量有不同的要求、对注册有不同的要求以及对购买者有不同的限制。外国债券市场于19世纪初问世,且最早是在英国和美国逐渐发展起来的。到20世纪60年代后期,除美国和英国外,欧洲大陆的瑞士、前西德和荷兰三个国

家的资本市场也开始对非居民开放，开始有外国债券的发行和认购。到20世纪80年代，瑞士逐步成为非居民发行外国债券的主要场所，其占外国债券市场总额的比重不断上升，1983年的比重几乎占了当年外国债券市场发行总额的一半。日本随着日元国际地位的提高和逐步放松金融管制，大量国际资本投入外国债券市场，同时外国投资者进入日本资本市场发行日元债券的规模也日益扩大，使日本“武士债券”市场迅速成长。

3. 欧洲债券

欧洲债券是借款人到债券面值货币发行国以外国家的债券市场上发行的债券。欧洲债券与外国债券的区别在于：欧洲债券是以欧洲货币表示，并同时在数个国家的资本市场上发行，由国际辛迪加承销，而且全部或绝大部分在该货币国以外市场销售的债券。比如，在欧洲货币市场上发行的欧洲美元债券或欧洲英镑债券。欧洲债券的历史比外国债券短得多，直到20世纪60年代才出现，但欧洲债券问世后发展极为迅速，在短暂的时间里其发行量就大大超过了外国债券。

4. 全球债券

全球债券是在全世界各主要资本市场上同时大量发行，并且可以在这些市场内部和市场之间自由交易的国际债券。全球债券具有三个特征：①全球发行。外国债券仅局限在某个国家发行，欧洲债券在几个主要资本市场发行，而全球债券强调在全球发行，其发行范围往往能覆盖全球的主要资本市场；②是能在全球交易的高流动性债券；③发行全球债券的借款人信用级别很高，一般多为政府机构或在全球金融市场资信很高的声誉卓著的金融机构，全球债券市场在国际债券市场中的地位日益突出。

（二）欧洲债券市场的特征

欧洲债券市场源于欧洲货币市场，这使欧洲债券市场具有欧洲货币市场的一些独到的特征，并使这个市场在发展过程中始终保持着金融创新的活力。为适应不同市场条件下融资者的需求，这个市场近年来不断推出特征各异的金融产品，市场经营体制日臻完善，市场深度大大增加，市场规模迅速扩大，综观欧洲债券市场的发展，可将其特征归纳为以下几个方面。

1. 自由度高

欧洲债券市场不属于某一个特定的国家，它是一个“离岸市场”，在债券的发行和流通中几乎不受各国金融政策和法规的约束，债券的发行和包销都由主要国际金融中心的金融机构所组成的国际辛迪加承担，发行手续简便，从而大大减少了筹资者的进入成本。

2. 无记名发行与免税

欧洲债券通常为不记名债券，转让时不需经过转移登记的手续，因此具有隐秘性；同时，欧洲债券的投资者通常免缴利息所得税，因此，欧洲债券在流动性和税收方面对投资者较为有利。

3. 债券票面货币多样

目前,欧洲债券市场上债券面值货币已达十余种以上,从过去的欧洲美元债券独占天下变为现在的欧洲欧元、欧洲瑞士法郎、欧洲日元、欧洲英镑等欧洲货币债券异军突起,比重明显增加的局面,从而增强了货币的选择性,筹资者可以根据各种货币的汇率、利率和实际需要,选择发行美元、欧元、瑞士法郎、日元、英镑等任何一种或几种货币面额的欧洲债券;投资者也可以根据各种货币面额债券的收益情况及价格波动趋势,选购任何一种较为有利的债券,从而减少投资风险,增加投资收益。

4. 市场效率高

欧洲债券市场营运机制的功能完善和清算系统电子化水平的提高,使这个市场能够准确、迅速、及时地提供国际资本市场现时的资金供求和利率汇率的动向,并使债券交割的时间和交割手续大为减少,极大地便利了融资者的投资者,从而能使分处异国的债券买卖双方根据当天当时的欧洲债券市场所提供的行情信息进行快速方便的交易,大大提高了市场效率,降低了交易成本。

5. 安全性与流动性

欧洲债券通常是由资信很高的国际辛迪加承销的,而筹资者一般都是资金实力雄厚的跨国公司、跨国金融机构或各国政府机构,因而对债券投资者来说具有更为可靠的安全性;同时,欧洲债券市场的二级市场富有活力,并具有很高的市场效率,债券的持有人可以随时进行买卖、转让或兑换所需要的国际货币,这使欧洲债券的流动性大大增强。

6. 金融创新活动持续不断

欧洲债券市场是最富有创新活力的市场,近年来,除前述几种主要类型的金融工具外,还有许多新的金融工具也频频问市。例如,由固定利率债券和利率互换合同组合形成的合成债券;投资人于债券发行时只需支付一部分款项或免付款的延期付款债券;投资报酬取决于某些商品市场价格的商品指数债券等。这些欧洲债券市场的创新活动把国际股票市场、国际票据市场、外汇市场、国际衍生产品市场、黄金市场,甚至还有商品市场更紧密地联系在一起,有力地推动了国际金融市场的一体化。

7. 筹资者与投资者之间的信用关系不同于欧洲信贷市场

欧洲债券的发行合约上并没有约束发行人在债券到期日之前需维持的负债与资本比例,其违约条款规定,只有在没有依约还本付息时才发生违约行为,因此,筹资者与投资者之间的关系较欧洲信贷市场借贷双方的关系疏远。

三、国际股票市场

(一)国际股票市场的发展

每个承认私人产权的国家一般都有股票市场,早在17世纪,欧洲证券交易所就已经存在,而另一个著名的纽约证券交易所是1792年建立的。但在国际资本市场的发展进程中,从全球整体上看,在较长的时间内,占有较大比重的是国际信贷市场、外国债券市场和欧洲债券市场,国际股票市场的发展一直比较滞后。20 世纪 70 年代以来,发达国家的投资者纷纷向海外渗透,进行股票投资,越来越多的机构投资者,如美国的互助基金、养老保险及套利基金等相继介入国际股票市场,跨国公司为持续海外扩张需要谋求稳定和长期的巨额资本来源,也积极利用国际股票市场融资,这些因素促使国际股票市场开始加速发展。

大规模开拓国际股权市场的先驱,被认为是加拿大的一家电信公司,该公司于 1975 年在伦敦、苏黎世、法兰克福、巴黎、布鲁塞尔、阿姆斯特丹这 6 个欧洲国家的股票交易所同时上市,这种真正意义上的国际股权资本的成功发行,大大拓宽了跨国公司筹措股权资本的视野和渠道。

在国际股票市场中,近年来规模位居前三位的是纽约证券交易所(NYSE)、东京证券交易所和纳斯达克,其中规模最大和最有影响的交易所是纽约证券交易所(NYSE)。除美、日、英以外,其他国家(地区)的股票市场在 20 世纪 90 年代也有长足的发展。

(二)国际股票的优点

20 世纪 80 年代以来,国际资本市场的开放大大促进了国际股票市场的发展,在国际股票市场上发行股票和交易股票的优点更加显现,主要体现在以下几个方面。

1. 交割成本相对低

交割成本是股票的执行价格与其不存在交易时可能的价格之差。包括市场冲击(也叫价格冲击)成本和市场择机成本。这里所指的交割成本是指投资者在国际股票市场上交易所发生的成本,包括市场冲击成本、佣金、税收、政府管制、上市交易的限制等产生的成本总和。由于不同国家投资环境不同,交割成本也不同,国际化程度越高的股票市场其交割成本越低,一些研究显示,美国股票市场的税率为零,市场冲击成本最低,故交割成本最低,相对而言日本最高(市场冲击成本最高)。近年来,许多国家加快了金融自由化进程,放松资本管制,废除固定交易佣金制、降低直至零税率、放宽挂牌上市的程序限制等,使筹资者进入国际股票市场融资的交割成本明显减少。

2. 在更高的技术平台上分享高效率的服务

国际股票市场技术平台的优势主要体现在交易程序的网络化。从交易程序上看,股票市场有连续市场和通知市场两种类型,早期传统的股票市场多为通知市场,后来逐步演变成连续市场,当然,像纽约证券交易所(还有东京股票交易所等)的交易目前则以通知拍卖开盘(上午 9:30),而交易却已连续方式直到收盘。而像德国、瑞士和澳大利亚的交易所仍在很大程度上运用通知市场系统。计算机技术、远程通信技术、互联网技术和电子商务在连续市场的广泛使用,迅速增大了其交易量,这些新技术使自营商和经纪人可以更加迅速地掌握更多有价值的信息,大大提高了市场交易活动的效率,并有力地促进传统的通知市场向连续市场的转变。近年来最为引人注目的就是规模仅次于纽约证券交易所的 Nasdaq(全国证券交易商协会自动报价系统)发展,1999 年 Nasdaq 的日交易量高达 16 亿股,是

1998年的2倍;1996年11月,欧洲唯一的新兴股票市场:"欧洲的纳斯达克"即EASDAQ开始运作。欧洲的其他国家,比如,法国巴黎博斯曾是一个大型的通知市场,20世纪80年代中期采纳了多伦多股票交易所的计算机支持交易系统(CATS),使之成为完全自动化的电子交易系统,交易者可以通过计算机屏幕工作而无须亲身到交易所内。后来,西班牙、比利时、意大利、瑞典都相继建成立了电子交易系统,大大促进了连续市场的发展。对市场参与者而言,交易程序的网络化提高了股票交易的效率和公平度,投资者可以通过交易指令的排序和执行、信息发布、结算及兑现手段进行更便捷的交易。

3. 能多重上市

多重上市的含义是一些公司的股票既在本国股市上市,也在其他国家的证券交易所挂牌上市,特别是一些跨国公司的股票会同时在好几个国家(地区)的证券交易所上市,这在美国和欧洲国家的著名证券交易所最为突出。与国内市场不同,利用国际股票市场多重上市,进行多样化投资,可以使部分资产组合分配到外国股票投资者,从而在预期收益没有降低的条件下减少了组合风险,或在未增加风险的前提下提高了组合投资的预期收益。因为,不同国家市场条件不同,意味着在同一事件的冲击下,不同市场的股价变动是不一样的,故其投资收益和所面临的风险是不一样的,所以投资者可以利用这些差异来分配风险和赚取投资收益。同时,跨国公司利用国际股票市场发行股票,打通全球性金融中心的融资渠道,提升国际投资者对该公司股票的需求,而需求的增加又可以提高其股票的市场价格。

4. 增强资产的流动性

国际股票市场的二级市场更为活跃,更大的市场需求和更宽厚的投资者基础提高了其股票的流动性,也有利于降低公司遭受恶意收购的可能。

第四节 国际金融机构

1944年7月1日至22日,在美国新罕布什尔州的布雷顿森林镇召开了联合国货币与金融会议,会议认为,在重建世界经济新秩序的努力中国际货币合作和政策协调十分必要,需要相应的国际金融机构和国际经济组织完成这些使命。这次会议的划时代意义的成果是创建了布雷顿森林体系,一致同意成立国际货币基金组织和世界银行,并酝酿和创建国际贸易组织。

按当时的设想,IMF主要负责有关维护国际货币体系稳定的事务,包括协调世界经济和成员国宏观经济和金融部门的政策,特别是汇率政策。世界银行(也称国际复兴与开发银行)则侧重关注如何促进成员国的经济发展和减少贫困等问题,主要通过提供贷款的形式支持成员国的基础设施建设。而关贸总协定和后来的世界贸易组织旨在通过促进世界贸易自由化以推动世界经济的快速稳定发展,其运作方式是通过多边贸易谈判并达成一致,逐步削减贸易障碍。1986年的乌拉圭回合谈判将服务贸易(尤其是金融服务贸易)纳入到自由化的议程,并最终在1993年12月达成了服务贸易总协定,建立了金融业市场准入的全球规则,从而在全球范围内把金融业的开放推入快车道。

随着布雷顿森林体系的崩溃和跨国银行经营风险的激增,为了加强对国际银行业的有效监管,1975年初成立了巴塞尔委员会,为各国在金融监管的实践中相互合作和支持提供了一个正式的交流、讨论和磋商的场所。巴塞尔委员会的影响不但在银行业的监管上,而且渗透到证券业保险业,以及高负债融资金融机构。

本节以国际货币体系为视角,侧重介绍国际货币基金组织、世界银行集团、巴塞尔委员会和世界贸易组织的金融服务贸易协定。

一、国际货币基金组织

国际货币基金组织(IMF)是联合国系统专门为促进国际货币与金融合作而建立的、由主权国家(地区)自愿参加的多边合作组织。IMF根据1944年7月在美国新罕布什尔州布雷顿森林召开的联合国货币与金融大会通过的“国际货币基金组织协定”于1945年12月27日正式成立,其总部设在美国首都华盛顿,原始创始成员国29个。

(一)IMF的宗旨

IMF成立时,其协定的第一条就规定了基金组织的宗旨:

(1)通过建立一个常设机构,为开展有关国际货币问题的磋商与协作提供机制,从而促进国际货币领域的合作;

(2)促进国际贸易的扩大和平衡发展,从而有助于各成员国提高和保持高水平的就业和实际收入,以及开发生产性资源,并以此作为经济政策的首要目标;

(3)促进汇率的稳定,保持成员国之间有秩序的汇兑安排,避免竞争性通货贬值;

(4)协助在成员国之间建立经常性交易的多边支付体系,取消阻碍国际贸易发展的外汇限制;

(5)在具有充分保障的前提下,保证成员国可以暂时使用基金组织的普通资金,以增强成员国的信心,使其能有机会在无需采取有损本国和国际经济繁荣的措施的情况下,平衡国际收支;

(6)根据上述宗旨,缩短成员国国际收支失衡的时间并减轻失衡的程度。

通常IMF的各项政策和决定都是根据上述宗旨所确定的原则精神而作出的。它的主要工作包括与所有成员国就经济政策举行对话磋商、监督成员国按照协定和执行有关经济政策。同时,IMF也讨论有关国际货币与金融体系稳定的重大问题,包括各国对汇率制度的选择、避免国际资本流动的不稳定性、设计国际认可的有关政策和制度,以及标准和准则等。

(二)基金组织的资金来源及表决权

IMF建立初期的资金总额仅有88亿美元,其资金来源主要有三个方面。

一是成员国缴纳的份额。其性质相当于股份公司的入股金,所缴份额的大小通常参考三个标准:①经济规模、经济结构大致相同的成员的份额应具有可比性;②成员在世界经济中的相对地位;③成员持续向基金组织提供资金的潜在能力。份额单位原为美元,1969年后改为特别提款权;所缴份额中25%规定以黄金缴纳;1976年后改为以特别提款权或外汇缴纳;另外的75%以成员的本币缴纳,存放在本国(地区)中央银行,在IMF需要时可以随时动用。

二是向IMF成员借款。IMF有权以借款形式扩大其资金来源,可以通过协商,从成员国的银行或金融机构筹借该国货币,可以选择任何货币和任何来源寻求所需款项,不仅可以向官方机构借款,也可以向私人组织借款,包括向商业银行借款。迄今为止,IMF与成员国政府和中央银行达成两项固定的借款安排,分别是借款总安排和新借款安排,并在此框架下,IMF还与沙特阿拉伯达成了特别借款安排,三项借款安排共获得资金355亿特别提款权,约合460亿美元。

三是出售黄金,建立"信托基金"。IMF于1976年1月将其所持有的黄金的一部分按市价分4年出售,用所得利润的一部分建立"信托基金",用于发放优惠贷款。

IMF成员的份额决定了其投票权力的大小,IMF的一切活动都与成员国的份额相联系,使用资金的决定需要经过理事会70%的多数票通过,在重大问题上要有80%以上的票数才能通过,对于一些特别重大的问题,如修改章程、接受新成员、份额的调整和特别提款权的分配等,须经理事会85%的多数票通过。

IMF规定,每一成员国有250份基本票,这部分代表国家的主权,表示承认各国主权平等,有助于加强经济规模较小国家的表决地位;然后按照成员国所认缴份额的量,每10万特别提款权折合(增加)一票,加总即为该成员投票数,这种份额增加的可变票则表示IMF是以经济为基础的机构,承认因认缴份额大而作出较多资金贡献的成员国有较高的地位,以保证那些在国际贸易与金融往来中占较大比重的成员的利益。因此所缴份额越多,所获票数越多,表决权也就越大。目前,美国的投票权数最多,是基金组织中对重大问题有单国否决权的唯一国家。美国、日本、德国、法国和英国这5个发达国家的票数占IMF总票数的比重接近40%,因此可以说,IMF被主要发达国家所控制。

(三)IMF的贷款

IMF贷款的目的是帮助成员国弥补国际收支逆差和稳定汇率,以缓解成员国所面临的经济困难。当IMF成员出现国际收支困难时,有权按所缴纳的份额向IMF提取一定的资金,即用本国货币向IMF申请购买外汇,还款时则以外汇购回本币。IMF的贷款所用货币都以特别提款权记值,利率随贷款期限而定,期限越长,利率越高,并对每笔贷款征收一定的手续费。IMF的主要贷款主要有以下几种。

(1)普通贷款及备用信贷安排。这种贷款主要解决IMF成员国际收支逆差时的短期资金需要。

(2)扩展贷款。又称中期贷款,用以解决成员国在特殊情况下出现较长时间的国际收支困难。如果 IMF 成员的普通贷款用完了,可以再向 IMF 申请扩展贷款,但在贷款条件上较严于普通贷款。

(3)出口波动补偿贷款。这种贷款用于初级产品出口国家,在这些国家因初级产品大幅波动导致出口收入大幅下降和国际收支逆差时提供融资支持。

(4)缓冲库存贷款。用于帮助依赖于初级产品出口的国家建立缓冲库存的资金需要。当国际市场初级产品的价格发生较大波动时,可借助于缓冲库存贷款,采取在市场上抛售或购进该产品的办法来稳定价格,从而稳定出口收入。

(5)补充贷款。主要用于弥补普通贷款和扩展贷款的不足,帮助成员国解决持续的国际收支逆差问题。

(6)信托基金贷款。资金来源是出售黄金所得利润的一部分建立的"信托基金",这种贷款以优惠的条件用于较贫穷的发展中成员国。到 1987 年该贷款改为结构调整贷款,1999 年又更名为减贫与增长贷款。有两个用途,一是通过向有关成员国提供优惠性资金,支持其经济结构调整规划,以期明显并持久地改善国际收支状况,促进经济增长,减少贫困和提高人民生活水平。二是用减贫与增长贷款帮助有较沉重债务负担的成员国实现对外债务的可持续性。

(7)补充储备贷款。于 1997 年末设立,用于向那些资本账户和外汇储备受到压力,市场信心突然下降,短期融资需求骤升而国际收支恶化的成员国提供资金支持。

(8)应急信贷额度。设立的目的是为了防止 1999 年几个成员国受到金融危机冲击后有可能引致资本账户爆发危机而广泛传播的可能性。

(9)紧急援助贷款。用于向面临紧急情况的成员国提供资金支持。紧急状态包括两种,一是自然灾害,二是战乱后的紧急时期。

二、世界银行集团

世界银行集团(World Bank Group)是在其前身国际复兴开发银行的基础上发展起来的,是一个与 IMF 联系非常密切的全球性国际金融集团,由国际复兴开发银行、国际开发协会、国际金融公司所组成。这三个全球性国际金融机构都是联合国的专门机构。从组织结构上看,国际开发协会(IDA)和国际金融公司(IFC)是国际复兴开发银行(IBRD)的附属机构,IBRD 的行长、副行长兼任 IDA 和 IFC 的总经理、副总经理,IBRD 的执行董事和理事在 IDA 和 IFC 中担任同样的职务,IDA 和 IFC 不雇用职员,均 IBRD 的职员代替,实际上是三个机构,一套人马。但这三个机构中任何一个都享有独立的合法地位,日常事务都由各自机构的常务理事会处理。根据三个机构的章程规定,IBRD 成员资格是 IDA 和 IFC 成员资格的先决条件,但 IBRD 成员可以不加入 IDA 或 IFC。

表 7-1 IBRD,IDA 和 IFC 的主要特点

名称	贷款对象	贷款期限	年利率	其他费用	贷款目的	备注
IBRD	成员国	20 年左右,5 年宽限期	随市场利率变化定期调整,一般低于市场利率	承诺费 0.75%	促进成员国经济发展	提供长期资金,条件严格
IDA	贫穷的发展中成员国	50 年	无息	手续费 0.75%	帮助贫穷的发展中国家发展经济	条件优惠,项目审查严格
IFC	成员国的私人企业	7~15 年	略高于 IBRD 利率	手续费 1%	扶持私人企业	以原借入货币偿还,多采用联合贷款

世界银行集团的主要任务是向成员国的发展项目提供资金,其目标是促进成员国可持续经济增长以减轻贫困。世界银行集团主要着眼于帮助最贫困的人民和最贫困的国家,并突出体现在以下项目上:①投资于人,特别是通过提供基本卫生和教育服务;②保护环境;③支持和鼓励民营企业发展;④加强政府的能力,提高效率,增加透明度,提供高质量的服务;⑤促进改革,创造一个有利于投资和长期规划的稳定的宏观经济环境;⑥注重社会发展、参与、良政和机构建设,将其视为减贫的关键要素。

世界银行集团中不同金融机构的业务各有侧重,国际复兴开发银行(IBRD)的其主要任务是通过组织发放中长期贷款,协助成员国的资源开发,促进国际贸易长期均衡发展,维持国际收支平衡,鼓励和辅助私人对外投资以促使成员国的经济复兴与发展。国际开发协会(IDA)主要任务是为世界上较贫困的发展中国家筹措低成本的长期资金以满足基础设施建设的需要,促进这些国家的经济发展。国际金融公司(IFC)的主要任务是专门对成员国,特别是发展中成员国的私人企业融通资金,以扶持这些私人企业的发展。

思 考 题

1. 国际金本位制有哪些特点?
2. 布雷顿森林体系有哪些特点?
3. 阐述布雷顿森林体系的缺陷及崩溃的原因。
4. 简述牙买加体系的主要内容。
5. 简述不同国际金融机构的宗旨和主要任务。
6. 阐述欧洲货币市场的特征。

第八章　当代世界主要国家经济(上)

战后发达资本主义国家的经济与政治发达资本主义国家,又称西方国家,主要包括美国、西欧诸国、日本、加拿大、澳大利亚、新西兰等。战后,垄断资本主义得到进一步发展,私人垄断、国家垄断和国际垄断相互结合交织并进,生产关系和上层建筑相应发生了众多变化。经济和科技水平、人均国民收入在世界上均名列前茅。

第一节　发达资本主义国家的经济

一、发达资本主义国家经济的发展

战后,发达资本主义国家具有与现代科学技术基础相适应的国民经济结构,生产国际化程度、劳动生产率也都比较高,人均国民收入位居世界前列。在战后几十年的时间里,发展虽然有起伏,但总的看来,无论在速度、规模,还是质量上都大大超过历史最高记录。其经济发展大致经历了以下五个阶段。

1. 第一阶段:战后经济的恢复与转轨阶段(1945—1950 年前后)

第二次世界大战造成的破坏极为严重,但恢复迅速,到 1950 年前后,整个西欧和日本的经济已达到或超过战前最高水平。美国等国家也完成从战时经济向和平时期经济的转轨。这期间美国的援助、以布雷顿森林体系为中心的相对统一的资本主义世界经济体系以及有利于发达国家的国际经济秩序起了积极作用。

2. 第二阶段:资本主义经济快速发展时期(1950—1973 年)

这一时期的发达资本主义国家经济增长速度超过了历史最高水平。突出表现在劳动生产率大大提高,科学技术的创新和广泛应用,产业结构跃上了一个新的台阶。各国经济的不平衡现象有了很大改观,主要经济力量相对均衡的局面开始形成。

3. 第三阶段:发达资本主义国家经济普遍陷入"滞胀"时期(1973—1982 年)

1973 年石油危机之后,这些国家的经济不同程度地陷入停滞状态,同时通货膨胀严重,失业率急剧上升。其原因是:石油危机的打击,长期推行凯恩斯主义政策的负效应,世界货币和金融体系的不稳定,等等。

4. 第四阶段:经济低速增长和全面调整时期(1982—1992 年)

面对严峻的经济形势,欧美主要国家开始调整凯恩斯主义经济政策,改而推行货币主义政策,大刀阔斧地调整产业结构、改革福利制度,从多方面刺激市场经济活力。从 1982 年以后,各主要发达国家的经济略有回升,通货膨胀也得到一定抑制。日本比其他国家经济发展更为稳定。1987年日本整体经济实力跃居世界第二位,仅次于美国,而且日本成为世界最大的债权国。

5. 第五阶段:冷战结束后(1992年至今),世界经济进入一个新的转变时期

世界经济格局和经济发展发生一系列变化,主要是经济全球化和科技革命的加速发展,引起经济增长方式、劳动生产率、产业结构发生了新的变化,企业制度、企业组织形式和经营方式发生了新的变革,国际竞争越来越激烈,世界经济发展不平衡加剧。20世纪90年代,美国经济止跌回升,保持了100多个月的持续增长势头,2000年底后重现衰退。在美国经济的带动下,欧盟国家也保持了低速增长。而日本在20世纪90年代初"泡沫经济"破灭后,经济一直不稳定,暴露出日本经济结构的严重问题。

二、发达资本主义国家经济发展的原因

战后发达资本主义国家经济的快速发展,原因是多方面的,主要有以下几个。

1. 科技革命的推动作用

当代资本主义仍有活力的最重要原因之一,就是科学技术有了突飞猛进的发展。每次科技进步的高潮都使经济出现一次新的飞跃。在发达国家,科技在发展战略中占有特殊地位,并且科学技术同生产越来越紧密地结合在一起,形成了科技生产一体化,科技已名副其实地成为生产力发展的第一推动力。

2. 经济体制与政策的调整

包括实行国家垄断资本主义,实施社会保障制度,政府对经济进行干预。在社会生产关系领域进行的调整,首先是国家垄断资本主义的较快发展,有力地促进了经济的发展。20世纪70年代以后,国家垄断资本日益走向国际化,各国政府在国际经济领域里直接出面,在开放市场、保护贸易、协调经济等方面起着独特的作用。

3. 资本主义经济相互依存程度加深及协调的加强,有利于发达国家的经济发展

战后,各种形式的国家垄断资本主义联盟空前发展,欧洲联盟就是一个典型例子。西方国家相互投资、互为市场成为国际资本流动的主要趋向,经济全球化和地区集团化的发展,使发达国家间的经济依存度加大,相互之间的协调性加强。西方七国首脑会议在协调上发挥着重要的作用。这些不仅有利于缓和彼此间的矛盾,而且促进了发达国家的经济发展。

三、发达资本主义国家经济的调整和模式

(一)发达资本主义国家经济的调整

针对二战后出现的科技进步,社会化大生产不断发展,国际竞争日趋激烈,经济危机出现新特点等新情况,发达资本主义国家对经济结构进行了调整。

1. 在经济政策上,力争宏观调控和市场经济的最佳结合

英国经济学家凯恩斯提出的有效需求论,主张国家干预和调节经济的理论,即凯恩斯主义,在战后备受国家垄断资本的青睐,并在西方国家先后得到广泛实施,如实行部分国有化政策;实施充分就业;政府直接参与国民收入再分配并占据支配地位,通过财政预算、货币金融政策和收入政策,在微观和宏观两个层面都加强了干预;实行社会保障制度;制定各种经济计划来规范市场活动,加强宏观调节等。

国家干预在一定程度上缓和了资本主义生产方式内部的矛盾,但只是用人为措施干涉经济周期的运行并不能持久。20 世纪 70 年代后出现了信用膨胀、通货膨胀、严重的财政赤字、生产萎缩、失业增多等问题。在这种情况下,英美等国家转而采纳现代货币学派和供给学派理论。按照这一理论,政府所要实现的重点经济目标从经济增长和"充分就业"转为控制通货膨胀;实现经济目标的首要手段从预算政策转为货币政策;从重视考虑公平,实行更能体现收入"均衡化"的国民收入再分配政策转化为更加强调效率,强调私人企业的利润的政策。主要改革措施有:国有企业重新私有化,推行以股权分散为特征的所谓"人民资本主义";紧缩货币,大砍社会福利项目,推动社会福利向多元化、私人化和市场化方向发展;实行有利于富人和企业的税制改革以刺激投资;减少政府对企业的干预;制定严厉的工会法,打击工会活动,等等。上述措施对抑制通货膨胀和增强市场经济活力起到较为明显的作用,但是,社会贫富差距却急速扩大。

进入 20 世纪 90 年代,发达国家经过反复试验,在宏观调控政策的运用上变得更加灵活,把凯恩斯主义、货币主义和供给学派等结合起来;在手段上间接调控和直接调控相结合,不断寻求更加有效、切实的方法。美国、英国都把重建财政,即减少财政支出,平衡预算,降低长期利息,抑制通货膨胀作为重点。克林顿曾谈到他的纲领"既不是保守派的纲领,也不是自由派的纲领,而是两者兼有的另一种纲领。"这种两者兼有的政策,就是既没有由市场完全调节,也没有由政府绝对控制,而是在探求政府控制和市场调节两者的最佳结合的政策与方式。

2. 在经济结构上,追求所有制实现形式的多样和新兴产业的发展

经济结构的变化反映着一个国家各部门和各类经济的消长状况。发达资本主义国家经济结构的调整主要表现在以下几个方面:

(1)在私有制基础上,所有制形式更加多样。随着生产社会化程度空前提高,传统的资本家私人所有制趋向于集团所有制,所有权和管理权分离。各种新的垄断组织形式:国有制、集团所有制、资本家个人所有制等各种形式并存。

(2)大中小企业并存,形成优势互补。20 世纪 70 年代,在西方国家,中小企业蓬勃兴起并占有优势。同时大企业的垄断地位一直在加强。进入 20 世纪 90 年代,发达国家在新产业革命和经济全球化的推动下,企业的兼并和改组掀起高潮,并显现出金融资本和工业资本的兼并以及强强联合成超强的特点。美国的波音公司和欧洲空中客车公司的各自再联

合就是突出的事例。

(3)新兴产业得到政府扶持,产业结构不断升级,第三产业和高新技术产业有了迅速的发展。1993年2月,克林顿刚就任总统就首先推出"信息高速公路计划",信息产业的产值很快超过汽车、住房建筑而居首位。1995年美国在信息技术方面的人均支出达850美元,为全球平均水平98美元的8倍多,比西欧的水平高2倍,占有明显的优势。其他发达国家也不甘落后,奋起直追,纷纷推出关于建设"信息社会"的构想。

3. 在管理体制上,尝试企业经营管理的现代化和科学化

企业是经济发展的微观基础。企业管理体制作为企业制度的重要内容,是资本主义经济制度的重要方面。为了追求更多的超额利润,发达资本主义国家对其企业管理体制进行了多方面的探索。第一,企业管理社会化。如企业生产管理的全球性协作,其中波音巨型客机的科研和生产就是突出例子;形成了社会化的专业管理机构网络,如会计事务所和各种信息公司等。第二,企业管理"民主化"。如现代企业经营管理日益依靠职业管理人员承担;让职工参与企业的部分决策和管理。第三,管理因素的开拓和管理关系的改善。20世纪50年代,实施过泰罗的"科学管理"和"行为管理";20世纪70年代尝试适应外部环境的"战略管理";20世纪80年代以来又兴起了以价值观为核心,对职工进行企业意识教育的"企业文化"因素管理,追求各种管理因素和方式的有机结合。第四,为了提高企业管理的灵活性和效率,在企业内部管理体制上进行调整:从集中管理走向分权管理;管理层次趋于减少。这些努力提升了西方国家企业经营管理的水平,使得社会生产力优化和提高,使得资本生产剩余价值的能力、资本剥削劳动力的功能强化,即资本主义生产关系效能的优化与提高。

(二)发达资本主义国家经济自我调整的模式

发达资本主义国家所进行的自我调节、改良和完善,并没有触动资本主义统治的根基。但却使国家垄断资本主义生产关系在其中占据了统治地位,建立了比较成熟的市场经济和比较成熟的市场体系,并在西方形成了四种主要经济模式。

1. 美国的宏观需求管理模式

美国模式的最突出特征就是垄断经济占据主导地位。在美国,大多数工业部门,由为数相对较少的大企业支配着。美国的十大财团,资产的总和占全国资产的3/4以上。在美国的一些重要的部门和行业里,都有一家大公司(独家垄断)或几家大公司(寡头垄断)控制着那个领域的大部分业务,操纵或影响着那个领域市场的活动。所以有人又把美国模式称为垄断主导型经济模式。美国模式的第二个重要特征是法治管理网中的企业自主决策。美国绝大部分生产、经营、销售和分配等活动,由企业自主决策,政府不对它进行直接干预。美国的法制在西方国家中是最完善的,形成了一个盘根错节的法治管理网。企业只能、也必须在法律允许的范围内经营,而政府对企业的干预也只能依法行事,政府的政策也只有在形成法律后才具有法律效力。美国经济正是在这种法治管理网与企业充分自主决策相

结合的情况下运转和发展的。美国模式的第三个重要特征是在市场机制发达的基础上的宏观调控机制。鼓励市场竞争,政府只是通过立法形式和运用财政金融手段在宏观领域对经济活动进行干预。现实生活中的美国经济体制已不是传统意义上的市场经济体制,而是包括了国家干预的垄断主导型现代市场经济体制,只不过国家干预的程度时轻时重而已。

2. 日本的政府主导型模式

这种经济模式的突出特点是:以私人企业制度为基础;资源按市场经济原则进行配置;政府以强有力的产业政策对资源配置实行导向,以达到某种短期和长期的增长目标;政府干预部分大,经济计划性强,政府不仅通过产业政策有计划地发展经济,而且通过行政指导把企业的活动纳入国家经济目标的轨道。具体的运转制度包括:"系列"的企业协作制度,"终身雇佣"制度,"年功系列"工资制度,劳资协调的企业工会制度,政府严格控制的稳定金融制度,保障必要的劳动力供给的教育制度,中小企业保护制度,政府扶植技术开发制度,官僚主导的"行政指导"制度等。它是被人又称为符合日本特色的政府主导型市场经济模式,适合日本的生产力水平,在战后追赶欧美国家经济的过程中发挥了巨大的作用。

3. 德国的社会市场经济模式

这种模式又被人形象地称为市场经济、加国家干预、加社会保障经济模式。自由竞争是市场经济的基本特征,竞争是社会市场经济的核心和动力,通过提倡"健康的个人主义",建立市场价格机制,政府制定竞争"规则",充分发挥每个个人和企业的作用,使竞争公平地进行。国家干预是国家采取符合市场规律的手段,通过货币、信贷、财政、税收和外贸政策进行全面有效的总体调节,尽量避免直接的行政措施,避免波动和危机。社会保障是建立统一的工会和业主联合会,通过保险、救济、补贴等社会保障手段,来缓和私有制及竞争必然造成的不公平,以避免社会矛盾激化。

4. 法国的指导性计划模式

这一模式的特点是在坚持竞争和市场机制的前提下,重视国家垄断资本主义的发展,基本上一直实行市场经济基础上的计划调节管理体制。法国曾几次进行国有化运动,将煤矿、电力、航空、银行和汽车等部门的一些公司收归国有。目前,在西方国家中,法国国营企业在国民经济中的比重是比较大的。同时,在计划调节体制上,政府主要通过经济杠杆来影响、引导计划的实施;在中央和地方的关系中,中央拥有财政立法权,中央预算占整个国家预算的70%以上;在国家与公营企业的关系中,国家对公营企业和参股50%以上的企业,拥有直接的领导权和监督权,同时也给予企业比较广泛的自主权;在价格管理上,实行控制价格和自由价格相结合、以控制价格为主的价格管理体制。因此,在经济管理体制上,法国的政府调控能力是比较强的。重视在职人员的培训,国家和企业都拨出较多的资金作为培训经费,法国政府颁布的培训法令和章程明文规定:终身培训是国家必须履行的职责。所有在职人员都可享受带职进修的待遇。

如果从这四种经济模式的影响程度来看,在不同时期人们的关注程度有异。在日本经济高速增长的时候，日本模式受到特别的青睐。法、德经济快速推进时，人们也曾看好法、德模式。20 世纪 90 年代以来，美国经济强劲发展，美国模式又成为各国借鉴的样板，日、德、法经济因面临诸多困难和问题，其模式备受非议。战后西方国家经济的发达受到了它们经济体制优化与经济模式创新的正面影响，而其低迷是资本主义经济规律作用的结果，也应该说与其模式的弊端有直接关系。

如果从这些经济模式的实质、共性和发展趋势来看，都实行"混合经济"，即政府干预与市场机制相结合，只是侧重点不同而已。全球化使所有模式都受到了挑战，各种经济模式越来越暴露出某些方面的局限性。

第二节 美 国

美国是经济高度发达的资本主义国家，虽然战后以来，在历次经济危机的冲击下，实力地位曾不断下降，但其经济规模之大，部门结构之完整，生产力和资本主义发展水平之高，其他发达国家仍无法比拟。2009 年，它所创造的国内生产总值达 141 191 亿美元，稳定地居于世界第一位，人均国民收入达 47 240 美元，也居于世界前列。20 世纪 90 年代以来，美国经济状况好转，产业竞争能力增强，国际经济地位呈明显上升趋势。美国产业结构调整先于日本和欧洲各国，一些重要工业部门如汽车制造业、半导体竞争能力重新增强，占据世界市场的主导地位。

一、工业

美国轻重工业都很发达，拥有完整的工业体系和巨大的生产能力。其主要工业部门包括动力工业、冶金工业、机械制造工业、原子能工业、化学工业、纺织工业、军火工业、建筑业等。20 世纪 70 年代以来，由于石油危机的冲击以及国际经济竞争的影响，一向被称为美国经济三大支柱的钢铁工业、汽车工业和建筑业长期处于不景气状态，20 世纪 90 年代由于经济回升，特别是经济结构调整已显成效，这三大产业又都呈现较好发展势头。而石油勘探、电子计算机、空间技术、生物工程等尖端技术产业部门则始终居于世界优势地位。

1. 燃料动力工业

美国是世界上能源产量最大的国家，能源总产量居世界首位，但由于能源消耗量大，仍不能满足国内需求，特别是石油的一半仰赖进口。美国是世界石油、天然气资源的生产大国。

电力工业是战后美国优先迅速发展的一个工业部门。目前，美国无论是发电装机容量还是发电量在世界都是遥遥领先。美国的电力构成中，火电约占 70%，水电约占 10%，核电占 20% 强。

2. 钢铁工业

美国钢铁工业历史悠久,基础雄厚,是美国经济的重要支柱之一。美国煤铁资源皆备,有着发展钢铁工业的较好条件,但国内生产能力过剩,外部竞争环境激烈,钢铁工业面临的压力相当大。

3. 机械工业

美国的机械工业是耐用品制造业的主要构成部分,包括电力机械和非电力机械部门,近年来,两者的生产均处于较佳状态。美国汽车工业成长于20 世纪初,在美国经济中占有极其重要的地位,其产量曾占世界总产量的76%,长期雄踞世界第一位,1980 年被日本超过,1994 年美国汽车产量达1 230 万辆,重登世界汽车生产首位宝座。美国汽车工业垄断程度很高,通用、福特、克莱斯勒等大汽车公司控制了美国汽车产量的80%以上。美国汽车生产的90%集中于北部区,其中底特律及其周围地区汽车工业最为密集。底特律市是美国汽车工业三巨头(通用、福特、克莱斯勒)大本营所在地,90%的居民从事汽车行业或与汽车制造相关的行业,为世界著名的"汽车之都"。

航空航天工业是美国在世界居于领先地位的产业,不仅民用航空工业发达,与军事相关的导弹、火箭、人造卫星、航天飞机等新兴工业技术水平更高。

美国的电气器材及电子工业同样在世界居于领先地位。电气制造业包括电站设备、电机、电器材料、工业锅炉等的制造。通用电气公司和西屋电气公司是世界最大的电气设备制造公司,可生产输发电设备、宇航设备、日用电器等。通用公司的生产厂家分布在国内30 多个州,并在国外20 多个国家设有分厂。美国的电子工业基础雄厚,技术先进,产品丰富,在美国经济中具有举足轻重的地位。美国重视新技术开发,如半导体芯片正向更高兆位发展,计算机技术则走向光子化和高速化。电子计算机发展速度特别快,已成为美国经济发展最关键的部门。美国的"信息高速公路"建设也正驶入快车道,并且出现向空中发展的新趋势,为争夺21 世纪信息产业优势而与其他主要西方国家展开了激烈的竞争。与此同时,计算机、通信、广播、出版、印刷和家电等广泛领域的企业竞相进入多媒体市场,预示着美国从事多媒体技术研究和开发的工业部门将有一个相当大规模的发展。美国的电子工业分布广泛,旧金山附近的"硅谷"是闻名世界的电子工业中心,波士顿"128 号公路"高技术园区等都是世界性的"硅谷热"中涌现出的电子工业中心。

4. 化学工业

美国是世界最大的化工生产国。无论是基础化学工业还是有机合成工业都很发达,特别是石油化学工业在战后发展最快,在化学工业中占有举足轻重的地位。随着原料结构和产品结构的变化,化学工业布局也发生了很大的变化,墨西哥湾沿岸地区不仅是美国最大的化学工业区,而且也是世界最大的化学工业区。

5. 纺织工业

美国的纺织工业是最古老的部门之一,化学纤维工业是在战后才发展起来的新兴行业,但发展十分迅速,居世界首位。美国的棉、毛纺织工业均居世界前列。在西方发达国家中。美国是唯一能实现棉花自给的国家,但毛纺织原料大半仰赖进口。美国纺织品生产成本高,因而受到进口纺织品的激烈竞争,其纺织业的世界地位正日趋下降。

二、农业

美国发展农业的自然条件得天独厚、气候温和而多样,平原辽阔而肥沃,适合种植各种农作物,加上现代化的科学技术、雄厚的工业基础,从而发展起世界上规模最大、用最新科学技术装备起来的高效率的农业。其农业生产总值及许多重要农产品产量都占世界首位。

美国农业部门结构较全面,在合理的用地结构基础上,种植业、牧业、渔业等都得到充分发展,且种植业与牧业产值比重相近,反映出其结构的先进性。种植业中,小麦、玉米、大豆产量大且商品率高,美国农场所生产农产品的90%以上投入市场,使美国是世界上最大的农产品出口国家,农产品出口外汇收入每年高达约600亿美元。大豆的出口量占世界总出口量的80%以上。美国还是仅次于泰国、印度的世界第三大大米出口国。根据近年出台的农产品长期出口战略,美国将致力于扩大对亚洲的农产品出口,并将东亚列为最大出口市场。

美国农业还具有现代化水平高、区域化和专业化程度深、农产品经常大量“过剩”、生产和价格波动大以及生产和资本集中等特征。

三、交通运输业

美国交通运输业十分发达,铁、公、水、管、航门类齐全,技术先进,形成庞大的运输网络,除商船队和铁路运输外,公路、管道、航空各业均占世界首位。

美国货运以铁路为主,铁路总长超过西欧各国铁路长度的总和,铁路货运量占全国货运量的1/3以上。

美国内河航运发达,内河通航里程4万多公里,内河货运量占全国货运量的15%以上,以五大湖为最盛,其他主要水道为密西西比河、伊利运河等。

战后以来,美国迅速发展了管道运输,主要用于运输石油、天然气,也用于运输煤炭,其货运量占全国货运量的近20%。

美国公路网十分稠密,现有公路长度达630多万公里,其中高速公路近7万公里,主要集中在北部。公路客运量占全国的4/5以上,并且垄断了短途货运,另外还在鲜活农产品运输中占重要地位。

美国是世界上航空运输业最发达的国家,拥有世界上最庞大的空运网,虽然其航空货运所占比重很小,但其航空客运在旅客运输中起着主要作用,它的机场遍布全国各地。美国还开设了许多国际航空线,从纽约、芝加哥、洛杉矶、旧金山、波士顿等航空枢纽可通往世界许多国家的首都和其他大城市。

美国海运发达,以沿海运输为重,主要是墨西哥湾沿岸向东北沿海运送石油及化工产品、原料等。

四、对外贸易

美国是世界头号贸易大国,2009 年商品进出口总额达 34 652 亿美元,约占当年世界出口总额的 11% 左右。

美国外贸在世界的地位经历了一个由盛转衰的过程,战后初期美国几乎垄断了整个资本主义世界的金融和贸易市场,20 世纪 50 年代其外贸出口额曾一度约占资本主义世界出口总额的 1/3。20 世纪 60 年代初至 20 世纪 70 年代初,西方发达国家经济快速增长,日本迅速崛起,欧共体经济实力明显上升,国际贸易急剧扩大,美国的霸主地位开始动摇,1986 年至 1988 年,美出口额连年被原联邦德国超过,1989 年才重新取得作为世界最大出口国的传统地位,1971 年,美国外贸开始出现逆差,而且逆差日益扩大,中国和日本是美国最主要的外贸逆差国。近年来,美日、美中贸易摩擦不断升级。

美国经济规模大,部门结构完整,经济上对外依赖程度较低,外贸量一般不超过国内生产总值的 10%,同其他发达国家相比,其外贸结构有着自己的特点。出口商品以工业制成品为主,但原料、半成品也约占 1/3,是世界上最大的粮食和原料出口国。工业制成品出口额虽低于德国,但由于结构调整,美国经济出现了长期的结构变化,国际竞争力不断增强。在工业制成品的出口中,各种机器设备和钢铁制品占很大比重,其次为化学工业产品。美国在大型电子计算机、空间与航空工业、原子能工业、军火、先进的科学设备等尖端技术和复杂大型工业设备方面,在世界市场上始终保持领先地位。

在进口方面,以能源、原料和某些农产品为主,消费石油的一半依靠进口,咖啡、可可、茶叶等农产品全仰赖进口,还进口大量铁砂、锰、镍、钨、钴、铬、锡、石棉、云母和铂族等矿物原料或金属,以及大量的纸张、天然橡胶、糖、热带水果等。工业品进口占进口总额的一半以上,进口各种机器设备、运输工具和大量的纺织品、日用轻工业品。

美国对外贸易的主要伙伴依次是加拿大、中国、日本、西欧、拉美和中东。美加两国互相毗邻,彼此经济联系十分密切,美国向加出口机器设备,轻工业品及军火等,从加进口能源、原料和半成品,两国皆为北美自由贸易区核心成员。1994 年,北美自由贸易协定生效,美、加、墨三国经济紧密地系于一起,贸易额剧增。

美国向日本出口粮食、煤炭和尖端工业产品,从日本进口轿车及零部件、钢材、电子产品、办公机械和自动资料处理机等。二战后直至 20 世纪 60 年代中期,美对日贸易连年顺差,1965 年起,连年顺差变为连年逆差,两国间贸易摩擦不断。

西欧是美国最大贸易伙伴之一,20 世纪 80 年代以来,由于欧共体内部贸易不断扩大,美国在西欧国家对外贸易中的地位下降,美国商品在共同体国家总进口中的比重不断下降。美国向西欧出口农产品、食品和电脑、飞机及零件、仪器和通信设备等和高科技工业产品;从西欧进口轿车、机电产品、纺织品、服装及其他工业制成品。

美国是拉美农矿产品(包括原油、铜、锡、铝土、铁矿石、原糖、咖啡、香蕉等)的主要购买者,居其他国家和地区的首位。对美国来说,拉美也是其工业品的倾销市场。目前,北美自由贸易区的影响正日趋扩大,美国与拉美各国经济联系日益加深,前已述及的美国主持召开的迈阿密首脑会议,其旨就是为建立美洲贸易区即美洲经济圈作好多方面的准备。

中美两国间贸易始于1784年。1950年,当时的美国政府对中国实行封锁禁运,两国贸易中断。1972年。尼克松总统访华,中美直接贸易恢复,1979年,中美两国建交,签订了中美关系协定,成为两国经贸关系发展的基石,此后双边经贸关系迅速发展。改革开放以来,中美贸易额快速增长,成为彼此最重要的贸易伙伴之一。中美两国出口产品具有很强的互补性。美国对我国出口商品包括飞机、机械、电子、化工品、石油设备、能源设备、小麦、化肥、木材等。我国对美国出口以纺织品、服装、鞋类、玩具、家用电器、食品、山货、土特产品为大宗,其他还有办公机械、电信器材、有色金属、稀土金属等。

第三节　日　本

日本是一个后起的高度发达的资本主义国家,特别是经过二战后经济的高速增长,其国民生产总值先后超过英国、法国、原联邦德国和前苏联,2009年达到50 675亿美元(人均GNP为37 870美元),占世界的比重由1955年的2.2%上升到17.29%。

自20世纪90年代以来,日本经济转入不景气状态,1994年世界经济复苏,日本却依然原地踏步,复苏乏力,1995年经济增长率仍仅为0.5%。究其原因,主要是日本产业结构已经落后,虽然日本政府提出了“科技立国”的战略,加大了科技投入,且新产品和新产业开发也有了很大进展,但以汽车、钢铁、石化和家电为中心的产业结构并未改变,还未形成高技术主导型的产业结构,导致日本产品的国际竞争力严重削弱,从而使日本经济面临“内忧外患”的严峻形势。

一、工业

日本是工业高度发达的国家,主要工业部门如钢铁、汽车、造船、石化、纺织等都具有相当大的实力,造纸、印刷、水泥、陶瓷、食品等也在世界上占有一定地位,形成了一个以重化工业为主体的工业体系。1970年,日本的重化工业率为68.9%,是世界上重化工业率最高的国家。20世纪70年代的能源危机、20世纪80年代的日元升值等,推动日本进行工业结构调整,近年来,石化、有色金属等基础材料工业和纤维、住宅建设、机械等部门的生产呈现不同程度的下降或停滞,工业结构正在向知识技术密集型和节能型方向发展。日本资源贫乏,原料和市场对外依赖严重而成为典型的加工贸易型国家,工业分布也相应地具有明显的临海型特点,主要集中在太平洋沿岸的“三湾一海”地区。

1. 钢铁工业

钢铁工业起步较晚,近代钢铁工业是本世纪以来,在掠夺中国和朝鲜等国煤铁资源的基础上才逐步发展起来的。1929 年,日本钢产量仅 210 万吨,但到 1936 年便已达到 500 多万吨。进入 20 世纪 40 年代,受战争刺激,钢铁生产进一步发展。二战后,日本钢铁工业发展迅速,1980 年,日本钢产量达到 11 000 多万吨,超过美国,成为仅次于前苏联的全球第二大钢铁生产大国。

日本是世界上唯一缺乏资源的钢铁大国,钢铁工业所需原燃料几乎全赖海外市场。日本钢铁工业现代化水平高,劳动生产率超过欧美各国,其能耗量和冶金焦比也是世界最低的,加上劳动成本低于欧美,因而在世界市场上具有很强的竞争力,其出口量常占其总产量的 1/3 左右,主要输往中国、美国、东南亚、中东、西北欧、拉美和非洲等地。近年来,因国内经济不景气,钢铁市场疲软,日本企业在加强钢材出口的同时,正在改变生产经营战略,把生产基地移向海外。日本钢铁工业的 80% 控制在五大钢铁公司手中。

2. 机械工业

机械工业日本的支柱工业部门,以汽车、造船、电子等部门最为发达。20 世纪 80 年代中期以来,日元升值,机械产品出口受阻,但因内需增长,机械工业生产仍维持上升势头,1992 年后,内需亦趋于减少,机械工业生产连年下降。

日本汽车工业是在 20 世纪 60 年代迅速发展起来的。1959 年,各类汽车产量尚不足 40 万辆,但 1967 年开始超过英、法、前苏联和原联邦德国,1980 年日本汽车产量猛增至 1 100 万辆,超过美国居世界首位达 14 年之久。1990 年日本汽车产量达 1 349 万辆的历史最高峰,此后,一直执世界汽车业牛耳的日本汽车业面临新的挑战,连年出现负增长,而美国得以重登榜首。汽车是日本重要出口产品,为世界最大汽车输出国,主要输往美国、西欧和西亚。受到与欧美贸易摩擦加剧,加上日元升值,日本汽车价格上扬等影响,日本企业纷纷到海外设厂,实行生产当地化的新经营战略。

造船工业是日本工业化的先驱部门,战后以来,利用其自然地理优势,加上钢铁、仪表等工业的配合,造船工业扶摇直上,1956 年便在全球夺魁,历年船舶产量均占世界的一半左右,有“造船王国”之称,产品大部分是大型油船和散装船,每年船舶建造量的 70% ~80% 用于出口,是日本主要出口产品之一,为世界最大的船舶输出国,但近年来日益受到韩国和中国的挑战。

电气机械与电子工业也是日本 60 年代以来获得突飞猛进的部门之一,主要生产各类电机、电器和电子产品(包括计算机、计算器、电视机、录音机、录像机、洗衣机、电冰箱等),产量居世界前列,大量用于出口,松下电器、富士电机、日立制作所、东芝电气、三菱电机等,都是生产电气设备半导体元器件的著名公司。九州岛在 20 世纪 60 年代前尚属日本最落后的地区之一,而现在它已发展成为著名的“硅岛”,是日本最大的集成电路生产基地。

20 世纪 60 年代末,日本赶在美国前头,全面采用集成电路,研制成功“全集成化电路高速大型电子计算机”,并将先进的电子技术迅速运用到机械制造领域。20 世纪 80 年代以来,在新技术革命推动下,日本已在半导体超大规模集成电路的批量生产和微加工等技术方面处于世界领先地位,机器人的产量居世界首位。

3. 石油炼制与石油化工

20 世纪 50 年代中期以来,随着能源消费结构的变化,大量进口原油逐渐取代煤炭的地位,成为日本的首位能源,石油加工工业亦因此而成为战后日本新兴工业中高速增长的代表性部门,其年均增长率大大高于整个工业的年均增长率水平。日本石油化工生产能力亦居世界前列日本石油主要靠进口,因此石化工业的发展深受国际石油市场的制约。20 世纪 90 年代初,世界原油价格一度疲软,美元贬值,致使该部门生产成本下降,加上内需旺盛,故近年来日本化工生产情况逐年好转。

4. 纺织工业

纺织工业是日本资本主义工业化最早发展的部门,在世界上具有相当强大的竞争能力。二战前,纺织品出口值占总出口值的比重曾达 57.6% ,20 世纪 50 年代初仍达 50% ,居各类出口商品之首。此后,随着重化工业率的提高,纺织工业地位日趋下降,结构也发生了很大变化,化纺取代了棉纺的地位,化纤中又以合成纤维为主,是重要的出口商品。

三、农业

明治维新之际,农业是日本国民经济的主体,那时农业就业人口占总人口的 1/2,产值占工农业总产值的 1/3。二战后,日本政府采取各种干预措施,积极推动农业技术进步,大力发展生产力,逐步实现了农业现代化。农业在国民经济中地位不断下降,农业占国内生产总值的比重已降至 3% 以下。与此同时,农业人口呈递减之势,耕地面积亦不断减少。

日本农业最大特点是在小农经济的基础上实行机械化商品性生产,靠大量使用优良品种及化肥农药,提高单位面积产量,因此,日本农业规模小而集约化程度高,单位面积产值高于欧美,但劳动生产率低于欧美,地少人多是日本农业的又一特点。

目前,水稻和菜、果、花及养畜业是日本农业的三大支柱。

日本是个传统的水稻生产国,水稻是日本主要粮食作物,是世界主要稻米生产国之一。除水稻外,其他还有小麦、甘薯、豆类等,但产量都很少。日本粮食不能自给,每年需从美国、加拿大、澳大利亚和阿根廷等国大量进口小麦、面粉、大豆、饲料玉米等。、

日本鱼类资源十分丰富,年渔获量约占世界渔获量的 15% 左右,居世界前列。

四、交通运输业

日本是个岛国,加上经济严重对外依赖,因而海上运输量十分庞大,海运成为其对外联系的主要运输方式。20 世纪 90 年代初,日本籍商船队不仅规模庞大(仅次于利比里亚和巴

拿马),而且以船型新、速度快、大型现代化(拥有10万总吨以上大型船舶60艘)为特色。但近年来日本籍商船纷纷移籍海外,日本商船数有所减少,成为一个日趋严重的问题。

日本铁路运输发达。全国铁路一半以上为电气化铁路。20世纪60年代以来,日本将铁路建设的重点放在电气化、复线化和改造旧线、修建标准轨距的高速新干线上,1964年10月,世界上第一条高速铁路——东海道新干线(东京—大阪)正式投入运营,全长515.4公里,列车最高时速210公里,东京—大阪间开行2小时56分钟,比原铁路提高时速1倍,快速且价格低廉,迫使东京至名古屋间空运停航。其成功对世界铁路发展产生了巨大影响。

五、对外贸易

日本是个加工贸易型国家,对外贸易在国民经济中地位极为重要,因此,日本政府一向把"贸易立国"作为国策,把"出口第一"作为自己的经济纲领。随着以重化工业力中心的现代化的进展,日本对外贸易迅速发展。2009年,进出口贸易总额达14 043亿美元,为世界第四贸易大国。

二战前,日本出口以轻纺产品和农产品为主,其中纺织品及生丝最为重要,其次为茶叶、水产品等。进口则以农矿原料力主,其中尤以纺织原料居多。二战后,外贸商品构成变化巨大,随着重化工业的高速增长,工业品在出口商品中所占比重迅速增加到95%以上。其中重化工业品出口值占出口总值的80%,形成了以钢铁、汽车、船舶、精密机械、家用电器、化学纤维为代表的出口"拳头"产品。进口商品结构也发生了很大变化,矿物资源、轻工业品和食用农产品为大宗,其中铁矿石、煤炭、石油、天然气等重化工原料占进口值的1/2以上。近年来,随着工业结构的调整,出口商品中创汇高、知识技术密集型产品比重逐渐上升,而传统的机械产品有所下降。

日本外贸地区构成也正在不断变化。东南亚成为日本在亚洲的主要市场。与此同时,随着重化工业的发展和经济势力的增强,日本的对外贸易进一步扩展到更多的发达国家,到20世纪60年代,形成了亚洲市场、美国市场以及西欧市场三大出口市场。20世纪70年代后期以来,一方面,日本与欧美国家贸易摩擦日益加剧,另一方面,东亚经济持久繁荣,日本从自身经济安全和利益出发,转而采取"脱欧返亚"和"脱美归亚"的对策措施。

近些年,日本与亚洲地区的贸易额不断增加,与中国经贸合作在我国对外经贸关系中占有重要地位。长期以来,中日贸易属于"垂直分工",即中国对日出口以初级产品为主,从日本进口以工业制成品为主(包括钢材、机械、成套设备、化工制品及其他技术密集型产品)。虽然目前对日制成品的出口仍以加工组装品为主,产品技术含量和档次还不够高,但已向产品结构优化迈出了重要的一步。两国经济合作前景广阔。

第四节 德 国

德国是欧盟经济最发达的国家。2009 年国内生产总值达 33 467 亿美元,人均国民收入达 42 560 美元。二战后原联邦德国在美国的援助下,迅速医治了战争创伤。1950 年进入进一步发展时期,1951 年至 1966 年是原联邦德国经济高速增长阶段,被西方世界称为“经济奇迹”。统一前的民主德国在战后的 40 多年中,经济发展也较迅速,20 世纪 80 年代末其人均国民生产总值已达 6 000 多美元,是原“经互会”成员国中经济发展水平最高的国家。两德重新统一后的德国,经济实力大为增强,是欧盟的中心国,它的存在和发展必将对整个地区及世界经济产生强劲和深远的影响。

一、工业

德国工业高度发达,工业产值居世界前列,是西方世界仅次于美、日的第三工业大国。采煤、钢铁、机械、化工、精密仪器和光学仪器等工业在世界均占重要地位。工业结构以重工业为主,机械、汽车、电气电子、化学工业,是整个工业的支柱。在德国企业中,大企业占 3%,但营业额和就业人数占半数以上,其大中小企业的专业化和技术水平也很高。工业布局较为均衡,呈现大分散、小集中的特点。

1. 能源工业

能源工业是德国现代化经济的基础。它是以本国丰富的煤炭资源和进口石油、天然气为基础发展起来的。德国年发电量居世界前列,其中 60% 是煤电。70 年代以来,核电发展迅速,发电量约占全国总发电量的 1/3,成为电力工业中的第二大能源。

2. 钢铁工业

德国钢铁工业发达,历史悠久,强大的钢铁工业曾是德国发动两次世界大战的重要物质基础。20 世纪五六十年代,原联邦德国经济高速增长时期,钢铁工业的发展十分迅速。此后,由于资本主义世界经济不景气等各种原因,原联邦德国钢铁工业明显衰退。原民主德国钢铁工业基础较差,战后随着经济建设的发展,钢铁工业获得稳步发展。20 世纪 90 年代初,全德国钢铁工业仍处于不景气的境地之中,1994 年起开始恢复性增长。

3. 机械制造业

机械制造号称德国的“王牌工业”,也是德国最大的出口部门。机械产品以其技术先进、质量优良而誉满全球。机床生产在机械工业中占有突出地位,印刷机和纺织机械生产也十分发达。

目前,德国汽车工业也十分发达,以生产小汽车为主,其产量占总产量的 95%,所产汽车的近 3/5 供出口,出口额占本国出口总额的近 1/6。有世界著名的汽车公司——

戴勒姆－奔驰和大众汽车。

电子电气工业是德国发展最快的部门,战后以来,不仅投资增长迅速,还大量引进外国资本和先进技术,因而整个部门生产规模不断扩大,劳动生产率不断提高。德国电子工业起步晚于美、日,但在政府的积极鼓励和资助下发展极其迅速。目前,德国电脑的生产居于欧洲首位,电脑已广泛应用于国民经济各部门,促进了生产率的提高和新技术产业及第三产业部门的发展,同时德国电子产品在国际市场上也具有很强的竞争力。

4. 化学工业

早在 19 世纪 80 年代,德国鲁尔区成为世界现代化学工业的发源地。二战后随着世界化工技术的进步和原料路线的转变,德国利用廉价的进口石油和本国雄厚的化工技术基础,迅速发展了石油化学工业。目前,德国的多种无机化学和石油化学工业产品均居世界前列。

二、农业

二战前,德国农业发展缓慢,大多数农产品依赖进口。二战后特别是欧共体共同农业政策实施以来,德国(原联邦德国)农业得到相当迅速的发展。农业机械化电气化程度高,结构以畜牧业为主,农、林、牧相结合。近年来,生态农业得到迅猛发展。目前,德国粮油食品进出口额之间的差距大为缩小,小麦、肉类、奶粉、水果、蔬菜等自给有余。

三、交通运输

目前,德国运输业中,公路运输居于主导地位,是世界上高速公路网最密集的国家。现欧盟国家正通过发展高速铁路和高速列车技术,以图重振昔日铁路雄风。德国内河航运总长 7 300 多公里,是世界上内河航运最发达的国家之一,德国海运事业也很发达。

四、对外贸易

2009 年,德国对外贸易总额 25 321 亿美元,仅次于美国,是世界第二贸易大国。对外贸易在国民经济中,占有十分重要的地位。随着 20 世纪 50 年代经济的高速发展,原联邦德国对外贸易经历了一个迅速增长的过程,对外贸易额增长迅猛,其出口势头尤其强劲。1986 年至 1988 年,出口贸易额曾连续 3 年超过美国而居世界首位。

德国出口商品以制成品为主,主要包括化学品、电气电子、汽车、机械、纺织品、服装、办公用品乃至地毯、家具、羽毛、艺术陶瓷等。机械产品在国际市场上信誉很高,具有很强的竞争力,出口额长期居于世界第一位。原材料和燃料虽然在进口总额中所占比重迅速下降,但对其工业生产和经济发展的意义却十分重要,它是世界除美、日以外的第三大原料进口国,原油、铜、铅、铁矿石和其他多种金属矿物皆主要依赖进口。

德国对外贸易的近 80% 是同欧美发达资本主义国家进行的。二战后直至 50 年代中期,美国是原联邦德国进出口贸易的最大伙伴,欧共体成立后,原联邦德国与欧共体国家贸易比重迅速上升。目前进出口贸易的50%~60%是同西欧国家进行的。

德国是我国在欧盟中的重要贸易伙伴,中德两国在经济上有很强的互补性,这是两国工业合作极为有利的条件。近年来两国在汽车、化工、通信、运输机械、电子、环保等方面开展了广泛的合作。

第五节 法　　国

法国工农业都很发达,2009年国内生产总值达26 494亿美元,人均国民收入达42 680美元。法国资本主义发展较早,工业生产曾仅次于英国而居世界第二位。二战期间,法国经济遭受严重破坏。二战后开始推行国民经济发展"计划化"政策,经济较快地恢复。20世纪50年代至20世纪70年代初法国经济发展进入"黄金时期",1973年后,法国受经济危机和结构性危机的冲击,从此陷入"滞胀"泥潭,一直到20世纪90年代初经济处于萧条状态,1994年开始摆脱衰退局面,逐渐恢复增长。

一、工业

法国工业高度发达,在国民经济中占首要地位。二战以来,法国政府实施产业结构政策,通过国家对部门经济的发展方向进行干预和调节,引导产业结构不断向高层次演进。20世纪50年代末之前,是法国经济恢复和工业现代化初级阶段,国家历次计划均把基础部门(能源、钢铁、农业、交通等)列为优先发展产业,从而形成以劳动密集型基础部门为重心的工业结构;20世纪50年代末至20世纪70年代初为工业现代化高潮时期,新兴制造业(如汽车、机械、造船等)成为这一时期的主导产业群,实现了由劳动密集型向资本和技术密集型为主的结构转移;20世纪70年代初以后,高技术产业(电子、通信、宇航、核能等)被列为重点发展产业,由此推动向以知识和技术密集型为主的结构升级。目前,法国工业处在这一更高层次的结构转换过程中。

1. 能源工业

法国石油、煤炭贫乏,其能源消费80%以上仰赖进口。电力结构中,核电占特殊重要地位,是世界上核能利用比例最高的国家,核电已占其电力的74.5%。

2. 机械制造业

机械制造业以汽车、航空航天、船舶、电气电子的制造为主,产值和就业人数皆占全国的1/3以上,地位十分重要。汽车工业是法国工业的支柱之一,产量90%为小轿车,其余10%为载重汽车。所产汽车一半以上供出口,是世界重要的汽车出口国,汽车是法国工业品外贸顺差的主要来源。

航空航天工业是仅次于汽车制造业和电子工业的法国第三大工业部门,其技术水平和生产能力在世界上仅次于美国和前苏联,居第三位。法国同德国等西欧国家合作研制的空中客车飞机,在世界市场上占有相当的市场份额。同汽车工业一样,航空航天工业产品的出口对法国实现进出口贸易平衡起到重要作用。

法国电气电子工业与航空航天工业同为20世纪60年代以来迅速发展的新兴工业部门。产品包括电气设备、家用电器、专用电子设备和计算机等,其中电子显微镜、半导体激光器、光导纤维、工业控制系统、武器制导系统等享有一定声誉。法国是世界主要造船国之一,造船历史悠久,尤其长于专用船舶的建造,如集装箱船、液化天然气船以及石油钻井平台等。

3. 化学工业

法国化学工业建立了较完整的工业体系。石油化工基本上依靠进口石油进行生产,三大合成材料的生产发展迅速,已成为化学工业的主体。

二、农业

法国平原广阔,土地肥沃,发展农业的自然条件相当优越,是欧盟国家中农业最为发达的国家。

二战后,欧共体内部实行共同农业政策,法国政府也采取了一系列支持和促进农业发展的政策措施,农业获得迅速发展。法国农业具有的显著特点是全面实现了农业现代化(包括机械化、良种化、化学化、电气化)。法国农业机械化程度高,生产效率大大提高。

法国是西欧农业最发达的国家,其小麦、大麦、玉米、葡萄和牛肉等产品产量均居西欧首位,是世界上仅次于美国的第二大农产品出口国,农业在国民经济中所占地位比其他发达资本主义国家都重要得多。农产品和食品的出口约占法国出口总额的1/5,是最大宗的创汇产品。

三、交通运输业

法国陆上交通发达,水上运输和航空运输亦有较高水平。是世界公路交通最发达的国家之一。法国在高速列车技术方面在世界上居于领先地位。法国航空运输发达,巴黎是全国和国际性的航空运输中心。

四、对外贸易

对外贸易在法同国民经济和社会生活中占重要地位。2009年进出口贸易总额达12 950亿美元,是世界上第五大贸易国。

法国的出口商品以机械、汽车、化工产品、钢铁、军火、农产品和食品、服装等为主。法国的进口商品主要是能源和工业原料、专用设备及日用消费品等。突出的变化是:初级产品的进口比重明显下降,而工业制成品的进口已占60%以上。

法国是我国在欧盟国家中的重要贸易伙伴。我国对法国出口主要为日用消费品、专业设备、家电与电子产品、非金属半成品、食品和农、林、渔产品等。从法国进口主要为成套设备及技术、航空设备、机械、仪器、钢材、化工原料、医药及粮油食品等。中法两国在航空、汽车、能源、交通、通信、化工、农业和原材料等领域存在着广阔的合作前景。

第六节 英 国

英国是世界上最早实现工业化的发达资本主义国家,其工业生产和对外贸易长期居于世界首位,有"世界工厂"。19 世纪末和 20 世纪初,英国先后被美国和德国超过。一战后,其政治、经济、金融及海上霸权地位均为美国所取代。二战后,经济发展缓慢,经济实力更加削弱。2009 年国内生产总值为 21 745 亿美元,人均国民收入为 41 520 美元。

一、工业

英国传统工业包括纺织、采煤、冶金、机械、造船等,二战后,在国际竞争中逐渐失去竞争能力而趋于衰落。新兴工业包括航空航天、汽车、石化、海上采油、电气电子等,这些部门得到政府支持,垄断集中程度高,技术先进,企业规模大,科研力量雄厚,因而发展较快,其中某些技术在世界上处于领先地位。一些新兴的高技术工业部门发展十分迅速,逐渐成为英国工业的主体。

1. 石油工业

20 世纪 60 年代末,英国在北海海底发现了丰富的油、气资源。英国由原油进口国变成了出口国。北海油田的开发与迅速发展对英国经济起了很大促进作用。

2. 煤炭工业

英国煤炭资源丰富,采煤历史悠久。二战后,中东等地的廉价石油大量涌进国际能源市场,世界能源生产消费结构改变,英国煤炭工业进一步衰退,煤炭能源消费构成比重已大大下降。

3. 钢铁工业

英国是现代钢铁工业的发源地,钢铁生产曾在世界占统治地位。19 世纪末以来,英国钢铁生产渐次落后于美、德等后起的工业国家,其企业规模小、设备陈旧、布局不合理等弱点日益显露,逐渐失去竞争优势。

4. 机械制造业

英国机械制造业包括汽车、航空航天、电气电子、造船、机械等部门,是英国的主导工业部门,占工业职工总人数的 40%、工业总产值的 30% 和出口总值的 50%。

(1)英国汽车工业已有百年历史,但在日、德等国的竞争下,国内外市场均不断缩小。

(2)造船工业。1850 年至 1920 年是英国现代化造船工业建立和发展的时期。本世纪初,有"造船王国"之称。二战后,生产日益下降。

(3)航空航天工业。英国在二战时就已具有了完整的体系和一支比较熟练的技术队伍,目前已发展成为西欧最大最完整的航空工业体系。主要产品有民用和军用飞机、直升机、航空发动机、导弹、气垫船、宇宙飞行器、通信卫星及航空电子设备等。英国航空发动机制造技术在国际上享有盛誉。

(4)电子工业。电子工业与航空航天工业同属二战后建立的与军事及新技术革命密切相关的新兴工业部门,因此发展迅速,是世界上电子设备主要供应国之一,电子计算机、雷达、导航设备、通信设备、X 光扫描机等在世界市场上具有一定竞争力。

5. 化学工业

化学工业是英国工业中增长最快的部门,英国是西欧第二化工生产大国。北海油田的开发加速了英国石化工业的发展,有机合成化学工业是发展重点,除三大合成产品外,还有化工原料、化肥、医药、农药、染料等,英国是世界上仅次于德国、瑞士和美国的第四大药品生产国。

6. 纺织工业

纺织工业是英国最古老的工业部门。英国的棉纺织业曾垄断世界市场的一半,后日趋衰落。毛纺织业规模居于世界前列,产品质量高,在国际市场上具有一定竞争能力,但亦日趋萎缩。

二、农业

英国拥有高度现代化的农业,农业技术水平、农业生产专业化水平和农业劳动生产率都位于西欧国家前列。农业总产值占国内生产总值的 2% 左右,虽然比重较低,但农业仍是英国重要的经济部门。

英国渔业比较发达,是欧洲主要渔业国之一。

三、交通运输业

英国海陆空交通都很发达。英国是世界上最早建造铁路的国家。英国国土狭小,公路具备竞争优势而迅速发展,从而承担了大部分的货运和客运量。横越英吉利海峡的欧洲隧道工程已于 1994 年 5 月落成,高速火车把英伦三岛和欧洲大陆从陆地上连成一片。

岛国的地理环境使英国海空运输在世界上均占重要地位。从 18 世纪末开始的 100 余年间,英国是最强大的海运国家,几乎垄断了所有的海上贸易。目前,海运地位已相对下降。英国民用航空发展迅速,在世界上占有重要地位,其民航系统形成了全球航空网。伦敦希思罗机场是世界上国际航运最繁忙的机场。

四、对外贸易

19 世纪中叶,英国曾是世界贸易的中心。二战后随着经济的衰退,对外贸易地位逐渐下降。2009 年,英国对外贸易总额为 12 248 亿美元,已退居世界第六位,经济对外依赖程度仍极高。

二战后,英国工业品的国际竞争力也大大削弱,英国对外贸易商品构成与地区构成显著改变。工业制成品出口比重不断下降,进口比重不断上升。日本、美国及欧洲大陆的制成品大量涌进英国,大部分原材料的进口由半制成品的进口所取代;随着北海油田的开发,石油由进口变为出口,化工商品的出口持续上升,同时航空航天、机械电子等高新技术产品的出口持续上升。

英国是中国重要的贸易伙伴。中国对英出口商品主要有服装、玩具、纺织品、家电、鞋类等,自英进口商品主要有机械设备、钢材、电路装置、原油、铜及铜合金等。

思　考　题

1. 简要比较发达资本主义国家经济自我调整模式之间的异同。
2. 美国的国内经济及对外贸易有哪些特征?
3. 日本的国内经济及对外贸易有哪些特征?
4. 德国的国内经济及对外贸易有哪些特征?
5. 法国的国内经济及对外贸易有哪些特征?
6. 英国的国内经济及对外贸易有哪些特征?

第九章　当代世界主要国家经济(下)

第一节　当代世界发展中国家的经济发展

一、发展中国家的经济发展阶段

发展中国家的经济发展,是在国际社会谋求打破旧的国际经济秩序和建立新的国际经济秩序过程中进行的,受着多种因素的影响和制约,经历了以下几个发展阶段:

(1)1945—1955 年为准备阶段。此时新独立的国家起步十分困难,但采取了一些正确的战略、政策和措施,如收回经济自主权、进行土地改革、采取初级产品出口战略等,为后来的经济发展作了必要的准备。

(2)1956—1965 年为起飞阶段。由于发展中国家大多实行了进口替代战略,少数国家开始实行出口替代战略,经济上出现了高于发达国家的速度发展,年均国民生产总值增长率达 5.1%。

(3)1966—1980 年为高速增长阶段。发展中国家国内生产总值的年均实际增长率达 6%,高于自己在历史上的任何时期,也高于发达国家同时期 4.7% 的增长率。主要原因是:一些国家逐步从进口替代战略转向出口替代战略;石油输出国两次提高油价;进行了破旧立新国际经济秩序的斗争等。

(4)1980—1993 年为停滞阶段。整个 20 世纪 80 年代被人称为发展中国家"失去的 10 年",这个时期整个发展中国家年均经济增长率为 1.5%,与发达国家已经缩小的差距又开始拉大。经济困难使发展中国家开始进行经济调整和经济改革。

(5)1993 年以来呈现逐步好转、但发展不平衡的趋势。进入 20 世纪 90 年代后,东南亚经济高速增长,非洲经济走出泥潭,拉美经济走出阴影,发展中国家经济逐年好转。1997 年爆发的东南亚金融危机使发展中国家经济又转入低迷状态,但非洲的经济受影响较小。

二、发展中国家经济发展取得的成就

经过长期的努力,发展中国家的经济取得了以下成就。

1. 民族经济有了较快的发展

20 世纪 80 年代以前,第三世界的经济发展速度大大高于它们独立以前。20 世纪 90 年代以来,发展中国家经济逐年好转,尤其东亚经济高速增长。1993 年之后非洲经济连续多

年增长，1997 年非洲经济增长率为 3.7% ，超过人口增长率。据联合国非洲经济委员会 2002 年《非洲经济报告》称，2001 年非洲经济增长为 4.3% ，成为全球经济中增长最快的地区之一。自 1994 年以来，发展中国家国内生产总值的年增长率达 5.5% 以上，比发达国家快一倍还多。进入 21 世纪，发展中国家的经济发展仍然保持高于发达国家的水平。

2. 畸形的经济结构有所改善

独立前的亚非拉国家经济结构单一，手工劳动为主的农业占很大比重，工业水平很低。经过战后几十年的发展，发展中国家的工业化程度有了较大提高。发展中国家的工业化程度从 1960 年的25.2%提高到 1980 年的 35.5%，出现了一批新兴工业化国家和地区。从 20 世纪 60 年代开始，首先发展劳动密集型为主的轻纺工业，后来又发展钢铁、化工和船舶制造等重工业，建立了比较完整的工业体系，工业在国民生产总值中的比例大大提高，工业制成品已成为出口的主要部分。亚洲“四小龙”用了 25 年左右的时间完成了发达国家过去用 100 年时间完成的工业化过程。中东的石油出口国，也在农业、轻工业、炼油、化工和钢铁工业诸方面取得了长足的进展。

3. 经济自主性和经济实力有所增强

发展中国家的经济在独立前完全被宗主国所控制，本国没有经济自主权。国家独立后，它们废除了对宗主国的贡赋以及宗主国的某些特权，把外国企业收归国有，或者增加在外资企业中的股份，或者限制外国垄断资本的非法活动，根据本国国情和国家利益制定发展民族经济的战略、计划、方针、政策，大大增强了自力更生发展本国经济的基础和实力。发展中国家在世界经济中的比重，由原来的几乎为零上升到目前的约 20%。发展中国家的石油生产直接影响着世界经济的前景，1973 年石油输出国组织发动的石油斗争，对资本主义世界的经济由高速增长很快转入滞胀产生了重大影响。

三、发展中国家经济发展的不同类型与存在的问题

由于原来经济发展水平不同，国内政局稳定程度不同，发展战略和改革调整的水平不同，科技、教育、文化发展程度不同，以及受地理条件、自然资源、人口状况、历史条件的影响，发展中国家的经济在取得整体大发展的同时，存在着严重的不平衡。按人均国民生产总值的高低大致可分为五种类型：

（1）高收入的国家和地区。主要指中东和其他地区的约 20 个石油出口国。这些国家人均收入高，但它们的经济没有得到全面的发展，国家工业化、现代化程度低，抗险性不强。

（2）新兴工业化国家和地区。主要指东南亚和拉美的约 10 个国家和地区。如亚洲“四小龙”，拉美的巴西、墨西哥、阿根廷等国。这些国家的收入处于中上等水平。还有一些中等收入且在加快发展的中小国家，如泰国、马来西亚、印度尼西亚、菲律宾、南非、以色列、摩洛哥、突尼斯、加蓬、智利、秘鲁、哥伦比亚等。

（3）低收入的国家和地区。主要分布在拉美、南亚、北非地区。这种类型的国家占发展

中国家的大多数,它们大多是农业国。它们的产业结构大多还没有根本的变化,出口原材料和初级产品是其国民收入的主要来源。

(4)某些大国。如中国、印度等在加快发展,具有相当的发展潜力,与某些新兴工业国化一起,被美国称为“未来世界的十大新兴市场”。但由于人口多,人均仍处在低收入的行列中。

(5)最不发达国家。主要分布在非洲撒哈拉大沙漠以南、亚洲和大洋洲。根据1981年联合国发展计划委员会重新规定的最不发达国家标准,当时全世界有39个最不发达国家。20世纪90年代联合国发展委员会又提出了几条新标准,1994年底确定最不发达国家48个,其中非洲33个,亚洲9个,大洋洲5个,拉美1个,占发展中国家1/3以上。这些国家经济结构单一,基础设施落后,人口增长过快,政局不够稳定。其中不少国家温饱问题还没有解决。

发展中国家在经济上取得突出成绩的同时,面临的问题也很严峻。

1. 人口压力沉重

世界人口1999年10月12日达到60亿,发展中国家占人口激增数额中的最大份额,占94%。目前世界人口的80%生活在发展中国家,预计到2020年,这个比例将进一步增加到83%。世界银行1999年估计,未来14年中,世界人口将增加10亿,其中90%将出生于发展中国家。到2100年时,发展中国家人口将为87.48亿,约占世界总人口的85.9%,仍将面临严峻的人口压力。

2. 粮食短缺严重

与人口急剧增长紧密相连的是粮食短缺问题。20世纪末,115个发展中国家几乎有一半人均粮食消费量下降,8亿人口长期缺粮。在非洲,1亿多人食物严重短缺,6千多万人处于饥饿的边缘。在亚洲,大约有2亿人长期生活在饥饿与疾病的阴影下。

3. 债务长期困扰

发展中国家所欠外债总额,1991年为7 940亿美元,1997年增至2.5万亿美元,到1999年进一步超过3万亿美元,进入21世纪后有所减少,但仍高达2万多亿美元。从地区分布看,亚洲债务超过1万亿美元,占发展中国家外债总额的一半以上,其次是拉美和非洲地区。许多国家已无法按期偿还贷款,一些国家每年需用出口25%的收入用于还本付息。

4. 金融危机频发

1994年底与1995年初,墨西哥爆发了震惊世界的金融危机。1997年7月初,泰国也发生了金融危机,很快引起了连锁反应,东南亚各国、韩国、俄罗斯、日本以及其他发达国家均很快被波及。墨、泰的金融危机影响了全球的经济,尤其对发展中国家的相关国家经济打击惨重。

5. 环境条件恶化

环境问题是关系人类生存与可持续发展的核心问题。全球有8大人类环境问题目前十分引人注目:物种灭绝,生物多样性消失;臭氧层耗损;温室效应和全球变暖;酸雨危害加重;森林锐减,水土流失;草原退化,土地荒漠化;大气、水质、土壤污染。尤其对发展中国家的经济及持续发展负面影响巨大。

6. 信息和先进技术"边缘化"加剧

发展中国家在信息、技术、知识等方面与发达国家存在巨大差距,是近些年人们才深刻认识到的一个严重问题。大多数发展中国家长期处在信息贫困之中和数字鸿沟的另一边,已成为发展中国家发展缓慢的一个关键制约因素。

此外,发展中国家还存在其他问题。如失业严重、贫富悬殊、两极分化加剧等。这些问题不仅严重影响经济的发展,而且造成这些国家的政局动荡、社会矛盾激化。

四、发展中国家经济发展战略的调整与改革

发展中国家面临的困难和危机,成为其经济发展战略调整与经济改革的内因。20 世纪 80 年代中期以后世界兴起的改革浪潮,是发展中国家进行调整与改革的外因。在这种历史背景下,发展中国家对本国的经济发展战略进行了许多调整。

在对外发展战略上,各个国家结合本国的经济发展水平,分别采取了进口替代战略或出口导向战略等。进口替代战略的核心是通过保护政策,发展满足本国市场的工业制造业,以本国生产的工业品替代原来需要进口的工业制成品,是一种内向型的发展战略,在发展中国家工业化初期一般都采用这种战略。这种战略有利于经济结构的多元化发展,减少对外国工业品的依赖程度,也有利于培养国内急需的管理人员和技术人员。这种战略的缺点是经济发展缺乏活力,不利于开拓国际市场,易导致国际贸易状况恶化等。出口导向战略的特点是把国内的自然资源及廉价的劳动力和国际市场上的先进技术及资金结合起来,瞄准国际市场,大力发展出口工业,以争取更深更广的国际分工和国际竞争,加速工业化的实现。这种战略有利于提高本国的国际竞争力,有利于充分利用国际的先进技术和资金,有利于调整国内产业结构,加快经济发展步伐。但是,这一战略容易形成对国外市场的依赖,国内其他部门不能得到有效的发展。

在对内发展战略上,主要进行了以下大的调整:

(1)加强农业的发展,提高农业劳动生产率。面对严重的粮食短缺现实,许多发展中国家开始加大力度发展农业。增加对农业的投资和贷款、兴修水利工程、提高农产品的价格、提高农民的生产积极性。进入 20 世纪 90 年代后半期,不少发展中国家的粮食短缺的状况开始好转。

(2)发展多种经济,调整经济结构。殖民主义给发展中国家带来的一个严重结果就是经济结构单一,仅依靠一种或几种农矿产品的出口作为国民经济的主要支柱,这是发展中国家受控于西方发达国家的主要原因。如今,各个发展中国家纷纷采取多种措施,努力实现工业、农业、能源和交通运输等各部门的均衡协调发展,使国民经济结构有了很大的

改观。

(3)发展市场经济、鼓励私人经济。在取得国家独立以后,许多发展中国家效仿社会主义国家,实行国民经济计划化,取消私人经济。但进入20世纪80年代后期,这些国家开始改变策略,调整了公私关系,将一些长期亏损的国有企业转为私营或合营企业,同时鼓励私人经营中小企业。这些政策的实施,使国民经济很快得到了恢复,促进了国内外贸易。

在发展中国家经济调整与改革的过程中,既取得了一些成功的经验,也积累了一些值得重视的教训,这些经验教训概括起来,主要有以下几个方面:必须把独立自主与对外开放相结合;必须把对自然资源的开发和利用与科技创新相结合;必须把追求经济发展速度与可持续发展相统一;必须把政治经济变革和政治社会稳定相统一等。遵循这些原则、经验,扎扎实实做的,成绩就斐然;违背这些原则、经验的,经济发展就会出问题,甚至大吃苦头。

第二节　印　度

一、经济发展历程

20世纪90年代伊始,创造了"经济奇迹"的东亚国家的近邻印度,经济上却危机四伏。1991年,10亿美元的外汇储备只够支付两周的进口费用,国际债务超过700亿美元,GDP增长速度仅为0.9%。面对这样的困境,新上台的拉奥政府开始积极寻找振兴经济的良策。他们从中国等东亚国家的经济发展中看到了希望,决定对外开放,实行以市场为导向的经济自由化。全球化改革。此举在印度被称为"第二次革命"。几年之间,印度便出现了一派欣欣向荣的景象,印度经济竟在悄然无声中开始崛起。

印度历史悠久,自然资源与人力资源丰富。但长期的殖民统治和传统封建生产关系的束缚,却使它成为一个十分贫穷的国家。独立后,印度致力于民族经济的发展,20世纪50年代初印度政府提出了经济发展战略,即通过实行所谓"混合经济",发展国家资本主义,并扶植大、中、小型私人资本主义,同时引进外国资本,从而形成现今印度多种经济成分并存的局面。为了发展民族经济,从1951—1991年以来,连续制订和实施了8个"五年计划",在政治上推行社会改良政策,在经济上发展资本主义生产,使社会保持了相对稳定的局面,取得了一定的发展。印度拉奥政府自1992年6月执政以来,大力推行经济改革,突破了印度独立后长期奉行的一套限制进口、限制外资的保护主义经济政策,逐步放宽投资和进出口贸易限制,并调整金融货币政策,扩大私人经济成分,改造国营经济,工业许可证正在消亡,保护性关税日见降低,推动经济朝着自由化和外向型的方向发展。改革开放发展了印度经济,提高了其产品的国际竞争力,国力迅速增强。2009年印度GDP已增至13 102亿美元,人均国民收入达1 180美元。

印度取得的巨大经济成就,除了改革开放的正确政策外,也得益于其他许多原因。印度是世界大国之一,工业已有较好基础,形成了一个具有相当规模的工业体系,能制造导弹、人造卫星和原子能发电设备。印度拥有一支庞大的科技队伍,其人才数量在世界上居于前列。印度还拥有一支仅次于美国、日本居世界第三位的股票持有人队伍。从某种意义上说,印度具备了迎接新技术革命挑战的一些条件,其经济发展的潜力是巨大的。为此,美国把印度列为十大新兴市场之一。

二、国民经济

1. 工业

印度的工业体系拥有 40 多个工业部门。过去,以棉麻纺织业为主的轻工业是印度工业的主体。独立后,重工业一直成为印度经济发展的重点,工业结构发生了明显的变化。本国已能制造各种机床、精密仪器、汽车、飞机、远洋轮船、电子产品,还建成了原子能发电站,发射了地球卫星和通信卫星,具备了生产核武器的能力。在努力发展大工业的同时,对传统的小型工业和手工业采取了保护政策。目前,印度工业的自给率大大提高,并能向外输出多种轻重工业产品和一般性的工业技术。但工业发展还面临缺乏资源、石油能源、先进技术等问题,且人均工业品消费量仍然较低,长期制约印度工业的进一步发展。

2. 农业

农业是印度经济中最基本的部门,以种植业为主,耕地面积占全国面积的 56%,农业劳动力占经济活动人口的 66%,各类作物的播种面积居世界前列,农业生产总规模仅次于中、美、俄三国居世界第四位。自从独立以来,为了使农业适应民族经济的发展,印度政府采取了一系列措施开展“绿色革命”,目的是通过推行现代化农业技术,解决粮食问题,提高农业生产力。农业技术的改进,使印度粮食产量有了较大的增长,集约化经营的发展,也促进了印度农村资本主义的发展。然而,印度农业基本上仍未摆脱靠天吃饭的状况,一些地区生产力仍极低下。

印度种植业以种植稻谷、小麦、棉花、黄麻、甘蔗、茶叶等为主。印度畜牧业产值占农业总产值的 1/4。近年来,“白色革命”(旨在提高牛奶产量)初见成效,牛奶增产显著,对改善国民营养状况起了不小的作用。

3. 交通运输业

印度是发展中国家中交通运输最发达的国家之一,印度铁路网密度大,但轨距不一,影响运输效率。近年来,公路运输发展较快,海运业相对发达。

4. 对外贸易

独立后,印度对外贸易的发展亦较缓慢,对世界市场依赖不大。1993 年至 1994 年度,印度进行了外贸体制改革,出口额快速增长。2009 年全年度进出口贸易总额达到 5 661 亿美元。

印度进口商品以石油、机械设备、化工产品和珠宝原料为主,出口以珠宝首饰、纺织、服装、皮革制品、机械设备、粮油产品、茶叶、铁矿石和水产品为主。近年来,印度电子工业中计算机软件发展和出口尤令人瞩目。政府制定灵活、优惠的扶植软件业发展的政策,同时吸引外资建立电子器件技术园区。

印度外贸的地区构成发生了很大变化,20 世纪 50 年代主要贸易对象是英国,20 世纪 60 年代主要贸易对象是美国,20 世纪 70 年代前苏联跃居首位,欧共体、中东、日本也占重要地位,目前则主要是美国、欧共体、中东、日本和东南亚国家。

第三节　韩　　国

一、经济发展概况

战后几十年来,韩国政府充分及时地利用国内外的有利条件和机遇,采取适合本国国情的经济政策,适时地调整发展战略和经济结构,积极利用外资,引进技术,扶植战略产业,开发国际市场适销的新产品,建立出口加工区和自由贸易区,为扩大出口服务,在 30 多年的时间里,努力进行了港口、道路、电站等基础设施建设,迅速建立起以钢铁、造船、石化、汽车、电子为代表的重化工业体系,实现了经济的高速增长,迅速发展成为令世人瞩目的新兴工业化国家和出口贸易超千亿美元的贸易大国。

战后至 20 世纪 50 年代初,韩国经济仍带着深深的殖民地烙印,工农业基础薄弱,经济结构畸形。从 1953 年起。韩国连续实行了两个农业增产五年计划,同时得到美国 12.9 亿美元的无偿援助,通货膨胀率逐年下降,经济形势逐步稳定。1953 年至 1960 年,韩国经济年平均增长率为 4.9%,超过了同期整个发展中国家 4.4% 的年均增长率;同期,工业总产值的年均增长率达 10.8%。1958 年,韩国国民经济规模全面超过战前水平,进入新的增长时期。

20 世纪 60 年代初起,韩国经济步入高速增长轨道,1962 年至 1966 年,韩国政府实施了第一个五年计划,重点发展替代进口的轻纺工业部门以及能源、交通、通信等基础部门,同时开始推行“出口第一”,采取降低汇率,实行单一浮动汇率制等措施,促进对外贸易的发展。1964 年 11 月,韩国出口额首次突破 1 亿美元。1967 年至 1971 年的第二个五年计划,发展重点仍以轻纺工业为主,并着力发展电力、港口等基础设施,建立了主要工业基地。在战略上进行了由进口替代向出口导向的转变,对外贸易加速发展,纺织品、成衣、鞋类成为韩国出口的重要商品。20 世纪 70 年代初,轻纺工业已发展到相当成熟的地步,基本上改变了以小农经济为主体的半封建殖民地经济结构,并为实施“以轻养重”方针奠定了基础。韩国政府同时又下大力谋求工业结构的现代化,着手发展钢铁工业和石化工业,并使经济逐步实现开放体制化。

1972 年至 1981 年,韩国政府实施了第三和第四个五年计划。韩国抓住西方发达国家产业结构调整的机遇,推行“有重点地发展重化工业”的方针,把钢铁、有色金属、机械、造船、汽车、电子、石化、水泥、陶瓷和纤维工业,作为”十大战略工业”重点扶植发展。到 20 世纪 70 年代末,重工业超过轻工业,其经济的重化工业化率从 20 世纪 60 年代后期的 40% 提高到 20 世纪 80 年代初期的 55.6%,韩国跻身于新兴工业化国家的行列。它的造船能力在 20 世纪 80 年代初达到 125 万吨,居世界第二位。其钢铁和汽车产业也快速发展。重化工业的高速发展,改变了韩国的产业结构,大大促进了国民经济特别是外向型经济的迅速发展。

20 世纪 80 年代初至 20 世纪 90 年代初,韩国继续在“出口导向”战略下实施“五年经济发展计划”,再次大力调整经济结构,提出并以实现“科技立国”为基本目标,大力提高国民经济的科学技术水平,将重点转向知识技术密集的产业领域,实行产业升级和产品的高级化、多样化。并在电子、半导体、通信、情报、自动化机械、精密化工等新兴产业领域取得较大进展,从而使韩国工业迅速由劳动密集型向资源、资本密集型发展,又进而向知识技术密集型迈进。

进入 20 世纪 90 年代以后,韩国进一步实施“科技立国”的基本国策,采取了增加科技研究与开发投资、大力培养科技人才等措施,加快发展高科技产业,以逐步建立自己的高科技体系和促进经济结构的进一步升级。“科技立国”策略的实施,使韩国经济结构进一步发生了明显的变化,经济实力明显增强。在电子工业方面,三星、现代、LG 三大电子公司的芯片已占有全球半导体市场的重要地位。其中,三星电子公司的显示屏、记忆芯片、显像管的销售量均居世界前列。

此外,韩国政府还提出了“世界化战略”方针,以此迎接世界范围内科技与贸易的新挑战。

二、对外贸易

韩国天然资源贫乏,对外贸易被视为其生命线。1964 年,韩国提出“出口立国”战略,采取了诸如统一汇率、降低关税、削减非关税壁垒、开放国内金融市场、减少价格控制等重大贸易和金融改革措施。第三个和第四个五年计划期间又采取了“以轻养重”和一系列重大的进口替代政策措施,加紧发展了本国的重化工业。长期系统政策的推出,迅速增强了国家的经济实力,推动了韩国对外贸易快速发展。

就出口额而言,1962 年韩国出口贸易总额 0.55 亿美元,1964 年超过 1 亿美元,1971 年超过 10 亿美元,1977 年超过 100 亿美元,1995 年 10 月底,首次突破 1 000 亿美元大关,2009 年韩国进出口贸易总额为 8 189 亿美元,其中出口为 4 208 亿美元,表明韩国已正式步入世界贸易大国行列,其出口的年平均增长率高达 20% 以上。

同时,韩国出口商品结构也发生了很大的变化。20 世纪 60 年代初,农副产品和矿产品占全部出口商品的一半以上;20 世纪 60 年代中期,工业品出口比重迅速赶上并超过农矿产品出口比重;而到了 1969 年,工业品出口比重已占到 81.3%,但其中 80% 以上为轻纺产品。20 世纪 70 年代初,随着国民经济的重化工业化,20 世纪 70 年代中期,除传统商品外,电子、船舶、钢铁和石化产品等已位居十大出口商品之列。1985 年,工业品比重已提高到 95.6%,其中重化工产品提高到59.1%。目前,出口商品结构进一步向高层次发展,主要出口创汇商品已完全由电子、电气、纺织类化工产品,汽车和钢铁为代表的技术、劳动密集型产品取代初级产品和传统劳动密集型产品。

韩国进口商品中,以为出口服务的原材料、机器设备占进口总额的比重最大,主要为石油、木材、煤炭、机械、废钢铁、农矿原料等,消费资料所占比重小。韩国对外贸易的出口市场主要集中在北美和亚洲地区,其中美国是韩国最大的出口市场,其次为日本。为摆脱过分依赖一两个国家的局面,韩国努力推进市场多元化策略,把邻近地区和西欧作为全方位拓展国际贸易的重点地区。韩国的进口市场也主要集中在北美和亚洲,近年来,它同亚洲各国的进口贸易迅速超过北美,从中东地区和西欧各国及澳大利亚的进口也越来越扩大,对非洲和拉美地区的进口贸易也呈逐渐增长之势。

中韩两国的经贸往来始于 20 世纪 70 年代末 20 世纪 80 年代初。1988 年双方开展直接贸易以来,双边贸易额迅速增长,目前,韩国已成为我国在亚洲的第二贸易伙伴。在进出口商品结构方面,近年来,中国对韩国的出口商品主要有纺织原料及其制品、原油和成品油、煤炭、有色金属及农副产品。韩国对中国的出口商品主要有钢材、纺织原料,塑料及其制品、电子产品、机械设备等。

第四节　新　加　坡

一、经济发展概况

新加坡独立时,经济严重依赖转口贸易和英国军事基地的开支,其中转口贸易几乎成了新加坡唯一的财政收入来源,如 1959 年新加坡的转口贸易额及与转口贸易有关的经济活动产值,占新加坡本地生产总值的比重达 80% 以上。为改变单一的经济结构,新加坡政府致力于实现经济多元化。

20 世纪 60 年代初,新加坡着手发展本地工业,主要采取进口替代政策,以推动本地制造业的发展。据统计、新加坡的新兴企业(指能生产新加坡在此前不能生产的产品的企业)。从 1960 年到 1965 年,整个制造业的产值由 4.6 亿新元增加到 10 亿新元,表明已开始摆脱单纯依靠转口贸易的单一性经济结构。1965 年,新加坡脱离马来西亚,新政府把过去发展“替代进口”工业的政策方针改变为发展“出口导向”工业的政策方针，发展目标主要是创造就业并初步实现工业化，手段主要是贸易自由化。

作为自由港国家，20 世纪 60 年代以来，新加坡设立出口加工区 20 多处，通过进口原材料和零部件、半成品，利用本国廉价劳动力加工装配，向外出口制成品，赚取附加价值。最初通过生产和出口的制成品主要是劳动密集型产品，包括纺织品、服装、电子产品、金属制品、皮革制品等。为减少和韩国、中国台湾、中国香港的竞争，新加坡政府选择发展了一些对资本和技术要求都比较高的产业部门，其中首推炼油业。新政府采取有效措施，吸引外资，先后建起五大炼油厂，成为仅次于休斯敦和鹿特丹的世界第三大炼油中心，炼油也成为新加坡当时第一大工业部门。

与炼油业几乎同时崛起的还有电子工业。1965 年起，新加坡政府通过引进外资和国外技术，开始发展电子工业，最初是为本地市场生产黑白电视机，20 世纪 70 年代初，美国的计算机公司开始在这里组装计算机，以后电子工业蓬勃发展，成为新加坡第二大工业部门。

第三大工业部门是船舶修造业，这是新加坡的传统优势部门。新加坡是世界海洋石油钻井平台的主要生产基地之一。炼油工业、电气电子工业和船舶修造业的迅速发展，不仅改变了新加坡以劳动密集型为主的轻型产业结构，也改变了新加坡对外贸易的商品结构。

20 世纪 70 年代末，新加坡政府制订了新的经济发展计划，提出进行”第二次工业革命”，进一步发展资本密集和技术密集的工业，以取代劳动密集型工业，发展资本及技术密集产品的出口。谋求把新加坡建成技术、制造业及服务业中心。

除制造业之外，新在交通、通信、金融、贸易、旅游等方面也都取得了长足的发展。新加坡是世界著名的转口港，目前其海运及集装箱吞吐量居世界前列。航空运输亦高度发达，是亚、欧、澳三大洲之间重要的国际航空中心。新加坡也是重要的国际通信中心。

新加坡的国际金融业自 20 世纪 60 年代后期开始兴起，1970 年新加坡设亚洲美元市场，它以十分完备的优惠制度吸引外资，兼以通信等服务设施完善，被列入“世界最理想的投资国”之一，成为仅次于伦敦、纽约、东京、香港的国际性金融中心。

20 世纪 70 年代以来，新加坡旅游业快速发展。新加坡利用其优越的地理位置，通过大力发展基础设施，提供优质服务，简化出入境手续，并开展各种旅游外交活动，吸引了大量外国游客来访及大批国际会议来新召开，目前新加坡已发展成为亚洲著名的旅游城市。

二、对外贸易

新加坡奉行自由贸易政策，对外贸易极其发达，在其经济中占有极其重要的地位。新加坡是个以贸易立国的国家，对外贸易建国初，新以转口贸易力主，当时转口贸易占其出口总额超过 90%，主要从邻国进口锡、橡胶、咖啡等产品，经加工转口至西方国家；同时从欧、美、日进口机械设备和其他工业制成品，转口至东南亚国家。

20 世纪 60 年代中期以后，转口贸易在新加坡对外贸易中的地位逐步下降，本国生产的劳动密集型产品(如纺织品、服装、电子产品、金属制品、食品等)出口迅速上升。20 世纪 70 年代末开始的"第二次工业革命",致力于出口产品的升级换代,资本、技术密集的高增值的产品出口比重迅速上升。经过 30 多年的努力,新加坡对外贸易飞速发展,对外贸易额从 1965 年的 20.25亿美元增加到2009 年的 6 773 亿美元(其中出口额从 7.81 亿美元增加到 3 576 亿美元,进口额从 12.44 亿美元增加到 3 197 亿美元)。其对外贸易额为其国内生产总值近 3 倍,贸易依存度为世界最高。

目前,新加坡主要出口成品油、化工产品、飞机部件、电子计算机、电脑周边设备、半导体零配件、通信设备、钻油平台、医疗设备、纺织品等,进口的主要商品是原油、石油产品、机械设备、电力设备、光学仪器、纺织品、农产品等。

新加坡一向采取被称为"门户开放"的分散贸易对象的政策,贸易伙伴遍布全球 160 多个国家和地区,主要贸易伙伴为美国、东盟、日本、欧盟、香港、中国等。其主要贸易伙伴主要分布在亚洲,亚洲占其进出口总额的 60% 以上。

此外,作为东南亚重要转口贸易站,虽然由于本国制成品出口迅猛增长,转口贸易比重大幅下降,但转口贸易在新加坡对外贸易中仍然占有重要地位,特别是马来西亚、印尼、泰国等新兴工业国家的兴起带动新加坡转口贸易激增,因此,新加坡作为东南亚主要转口贸易基地的地位不断增强。

中新两国有着悠久、友好的贸易往来历史。中国实行改革开放后,两国经贸关系又有了新的发展。新成为我国在东南亚重要的贸易伙伴。新加坡是我国轻纺、粮油、食品、土特产品出口的传统市场,近年来,五金矿产、机电设备仪器等产品出口呈增长态势。我国主要从新加坡进口橡胶、石油化工、机电仪器等产品。

第五节　俄　罗　斯

俄罗斯联邦是前苏联经济最发达、实力最雄厚的共和国,前苏联经济实力的基础、骨架及布局基本上或大部分分布在俄罗斯联邦,产业结构大体上仍保持着前苏联的基本特征。俄罗斯进行了经济体制改革,市场因素增加,经济开始按市场规律运转,但经济形势仍然严峻,反映俄罗斯综合经济实力的各项综合性经济指标有所下降。2009 年,俄罗斯国民生产总值为 3 930 亿美元,人均 GNP 为 2 650 美元。

一、工业

俄罗斯地大物博,资源丰富,形成了雄厚的基础工业,并以机械、钢铁、有色冶金、石油、天然气、煤炭、森林工业及化学工业等重工业为主,能源工业地位突出,轻纺食品工业也很发达,军火工业在国民经济中占重要地位。

1. 燃料动力工业

俄罗斯不仅是世界能源资源大国,同时也是能源生产大国之一,能源总产量仍居世界前列。石油是俄首要能源,也是重要出口物资,是俄取得外汇的主要来源。俄是世界原油加工数量最大的国家之一,天然气在世界上藏量最大,产量也最多。俄罗斯是仅次于美国的世界电力生产大国,其电力构成中,火电约占3/4,水电与核电并重。

2. 冶金工业

俄罗斯是世界钢铁生产大国,钢的生产能力近1亿吨,但实际年产量已降至5 000万吨以下。

3. 机械工业

机械工业是俄罗斯最主要的重工业部门之一。俄罗斯机械制造业部门复杂,产品种类繁多,但机械工业在国民经济中的比重及劳动生产率均低于美国、日本和德国。以生产技术水平而言,则国防军工较先进,而民用机械较落后。俄独立以来,机器制造工业是受损失最大、经营最惨淡的部门。这主要是因为:前苏联的解体破坏了原有经济联系;消费单位资金短缺,购买力下降;国家对机器制造各部门投资减少;机器制造各部门产品结构陈旧,不能适应市场需要,等等。

4. 化学工业

战后以来,随着化学工业原料向石油天然气的转变,前苏联化学工业取得突飞猛进的发展,20世纪70年代,其化学工业发展速度跃居世界首位,从而发展成为世界上化学工业发达的国家之一。目前,俄罗斯的化工生产能力占前苏联的一半以上,以制造化肥和合成材料著称,其中合成橡胶的年生产能力居世界首位。

5. 森林采伐与木材加工业

俄罗斯是世界上森林资源最丰富,森林采伐、木材加工和林产化工都很发达的国家。俄出口木材主要输往欧洲、非洲和亚洲森林资源短缺的国家和地区。

6. 纺织工业

纺织工业是俄罗斯最古老和最主要的轻工业部门,其中棉纺织工业最称发达,毛纺织工业发展较快。近年来,一方面由于受到大量国外进口商品的猛烈冲击,另一方面由于国内轻工业商品市场发育不健全,因而整个轻工业生产皆严重衰减。

7. 渔业及水产加工业

俄拥有世界最大的渔船队,年渔获量近1 000万吨(其中海洋渔获量占90%以上),居世界前列。

二、农业

俄罗斯拥有世界面积最广的黑土带,农牧业在经济中占一定地位,但远不如工业发达。种植业以小麦和黑麦为主。除粮食外,还种植蔬菜、水果、葡萄、茶叶,生产亚麻、甜菜、向日葵等经济作物。近年来,由于农业资金不足,对农业的投入大大减少,农业技术装备率严重下降,价格没有理顺,工农业产品剪刀差拉大,农民失去经营农业的信心,再加上自然灾害等原因,农业处于严重不景气状态。

三、交通运输业

俄罗斯交通运输以铁路为主,包括水路、公路、管道和空运等形成一个综合运输网络。海洋、公路、内河、空运不占有重要地位。

四、对外经济贸易关系

近几年来,俄罗斯的进出口贸易额均有较大增加。2009 年,其进出口贸易额总计为 5 964 亿美元。出口商品中以燃料动力产品、黑色和有色金属及其制品为主,两者合占总额的 2/3,其次为化工产品、机器设备、木材、纸浆等。进口商品以机器设备、食品为主,其他还有化工产品、纺织品、服装、鞋类、金属制品等。

思　考　题

1. 二战后,发展中国家经济发展取得了哪些成就?
2. 二战后,发展中国家经济发展遇到了哪些问题?
3. 二战后,发展中国家对外战略上做了哪些方面的调整?
4. 比较中印两国国内经济及对外贸易方面的异同?
5. 不同阶段韩国的经济发展战略是什么,其对外贸易有什么影响?

第二篇　我国对外贸易

第十章　我国对外贸易的历史与发展

改革开放以来，我国对外开放取得了巨大成就，实现了从封闭半封闭经济到全方位开放的伟大历史转折，形成了从沿海到沿江沿边、从东部到中西部区域梯次开放的格局，实现了从贸易到投资、从货物贸易到服务贸易领域不断拓展的开放格局，呈现了从数量小到数量大、从质量低到质量高的开放新趋势。我国正在以开放的新英姿在世界经济舞台上发挥着越来越重要的作用。

第一节　我国对外开放概述

改革开放前，我国基本上处在封闭半封闭状态，对外贸易规模较小，1978 年，进出口总额只有 200 多亿美元，利用外资基本是空白。30 年来，我国对外开放的广度和深度不断拓展，对外经济呈现加速发展态势。,经济国际地位和国际影响力不断提高。

一、我国对外开放概况

改革开放以来，我国对外贸易快速增长，我国对外贸易对国民经济的贡献也不断提高。进出口贸易总额占国内生产总值的比重由 1978 年的约 10% 提高到 2009 年的 50%，上升了 4 倍。

与此同时，20 世纪 90 年代以后，利用外资规模不断扩大。1978 年以来，为了弥补国内资金、技术、设备、管理以及人才方面的不足，利用外资迅速进入扩张时期，而且外资进入领域不断拓展，贡献也不断提高。1979—2009 年，我国累计实际使用外商直接投资 9 426 亿美元。据联合国贸发会议数据统计，2009 年实际使用外商直接投资 950 亿美元，占世界外国直接投资总额的 8.5%，在全球范围内，仅次于美国排在第二位。从 1991 年起连续 19 年居发展中国家吸引外商直接投资第一位。截止到 2009 年末，我国规模以上工业总产值的 30% 以上，进出口总额的一半以上是由外资企业创造的。

30 年来，进出口贸易从逆差转变为顺差，使我国从一个外汇短缺的国家一跃成为世界第一大外汇储备国。从改革开放到1993年,除少数年份进出口贸易有小规模顺差外,多数年份均为逆差。进入1994年以来,进出口贸易均保持顺差,且规模不断扩大。1995年贸易顺差突破100亿美元,达到167亿美元。2005年又突破1 000亿美元,达到1 020亿美元。2008年最高达到2 981亿美元,受到国际金融危机影响,2009年下降到1 957亿美元。由于我国常年双顺差,外汇储备迅速增长。从1978年仅有的1.67亿美元迅速扩大到2009年的2.4万亿美元。

二、我国对外开放格局

以十一届三中全会为标志,我国开始了对外开放的历史性转变。开放格局经过先试验后推广,采取了分步骤、多层次、逐步推进的战略,经历了一个不断扩大和深化的过程。

我国的对外开放实行的是从沿海向内地有梯度推进的战略。我国对外开放格局的形成主要分为五个阶段。

1. 创办经济特区

经济特区是我国对外开放的第一个层次。1979年7月,我国政府决定对广东、福建两省的对外经济活动实行特殊政策,地方政府被授予更多的自主权。1980年5月,确定在深圳、珠海、汕头、厦门四市各划出一定区域建立经济特区,1983年4月,海南也加入经济特区的行列,实行经济特区的优惠政策。它们有着国家给予的特殊政策,从外贸经营权、利润留成、财政包干、税收优惠以及一定程度的立法权都归地方控制。经济特区的设立,是我国对外开放的突破口和开创性措施。

2. 开放港口城市

沿海开放城市是我国对外开放的第二个层次。1984年5月,我国政府决定开放北起大连,南到北海的14个沿海大中港口城市。1990年4月,开放、开发上海浦东,将上海建设成国际金融、贸易中心。国家对这些城市实行经济特区的某些政策。在这些开放城市中,有条件的地方可以兴办经济技术开发区,通过各种优惠政策吸引外资,开发新技术、新产品、新兴工业。

3. 建立沿海经济开放区

沿海经济开放区是我国对外开放的第三个层次。1985年2月,将长江三角洲、珠江三角洲和闽南三角区划为沿海经济开放区。1988年,全部开放辽东半岛和山东半岛,与已开放的大连、天津、青岛等渤海湾港口连成一片,形成环渤海开放区;国家对这些开放区实行沿海开放城市的优惠政策。沿海经济开放区可凭借交通方便,对外联系广泛,工农业基础好,有丰富的劳动力资源,以及蓬勃发展的乡镇企业的力量,并根据国际市场的需要,通过吸引外商直接投资,大力发展外向型的加工工业和出口创汇农业,扩大出口创汇。

4. 开放沿江、内陆以及沿边城市

我国对外开放的第四个层次是由沿海带动整个内地的发展,促进全国经济的振兴,从而逐步形成全方位的对外开放格局。党的十四大报告为我国对外开放格局确定了发展目标:对外开放的地域要扩大,形成多层次、多渠道、全方位的对外开放格局。因此,1992年以后,我国在继续开放沿海地区的基础上,进一步开放了陆地边境市、镇,沿江(长江)城市和内陆省会城市,使我国形成了全方位对外开放的新格局。

(1)1992年6月,开放芜湖、九江等5个长江沿岸城市。沿江和内陆省会城市的开放,将使我国对外开放向纵深地域发展。我国通过该地区的开放,不仅促进了长江流域和大半个我国经济的发展,而且对于扩大和完善我国对外开放格局,缩小东、中、西部地区差距都将会产生积极影响。

(2)不久又开放所有17个内陆省会、自治区首府城市,将对外开放延伸到内陆地区,进一步开放陆地边境市、镇,是全方位对外开放的重要步骤。

(3)对陆地边境市、镇,实行类似沿海开放城市的政策,逐步开放内陆边境城市。沿边地区利用中央赋予的政策,逐步打开了封闭的门户,一种以贸易为先导,以内地为依托,以高层次经济技术合作为重点,以开拓周边国家市场为目标的沿边开放新态势已经形成。

1999年党的十五届四中全会明确提出国家要实施西部大开发战略。加快西部对外开放是西部大开发战略的主要内容。为了推动西部对外开放,国家在吸引外资、发展对外经济合作方面给予了西部地区许多政策支持。

至此,我国基本形成"经济特区－沿海开放城市－沿海经济开放区－沿江和内陆开放城市－沿边开放城市"这样一个全方位、宽领域、多层次的对外开放区域格局;

5. 加入WTO

2001年我国正式成为WTO成员以后,随着经济社会发展重心的转变,我国对区域优惠差别政策进行调整,区域开放进一步取得重大进展。中西部及东北老工业基地的开放和发展受到更多重视,国家鼓励各种资源,包括外商直接投资向这些地区转移。我国已经进入了全面、高度开放的时代。

表10－1　我国对外开放进程表

开放层次	开放时间	地域范围
经济特区	1979	深圳、珠海、厦门、汕头
	1988	海南省
	1990	上海浦东
沿海港口开放城市	1984	大连、秦皇岛、天津、烟台、青岛、连云港、南通、上海、宁波、温州、福州、广东、湛江、北海
沿海经济开放区	1985	长江三角洲、珠江三角洲、闽东南地区
	1988	山东半岛、辽东半岛

表 10 - 1(续)

开放层次	开放时间	地域范围
陆地边境市、镇	1992	珲春、绥芬河、满洲里、黑河,二连浩特、伊宁、塔城、博乐,瑞丽、畹町、河口,凭祥、东兴
沿江开放城市	1992	上海浦东、重庆、岳阳、武汉、九江、芜湖等沿长江港口城市
内陆、边境、沿海省会城市	1992	太原、合肥、南昌、郑州、长沙、成都、贵州、西安、兰州、西宁、银川等11个内陆省会城市;昆明、乌鲁木齐、南宁、哈尔滨、长春、呼和浩特、石家庄7个边境省会城市
进一步扩大西部对外开放	1999	四川、贵州、云南、西藏、陕西、甘肃、宁夏、青海、新疆、内蒙、广西、重庆

从开放领域看,我国对外开放从商品贸易向投资和服务贸易领域推进。改革开放之初,我国对外开放以“出口创汇”为切入点,千方百计扩大出口成为政策的基本指向。针对当时的国际国内形势,邓小平同志指出,对外开放不仅要继续扩大商品贸易,而且可以让外商来华直接投资办企业、搞加工贸易。这样就使原来的对外经贸交流从贸易领域扩展到投资和生产领域。外商直接投资、借用外债、到国际市场融资等多种方式被广泛采用。随着对外开放的不断深入,服务领域开放步伐不断加快,服务贸易迅速发展。

第二节　我国对外贸易的发展

对外贸易是一国参与国际经济合作与竞争的重要方式和渠道,是我国对外开放的核心内容与出发点。改革开放30年来,我国的对外贸易取得了辉煌的成就,主要表现在以下几个方面。

一、对外贸易规模不断扩大,货物贸易总量跻身世界前列

1949年中华人民共和国成立以后,坚持独立自主、自力更生,逐步开展对外经济贸易交流,但受到当时国际政治环境和国内计划经济体制等因素制约,对外贸易发展相对缓慢。

1978年,我国进入改革开放的新时期。大力发展对外贸易,成为我国加快现代化建设、改变落后面貌、促进经济发展和提高综合国力的重要途径。30多年来,特别是2001年12月正式加入世贸组织后,我国利用世界经济较长时期繁荣、经济全球化深入发展的机遇,扩大对外开放,吸引利用外商投资,引进先进技术,改造提升国内产业,在全面参与国际分工和

竞争中,实现了对外贸易的跨越式发展。

1978 年,我国货物进出口总额只有 206 亿美元,在世界货物贸易中排名第 32 位,所占比重不足 1%。2001 年我国进出口贸易总额为 5 097 亿美元,2004 年首次突破 1 万亿美元大关,2007 年又一举突破 2 万亿美元大关。2010 年,我国货物进出口总额达到 29 740 亿美元,比 1978 年增长了 143 倍,年均增长 16.8%。其中,出口总额 15 778 亿美元,年均增长 17.2%;进口总额 13 962 亿美元,年均增长 16.4%。进出口贸易的快速增长不断提升我国在世界贸易中的位次,2010 年,我国出口总额和进口总额占世界货物出口和进口的比重分别提高到 10.4% 和 9.1%,连续两年成为世界货物贸易第一出口大国和第二进口大国。如表 10－2 所示。

表 10－2　1978—2010 年我国货物进出口贸易额

(单位:亿美元)

年份	进出口总额	进口	出口	贸易差额
1978	206.4	97.5	108.9	－11.4
1980	381.4	181.2	200.2	－19
1985	696.0	273.5	422.5	－149
1990	1 154.4	620.9	533.5	87.4
1991	1 357.0	719.1	637.9	81.2
1992	1 655.3	849.4	805.9	43.5
1993	1 957.0	917.4	1 039.6	－122.2
1994	2 366.2	1 210.1	1 156.1	54.0
1995	2 808.6	1 487.8	1 320.8	167.0
1996	2 898.8	1 510.5	1 388.3	122.2
1997	3 251.6	1 827.9	1 423.7	404.2
1998	3 239.5	1 837.1	1 402.4	434.7
1999	3 606.3	1 949.3	1 657.0	292.3
2000	4 742.9	2 492.0	2 250.9	241.1
2001	5 096.5	2 661.0	2 435.5	225.5
2002	6 207.7	3 256.0	2 951.7	304.3
2003	8 509.9	4 382.3	4 127.6	254.7
2004	11 545.5	5 933.3	5 612.3	320.9

表 10-2(续)

年份	进出口总额	进口	出口	贸易差额
2005	14 219.1	7 619.5	6 599.5	1 020.0
2006	17 604.4	9 689.8	7 914.6	1 775.2
2007	21 765.7	12 204.6	9 561.2	2 643.4
2008	25 632.6	14 306.9	11 325.7	2 981.2
2009	22 075.4	12 016.1	10 059.2	1 956.9
2010	29 740.0	15 777.5	13 962.4	1 815.1

注:货物进出口差额负数为逆差

二、进出口商品结构不断优化

1978 年以来,我国出口产品的结构发生了很大的变化。这种变化表现在两个方面:一是随着我国外贸体制的改革发展和市场化程度的不断加深,我国的外贸出口结构由计划经济时期的扭曲状态逐渐向符合充分发挥要素禀赋比较优势的方向发展。出口结构反映出来的显示比较优势变得与要素禀赋比较优势相一致。二是随着我国经济的快速发展,我国在资本和技术方面的积累也越来越多,我国的要素禀赋也在发生变化,因此我国外贸出口结构也伴随着要素禀赋结构的转变而改善和提高。

20 世纪 80 年代,我国的显示比较优势在于资源密集型产品,其次是劳动密集型产品。按一位数的标准国际贸易分类代码(SITC),我国在两种资源密集型产品和两种劳动密集型产品上表现出较强的显示比较优势。在 20 世纪 80 年代中期以前,资源密集型初级产品占总出口的 50%,其中石油占 25%,工业制成品的比重不到一半,其中轻纺、橡胶、矿冶等劳动密集型及资源加工型制成品又占到 22.1%。我国的自然资源的比较优势并不明显。

20 世纪 80 年代中期到 90 年代初期,我国的外贸出口以劳动密集型产品为主,但是在某些资源密集型产品上仍然表现出一定的显示比较优势。这一时期我国的出口结构发生了非常大的变化,资源密集型的初级产品占的比重由 1985 年的 50.6% 下降到 1995 年的 14.4%,10 年间下降了 36 个百分点。劳动密集型产品由 1985 年的 29.1% 上升到 1995 年的 58.4%,10 年间比重翻了一番。特别值得一提的是机械和运输设备的出口增长速度最快,由 1985 年的 2.8% 上升到 1995 年的 21.1%。

从 20 世纪 90 年代中期以来,工业制成品出口向深加工发展。传统劳动密集型产品出口比重下降,而以机械和运输设备中一些适于进行加工的产品的出口比重不断上升。到 2001 年底,我国资源密集型的初级产品的出口比重下降到 9.9%;劳动密集型产品的出口比重回落到49.2%;资本和技术密集型的产品出口的比重上升到40.7%。

大致上可以看出我国外贸出口的产品结构经历了由资源密集型产品为主逐渐转变为以劳动密集型产品为主的过程,并且已经出现由劳动密集型产品继续向资本密集型产品过度的变化趋势。但是,需要指出的是,在机械和运输设备产品中,在有些产品上我国确实拥有了较为先进的技术,但是对大多数的出口产品而言,我国只是进行了加工组装。虽然这些产品看起来是资本或技术密集型产品,但是在我国的加工生产过程还是属于劳动密集型的。

在进口结构方面,主要的变化是资源密集型产品的比重大幅度下降,资本和技术密集型产品是主要的进口品,并且保持持续增长。劳动密集型产品的进口比重在20世纪80年代和20世纪90年代,基本没有变化。

表10-3 1980—2010我国出口商品结构

单位:%

	1980	1990	2000	2010
初级产品	50.3	25.6	10.2	5.2
工业制成品	49.7	74.4	89.8	94.8
化学品及有关产品	6.2	6.0	4.9	5.6
按原料分类制成品	22.1	20.3	17.1	15.8
机械及运输设备	4.7	9.0	33.1	49.5
杂项制品	15.7	20.4	34.6	23.9
未分类的其他商品	1.2	18.7	0.1	0.1
机电产品*	7.7	17.9	42.3	59.2
高新技术产品*	—	—	14.9	31.2

注:* 机电产品和高新技术产品中包含部分相互重叠的商品。

资料来源:我国海关统计

三、对外贸易的地区分布形成全方位和多元化进出口市场格局

改革开放后,我国全方位发展对外贸易,特别是随着经济全球化与区域经济一体化的发展,我国与世界上绝大多数国家和地区建立了贸易关系。贸易伙伴已经由1978年的几十个国家和地区发展到目前的231个国家和地区。欧盟、美国、东盟、日本、金砖国家等成为我国主要贸易伙伴。特别是美国,已经成为我国最主要的出口国。香港的转口贸易在我国进出口中的作用逐渐降低。新世纪以来,我国与新兴市场和发展中国家的贸易持续较快增长。2005年至2010年,我国与东盟货物贸易占我国货物贸易比重由9.2%提高到9.8%,

与其他金砖国家货物贸易所占比重由4.9%提高到6.9%，与拉丁美洲和非洲货物贸易所占比重分别由3.5%和2.8%提高到6.2%和4.3%。

表10－4 我国对外贸易的地区分布

单位：%

	1990		1995		2001		2007	
	出口	进口	出口	进口	出口	进口	出口	进口
合计	100.0	100.0	100.0	100.0	100.0	100.0	100.0	100.0
亚洲	70.6	54.4	61.8	59.5	53.0	60.4	46.6	64.8
日本	14.3	14.2	19.1	22.0	16.9	17.6	8.4	14.0
中国香港	42.2	26.7	24.2	6.5	17.5	3.9	15.1	1.3
新加坡	3.2	1.6	2.4	2.6	2.2	2.1	2.4	1.8
韩国	2.0	1.3	4.5	7.8	4.7	9.6	4.6	10.9
中国台湾	0.5	4.2	2.1	11.2	1.9	11.2	1.9	10.6
非洲	2.2	0.7	1.7	1.1	2.3	2.0	3.1	3.8
欧洲	14.8	24.1	14.8	21.7	18.5	19.9	23.6	14.6
德国	3.2	5.5	3.8	6.1	3.7	5.7	4.0	4.7
意大利	1.0	2.0	1.4	2.4	1.5	1.6	1.7	1.1
英国	1.0	2.6	1.9	1.5	2.5	1.4	2.6	0.8
法国	1.0	3.1	1.2	2.0	1.4	1.7	1.7	1.4
俄罗斯	3.5	4.0	1.1	2.9	1.0	3.3	2.3	2.1
拉丁美洲	1.2	2.8	2.1	2.2	3.1	2.8	4.2	5.3
北美洲	8.9	15.1	17.6	14.2	21.7	12.4	20.7	8.4
美国	8.2	12.4	16.6	12.2	20.4	10.8	19.1	7.3
大洋洲	0.8	2.8	1.3	2.3	1.5	2.6	1.7	3.0

资料来源：根据各年《我国统计年鉴》的数据计算。

四、服务贸易的国际竞争力不断增强

加入世界贸易组织后，我国服务贸易进入新的发展阶段，规模迅速扩大，结构逐步优化，排名也进入世界前列。旅游、运输等领域的服务贸易增势平稳，建筑、通信、保险、金融、计算机和信息服务、专有权利使用费和特许费、咨询等领域的跨境服务以及承接服务外包快速增长。1982 年,我国服务贸易总额仅为 43 亿美元,2001 年已经增加到 719 亿美元,2010 年,我国服务贸易总额达到 3 624 亿美元,10 年增长了 4 倍多。2010 年我国服务贸易出口达 1 702 亿美元,在世界服务贸易出口中的比重从 2001 年的 2.4% 提高到 2010 年的 4.6%,从世界第 12 位上升到第 4 位;2010 年服务贸易进口达 1 922 亿美元,占世界比重从 2.6% 提高到 5.5%,从世界第 10 位上升到第 3 位。

尤其是加入世贸组织后,我国严格履行服务贸易领域对外开放的承诺,极大地促进了服务贸易的发展。入世以后,服务贸易出口额年均增长超过 20%,高于同期世界平均增速,也高于同期世界主要国家服务贸易出口增长速度。同时,服务贸易的结构也逐步优化,初步形成了通信、保险、金融、专有权利使用费和特许费、计算机和信息服务、咨询、广告等全面发展的格局。改革开放之初,以旅游、运输、建筑等传统服务贸易出口比重达 80% 以上,2010 年这一比重已下降到约 60%。

五、外贸依存度明显上升

外贸依存度是衡量一国贸易开放程度的一个基本指标,也是反映一国与国际市场联系程度的标尺。1978 年,我国的出口占国民生产总值的比重(外贸依存度)仅为 5.6%,而到了 2009 年我国的外贸依存度已经超过 40%。据世界银行发布的《世界发展报告》统计,与世界其他大国比较,我国外贸依存度较高。而美国、日本等经济、贸易大国的对外贸易依存度低于 20%。

对外贸易发展有力推动了我国的现代化建设,我国成长为一个开放的经济体。参与国际分工与竞争,引进先进技术、设备和管理,利用外商直接投资,极大促进了我国技术进步和产业升级,提高了企业管理水平和市场竞争力。加工贸易迅速发展壮大使我国劳动力充裕的比较优势得以发挥,加快了我国的工业化和城镇化进程。对外贸易直接带动就业人口超过 8 000 万,其中 60% 以上来自农村,就业者的收入和生活得到显著改善。对外贸易与国内投资、消费一起,成为我国经济增长的三大引擎。

第三节 我国引进外资和对外投资的发展

一、引进外国直接投资

积极有效利用外资是我国改革开放基本国策的重要组成部分,也是对外开放的核心内容之一。外资的进入,弥补了长期困扰我国的资金和技术双缺口,推动了经济增长,增加了税收和就业机会,促进了产业结构的优化升级,对加快我国经济发展,提高国民经济整体素质,增强企业核心竞争力起到了重要作用,加快了我国经济全面融入国际社会的步伐。

(一)我国吸收外商直接投资的发展

1.1979—1986 年起步阶段

外商直接投资不仅数量不多、规模较小、主要来自港澳台地区和集中分布在四个经济特区,而且外商的投资项目追求短期回报的特征十分明显(见表 10-5)。

2.1987—1991 年稳步发展阶段

外商投资额有较大幅度增长,投资结构有较大改善,投资的区域和行业也有所扩大。

3.1992—1996 年持续快速发展阶段

外商直接投资出现了突飞猛进的发展,不仅投资额大幅度增长,一些跨国公司开始向中国投资,平均项目规模扩大,而且投资领域不断扩展,中西部地区利用外资步伐也逐渐加快。利用外资总体格局出现了历史性的转变,即吸引外商直接投资超过对外借款,成为我国利用外资最主要的方式。

自 1993 年以后,我国连续多年保持世界第二大受资国的地位,是世界上仅次于美国的第二大外国直接投资东道国和发展中国家中最大的外国直接投资吸纳国。

4.1997 年以来的调整阶段

1997—2000 年,面临国内外环境的极为严峻的挑战,我国利用外商直接投资的增速明显放慢,甚至出现了负增长。

2001 年以后,由于国内外形势的变化,特别受我国的入世的影响,利用外商直接投资恢复了快速增长的态势,外商投资鼓励类项目明显增多,投资结构持续优化,服务业成为外商新的投资热点,在华跨国公司追加投资剧增。

表 10-5 1979—2010 年我国外国直接投资情况

(单位:亿美元)

年度	项目/个	合同使用金额	实际利用金额	年度	项目/个	合同使用金额	实际利用金额
1979—1984	3 724	97.50	41.04	1998	19 799	521.02	454.63
1985	3 073	63.33	19.56	1999	16 918	412.23	403.19
1986	1 498	33.30	22.44	2000	22 347	623.80	407.15
1987	2 233	37.09	23.14	2001	26 140	691.95	468.78
1988	5 945	52.97	31.94	2002	34 171	827.68	527.43

表 10－5(续)

年度	项目/个	合同使用金额	实际利用金额	年度	项目/个	合同使用金额	实际利用金额
1989	5 779	56.00	33.92	2003	41081	1 150.69	535.05
1990	7 273	65.96	34.87	2004	43 664	1 534.79	606.30
1991	12 978	119.77	43.66	2005	44 001	1 890.65	603.25
1992	48 764	581.24	110.08	2006	41 473	1 937.27	630.21
1993	83 437	1 114.36	275.15	2007	37 871		747.68
1994	47 549	826.80	337.67	2008	27 514		923.95
1995	37 011	912.82	375.21	2009	23 435		900.33
1996	24 556	732.76	417.26	2010	27 406		1 057.35
1997	21 001	510.03	452.57				

注:①从 2006 年以后不再统计 FDI 合同使用金额

(二)我国吸引外商直接投资的特点

1. 利用外资规模不断扩大,外商直接投资渐成主流

从 1979 年我国建立第一家合资企业开始,外商直接投资企业在我国逐步增加,而且增长速度在三个阶段中越来越快。1992 年以前,我国利用外资主要是对外借款特别是政府贷款,外商直接投资一直偏小。1979 年至 1991 年,每年都是对外借款大于外商直接投资,13 年间累计对外借款高达 526 亿美元,而外商直接投资仅为 251 亿美元。1992 年,利用外商直接投资首次超过对外借款,此后,外商直接投资逐年大幅度增长,成为我国利用外资的最主要的方式。

从外商直接投资情况看,在 1979—1982 年起步阶段,外商直接投资协议金额为 49.6 亿美元,年平均 12.4 亿美元,实际投入金额 17.7 亿美元,年平均 4.4 亿美元。1983—1991 年发展阶段,由于对外开放的扩大,外商对我国直接投资协议金额 476.3 亿美元,年平均 52.9 亿美元,实际投入金额 232.9 亿美元,年平均 25.9 亿美元。年均协议金额和实际投资金额比上阶段分别增长 3.27 倍和 4.86 倍。1992 年以后呈现出蓬勃发展势头,1992 年吸收外资首次突破 100 亿美元,1993 年登上 200 亿美元台阶,1994 年迈过 300 亿美元。此后,我国成为全球投资热点的地位逐步确立,吸收外国直接投资规模稳步扩大。2010 年突破 1 000 亿

美元，成为世界上吸引外国直接投资最多的国家之一。

2010 年末在我国实有注册的外商投资企业超过 44 万家，实有投资总额达 2.7 万亿美元。2010 年外商投资企业进出口额 1.6 万亿美元，其中出口为 8 622.3 亿美元，进口 7 383.9亿美元，提供的就业岗位超过 5 000 万个。

2. 利用外资方式不断拓展

改革开放初至我国加入世贸组织前后，我国吸收外国直接投资的方式相对单一，一直以绿地投资为主，并购投资和到国际资本市场融资等方式很少。入世以来，我国认真履行加入 WTO 承诺，循序渐进、积极稳妥地开放资本市场，完善相关法律法规，资本市场的国际化进程正在有序推进。

首先，允许符合条件的境内企业到境外上市。我国政府支持符合条件的境内企业到境外上市，扩大融资渠道，参与国际竞争。截至 2008 年 4 月底，共有 150 家境内公司到境外上市，筹资总额 1 105 亿美元，其中有 55 家企业同时发行 A 股。

其次，主动实施合格境外机构投资者（QFII）制度和合格境内机构投资者（QDII）制度。目前，QFII 投资额度已提高至 300 亿美元，54 家境外机构获得 QFII 资格，获准投资额度约 105 亿美元，另有 5 家外资银行获准开展 QFII 托管业务。QDII 方面，有 21 家基金管理公司和 9 家证券公司取得 QDII 资格，9 只 QDII 基金产品和 1 只 QDII 集合资产管理计划获得批准，获批投资额度已达 375 亿美元。

第三，在 WTO 框架内开放证券业。截至 2008 年 4 月底，我国证监会已批准设立 7 家中外合资证券公司和 31 家中外合资基金管理公司，其中 15 家合资基金公司的外资股权已达 49%。

第四，改进和完善外资并购政策。2006 年颁布了《关于外国投资者并购境内企业的规定》，我国外资并购政策和环境全面改善。

截至到 2007 年底，外国投资者共并购 2.18 万户我国境内企业的股份，占外商投资企业实有总户数的 7.6%，其中外国投资者购买 1.94 万户外商投资企业的中方股份，购买 2 373 户内资企业的股份；并购的企业实有注册资本 1 343 亿美元，占外商投资企业实有注册资本的 11.6%。

3. 利用外资产业结构不断优化

改革开放初期，我国利用外资总体上呈现出数量扩张型特征，为了出口创汇和引进外资，各级政府对出口导向型外商投资企业提供了用地、税收和融资等多方面的优惠，并由此形成了以劳动密集型加工贸易为主的外商投资格局。入世后，我国相继修订完善了相关政策，颁布了新的《企业所得税法》和《外商投资产业指导目录》，取消了外商投资企业的超国民待遇；进一步扩大了服务业开放；严格限制低水平、高消耗、高污染外资项目进入。同时，充分发挥外资在自主创新中的积极作用，优化外资区域布局、创新利用外资方式，积极稳妥扩大金融、保险、电信等服务业对外开放，拓展利用外资的新领域。

在新的外商投资政策指导下，外商投资的重点，从一般制造业发展到高新技术产业、基础产业、基础设施建设，尤其是近几年外商投资于研发中心、集成电路、计算机、通信产品等高技术项目明显增加；开放服务贸易领域后，商业、外贸、电信、金融、保险、房地产等服务业已成为外商新一轮投资的热点。

外商投资的产业构成显著改善，第三产业投资比例大幅度提高。2005—2007 年，第三产业外商投资金额占全部外商投资总额的比重分别为 24.7%，31.6% 和 41.4%；第二产业比重分别是 74.1%，67.5% 和 57.3%，呈现出相反的变动趋势。

二、我国对外投资

我国对外投资是“走出去”战略的主要内容是，具体指推动企业以对外投资、对外经济技术合作等多种方式走出国门，充分利用“两个市场、两种资源”，实现我国经济的可持续发展。

改革开放以来，尤其是进入 21 世纪以来，我国对外投资步伐不断加快，取得了初步成效。

（一）对外经济合作范围不断扩大，竞争力逐步增强。

对外经济合作始于上世纪 70 年代末，是改革开放带来的新生事物，经过不断努力，迅速发展成我国对外经贸的重要组成部分。

1976 年，我国的对外承包劳务队伍第一次走向国际舞台，到 1980 年共有 29 家企业从事对外工程承包和劳务合作业务，主要市场集中在西亚和北非。1981 年以后，我国的对外经济合作队伍开始逐步壮大，企业的经营水平不断提高，在外承揽的业务规模扩大，综合竞争力增强，市场多元化战略初见成效。自 1995 年起，开展了对外设计咨询业务，对外经济合作的领域进一步拓宽。

入世以来，对外经济合作驶入良性发展的快车道。从改革开放之初仅有几家企业，目前已发展成为一支由 1 000 多家企业组成的门类比较齐全、具有较强国际竞争力的队伍，业务范围向技术性较强的领域不断扩展，经济效益和社会效益明显提高。从 1976 年到 2010 年，我国对外经济合作累计签订合同 130.4 万份，合同金额累计 7 754 亿美元，完成金额累计 5 092 亿美元。

2007 年是我国对外经济合作取得重大进展的一年。新签合同金额 1 431 亿美元，完成营业额 1 011 亿美元。其中，对外承包工程完成营业额 922 亿美元，对外劳务合作完成 89 亿美元。目前，我国对外经济合作业务遍及全球 180 多个国家和地区，资金技术密集的电力、冶金、石化、轨道交通和电子通信等领域的项目已占到总营业额的一半；大项目数量增长迅速。2007 年有 49 家企业入选美国《工程新闻杂志》（ENR）全球最大承包商 225 强，14 家跻身百强。

表 10－6　1976—2010 年我国对外经济合作统计

单位:亿美元

年份	合同数（份）	对外承包工程	对外劳务合作	对外设计咨询	完成营业额	对外承包工程	对外劳务合作	对外设计咨询
1976—2010	1 303 846	94 587	1 203 288	5 971	5 091.82	4 329.41	735.70	26.71
1976—1988	7 534	3 449	4 085		60.91	49.70	11.21	
1989	3 100	776	2 324		16.86	14.84	2.02	
1990	5 175	920	4 255		18.67	16.44	2.23	
1991	8 438	1 171	7 267		23.63	19.70	3.93	
1992	9 405	1 164	8 241		30.49	24.03	6.46	
1993	11 605	1 393	10 212		45.38	36.68	8.70	
1994	17 491	1 702	15 789		59.78	48.83	10.95	
1995	19 321	1 558	17 397	366	65.88	51.08	13.47	1.33
1996	24 891	1 634	22 723	534	76.97	58.21	17.12	1.64
1997	28 442	2 085	25 743	614	83.83	60.36	21.65	1.82
1998	25 955	2 322	23 191	442	101.34	77.69	22.76	0.89
1999	21 126	2 527	18 173	426	112.35	85.22	26.23	0.90
2000	23 565	2 597	20 474	494	113.26	83.79	28.13	1.34
2001	39 400	5 836	33 358	206	121.39	88.99	31.77	0.63
2002	34 461	4 036	30 163	262	143.52	111.94	30.71	0.87
2003	42 059	3 708	38 043	308	172.34	138.37	33.09	0.88
2004	60 312	6 694	53 271	347	213.68	174.68	37.53	1.47
2005	73 233	9 502	63 410	321	267.76	217.63	47.86	2.27
2006	107 744	12 996	94 386	362	356.95	299.93	53.73	3.29
2007	168 240	6 282	161 457	501	479.00	406.43	67.67	4.90
2008	163 881	5 411	157 682	788	651.17	566.12	80.57	4.48
2009	162 081	7 280	154 801		866.17	777.06	89.11	
2010	246 387	9 544	236 843		1 010.50	921.70	88.80	

资料来源:中国统计年鉴 2011

(二)对外投资规模增势强劲

我国企业对外直接投资起步于1979年改革开放初期。当时经国家批准,只有少数国有企业主要是贸易公司走出国门,开办代表处或设立企业。

经过30年的探索和发展,我国对外投资的规模虽依然较小,但已取得积极进展。入世以来,我国企业对外投资步入较快发展期。2002年我国对外直接投资仅有27亿美元,到2010年已经上升到688亿美元,累计对外直接投资3 172亿美元。

对外投资的领域不断拓宽,对外投资的层次和水平不断提升。目前,我国企业对外投资呈现出市场多元化发展态势,投资国别已覆盖170多个国家和地区,主要集中在亚洲和拉丁美洲地区。2007年,亚洲地区占我国对外直接投资流量的比重为65.5%,拉丁美洲占15.3%,欧洲、北美和大洋洲合计占16.4%。其中,我国企业对外直接投资最多的国家是香港。2010年,我国对香港直接投资净额为385亿美元,占我国对外直接投资总额的56%。其次,我国对外直接投资主要集中在拉丁美洲的英属维尔京群岛和开曼群岛,如表10-7所示。

表10-7 按主要国别(地区)分对外直接投资

单位:万美元

国家(地区)	对外直接投资净额		对外直接投资存量	
	金额	比重/%	金额	比重/%
合计	6 881 131		31 721 059	
亚洲	4 489 046	65.2	22 814 597	71.9
中国香港	3 850 521	56.0	19 905 557	62.8
印度尼西亚	20 131	0.3	115 044	0.4
日本	33 799	0.5	110 563	0.3
中国澳门	9 604	0.1	222 929	0.7
新加坡	111 850	1.6	606 910	1.9
韩国	-72 168	-1.0	63 725	0.2
泰国	69 987	1.0	108 000	0.3
越南	30 513	0.4	98 660	0.3
非洲	211 199	3.1	1 304 212	4.1
阿尔及利亚	18 600	0.3	93 726	0.3
苏丹	3 096	0.0	61 336	0.2
几内亚	974	0.0	13 641	0.0

表 10－7(续)

国家（地区）	对外直接投资净额		对外直接投资存量	
	金额	比重/%	金额	比重/%
马达加斯加	3 358	0.0	22 987	0.1
尼日利亚	18 489	0.3	121 085	0.4
南非	41 117	0.6	415 298	1.3
欧洲	676 019	9.8	1571 031	5.0
英国	33 033	0.5	135 835	0.4
德国	41 235	0.6	150 229	0.5
法国	2 641	0.0	24 362	0.1
俄罗斯	56 772	0.8	278 756	0.9
拉丁美洲	1 053 827	15.3	4 387 564	13.8
巴哈马		0.0	160	0.0
开曼群岛	349 613	5.1	1 725 627	5.4
墨西哥	2 673	0.0	15287	0.0
英属维尔京群岛	611 976	8.9	2 324 276	7.3
北美洲	262 144	3.8	782 926	2.5
加拿大	114 229	1.7	260 260	0.8
美国	130 829	1.9	487 399	1.5
大洋洲	188 896	2.7	860 729	2.7
澳大利亚	170 170	2.5	786 775	2.5
新西兰	6 375	0.1	15 911	0.1

对外投资由单一的绿地投资向跨国并购、参股、境外上市等多种方式扩展。跨国并购已成为对外投资的重要方式，主要流向租赁和商务服务业、批发和零售业、采矿业、交通运输、仓储和邮政业、制造业等行业。同时，一批境外研发中心、工业产业集聚区逐步建立，境外经济贸易合作区建设取得重要进展。

表10－8 2010年按行业分我国对外直接投资

单位：万美元

	对外直接投资净额	对外直接投资存量
总　计	6 881 131	31 721 059
农、林、牧、渔业	53 398	261 208
采矿业	571 486	4 466 064
制造业	466 417	1 780 166
电力、燃气及水的生产和供应业	100 643	341 068
建筑业	162 826	617 328
交通运输、仓储和邮政业	565 545	2 318 780
信息传输、计算机服务和软件业	50 612	840 624
批发和零售业	672 878	4 200 645
住宿和餐饮业	21 820	44 986
金融业	862 739	5 525 321
房地产业	161 308	726 642
租赁和商务服务业	3 028 070	9 724 605
科学研究、技术服务和地质勘查业	101 886	396 712
水利、环境和公共设施管理业	7 198	113 343
居民服务和其他服务业	32 105	322 974
教育	200	2 394
卫生、社会保障和社会福利业	3 352	3 616
文化、体育和娱乐业	18 648	34 583

不仅采掘业、制造业和商务服务业继续加大对外投资，金融业也开始了境外投资试点。截至2006年底，我国工商银行等五大国有商业银行海外总资产达2 268亿美元。国有商业银行在美国、日本、英国、澳大利亚、俄罗斯、巴西等29个国家和地区设有47家分行、31家附属机构和12家代表处。到2008年4月底，我国已批准10家证券公司、6家期货公司在香港设立分支机构，31家境内企业获准从事以套期保值为目的的境外期货交易。

第四节　我国对外贸易发展对世界的贡献

我国对外贸易的发展不仅推动了我国经济的现代化和综合国力的提升，提高了我国13亿多人民的生活水平，也使我国经济成为世界经济一部分，促进了经济全球化向有利于世界各国和地区共同繁荣的方向发展。

改革开放和积极参与经济全球化，使我国成为世界上增长最快的经济体之一。最近10多年来，我国与其他新兴经济体一起，成为推动世界经济增长日益重要的力量。根据世界银行的数据，2010年我国国内生产总值比2001年增长4.6万亿美元，占同期世界经济总值增量的14.7%。我国国内生产总值占世界经济总值的比重增加至9.3%。世界贸易组织的数据显示，2000年至2009年，我国出口量和进口量年均增长速度分别为17%和15%，远远高于同期世界贸易总量3%的年均增长速度。

一、我国对外贸易发展对世界经济的贡献

1. 我国对外贸易在国际金融危机中率先趋稳，促进了全球经济复苏

2008年国际金融危机爆发以后，我国政府及时采取一系列政策措施刺激经济，扩大内需，稳定进出口规模。2009年，世界货物贸易进口量下降12.8%，我国进口量增长2.9%，是世界主要经济体中唯一保持增长的国家。我国因素支撑了许多受危机冲击国家的出口，刺激了全球大宗商品市场需求，提振了人们的信心，对世界经济复苏和增长起到巨大拉动作用。世界贸易组织在对我国进行第三次贸易政策审议时指出，应对金融危机期间，我国在刺激全球需求方面发挥了建设性作用，为世界经济稳定作出了重要贡献。

2. 我国全面参与并推动了全球经济治理机制的改革

我国政府积极倡导以“均衡、普惠、共赢”作为多边贸易体制改革的目标，努力推动建立公平、公正的国际经济贸易新秩序。作为迅速成长的发展中大国，我国积极参与了20国集团领导人峰会、金砖国家领导人会晤、多哈回合谈判等国际对话和合作机制，努力承担与自身发展水平及国力相适应的国际责任。我国不断加强与新兴国家在经济、金融、贸易和投资等领域的合作，促进国际经济秩序朝着公正、合理、共赢的方向发展。

3. 我国严格履行有关出口管制的国际义务

我国一贯主张全面禁止和彻底销毁一切大规模杀伤性武器，坚决反对此类武器及其运载工具的扩散。我国有关法律明确规定对裂变、聚变物质或者衍生此类物质的货物、技术进出口，以及与武器、弹药或者其他军用物资有关的进出口采取必要的限制措施。我国认真遵守有关出口管制的国际公约，履行防扩散承诺，为国际和平与地区稳定作出了积极努力。近年来，我国政府广泛采纳国际通行规范和做法，形成了一整套涵盖核、生物、化学和

导弹等敏感物项和技术的完备的出口管制体系，为更好地实现防扩散目标提供了法律依据和制度保障。

二、我国对外贸易发展对其他国家的贡献

1. 我国对外贸易的发展提高了我国与贸易伙伴的国民福利

随着加速融入世界分工体系，我国依靠劳动力成本优势、较强的产业配套和加工制造能力、不断提高的劳动生产率，逐渐发展成为世界工业品的主要生产国和出口国，为世界各国和地区提供了物美价廉的商品，满足了国际市场多种多样的需求。我国在全球制造业环节的规模经济优势和加工成本优势，部分地消化了上游生产要素的价格上涨，起到了抑制全球通货膨胀、提高贸易伙伴消费者实际购买力的作用。

2. 我国对外贸易的发展为贸易伙伴提供了广阔市场

2001 年以来，我国货物进口总额扩大了约 5 倍，年均增长约 20%，我国迅速扩张的进口已成为世界经济增长的重要推动力，为贸易伙伴扩大出口创造了巨大市场空间。目前我国已经是日本、韩国、澳大利亚、东盟、巴西、南非等国家第一大出口市场，是欧盟的第二大出口市场，是美国和印度的第三大出口市场。我国工业化、城镇化正在快速推进，内需持续增长，不断扩大和开放的市场将为贸易伙伴提供越来越多的发展机会。

3. 我国是对最不发达国家开放市场程度最大的发展中国家之一

截至 2010 年 7 月，我国已经对 36 个已建交最不发达国家原产的 4 700 多个税目商品实施进口零关税，约占全部税则税目的 60%。我国已承诺将继续扩大对已建交最不发达国家的给惠范围，使实施零关税商品达到全部税则税目的 97%。零关税措施促进了最不发达国家对我国的出口。自 2008 年以来，我国一直是最不发达国家第一大出口市场。2010 年，我国自最不发达国家的货物进口总额比上年增长 58%，约占这些国家出口总额的四分之一。

我国仍然是一个发展中国家。与世界贸易强国相比，我国出口产业仍处于全球产业链的低端，资源、能源等要素投入和环境成本还比较高，企业国际竞争力、一些行业的抗风险能力相对较弱等。实现由贸易大国向贸易强国的转变，将是一个较为长期的进程，还需要付出艰苦努力。

第五节　我国对外贸易不平衡问题

一个国家对外贸易是顺差还是逆差，主要由其经济结构以及产品或服务的国际竞争力决定。我国服务贸易长期以来一直存在一定逆差。我国货物贸易在 1990 年以前多数年份都是逆差。1990 年以后，随着大规模承接国际产业转移，工业制成品竞争力增强，出口增长

速度超过进口,我国的货物贸易由总体逆差转变为总体顺差。2005 年我国货物贸易顺差首次突破 1 000 亿美元,并持续 4 年大幅攀升。2008 年我国货物贸易顺差达到 2 981 亿美元历史高点,此后逐渐收窄。2009 年和 2010 年,我国货物贸易顺差分别为 1 957 亿美元和 1 816亿美元,比上年分别下降 34.4% 和 7.2%。2010 年,我国货物贸易顺差占进出口总额的 6.1%,占国内生产总值的 3.1%。在全球贸易差额(顺差或逆差)最大的 9 个国家中,我国的这两个比值并不处在偏高水平。

一、我国货物不平衡产生的根源

1. 我国的货物贸易顺差反映了现阶段我国的国际分工地位

我国目前在工业制成品加工组装环节具有较大优势,是最大的工业品生产国和出口国。美国、欧盟等是最主要的终端消费市场。由于大量劳动密集型加工组装环节由日本、韩国、新加坡、我国台湾、我国香港等转移到我国,这些国家和地区原来对美、欧的顺差也转移到我国。其结果是,目前我国货物贸易顺差主要存在于中美贸易、中欧贸易之间,而我国与日本、韩国、东盟等工业中间品主要生产国则长期存在贸易逆差。2010 年,我国对美国、欧盟的货物贸易顺差分别为 1 813 亿美元和 1 428 亿美元,对日本、韩国及东盟的货物贸易逆差共计 1 416 亿美元;我国大陆对台湾地区货物贸易逆差 860 亿美元。我国生产和出口工业制成品需要大量进口初级产品,因此与一些初级产品出口国的货物贸易呈现逆差。正是现阶段我国制造业和服务业参与国际分工的水平和地位不同,所以我国货物贸易存在着大量顺差,而服务贸易则长期逆差。

2. 我国的货物贸易顺差主要来源于外商投资企业和加工贸易

在经济全球化不断深化过程中,由于分工的细化和规模经济的要求,越来越多的国际贸易由跨国公司主导,是基于价值链分工的产业内贸易或加工贸易。改革开放以来,我国吸收外商直接投资迅速增长。在相当长的时间里,外商投资企业进出口和主要由外商投资企业经营的加工贸易在我国货物贸易中的比重都保持在 50% 左右。外商投资企业进出口和加工贸易是我国货物贸易顺差的主要来源。2009 年和 2010 年,外商投资企业货物贸易顺差分别为 1 270 亿美元和 1 243 亿美元,占同期我国货物贸易顺差总额的 64.8% 和 68.4%,加工贸易顺差分别高达 2 646 亿美元和 3 229 亿美元,大大高于同期我国顺差总额。在外商投资企业进出口和加工贸易存在大量顺差的同时,国有企业进出口、一般贸易和其他贸易方式则存在逆差。

3. 发达国家对部分高新技术贸易设限也影响我国与一些贸易伙伴的贸易平衡

我国正处在工业化加速发展时期,对发达国家的先进设备和高新技术有着较大的进口需求。但是一些发达国家却仍然坚持旧有思维,对向我国出口高端装备和高新技术产品设置了诸多限制,导致其相关产品对我国出口增长缓慢。这在一定程度上阻碍了我国自这些国家的进口,不利于双边贸易的平衡。

二、我国货物贸易不平衡产生的问题及采取的政策措施

我国货物贸易由逆差转变为顺差改善了我国的国际收支状况,增强了我国抵御外部风险的能力。但是顺差急剧扩大也给我国经济带来困扰。出口结汇人民币大量投放增加了宏观经济调控的难度和复杂性。货物贸易顺差急剧扩大还使得我国与一些贸易伙伴摩擦增多,对人民币形成了持续和较大的升值压力。

我国政府高度重视对外贸易发展中的不平衡问题,采取了一系列政策措施抑制顺差过快增长:

第一,积极调整经济结构,努力扩大内需,尤其是增加改善民生投资,刺激居民消费增长;

第二,出台一系列扩大进口政策,简化进口管理和进口付汇手续,降低部分商品进口暂定税率,完善进口促进体系,提高进口便利化程度;

第三,调整出口退税政策,先后降低或取消部分高耗能、高污染和资源性商品的出口退税;

第四,修改加工贸易禁止类和限制类目录,扩大禁止类的范围,促进加工贸易转型升级;

第五,改变自亚洲金融危机以后人民币兑美元变动区间收窄的状况,从2005年7月21日起实行以市场供求为基础、参考一篮子货币进行调节、有管理的浮动汇率制度。自2005年7月汇率机制改革至2011年8月末,人民币兑美元名义汇率升值了约30%。

我国促进对外贸易平衡增长的措施取得了明显成效。货物贸易顺差自2009年以来持续减少,顺差与进出口总值和国内生产总值之比自2008年起逐渐下降,对外贸易正在趋于平衡。我国的这些努力既是我国自身经济发展的需要,也是推动世界经济结构调整和再平衡的具体行动。

我国对外贸易的历史性进步是与国际国内形势的发展变化紧密联系在一起的。20世纪80年代前后,和平与发展成为时代主题。随着经济全球化不断推进,资金、技术、产品、市场、资源、劳动力等要素在世界范围内的流动和配置更加活跃。以信息、通信为主导的科学技术进步使生产效率得到极大的提高,国际产业转移不断深化和发展。经济全球化、科学技术进步、国际产业转移和各国之间加强合作等为我国融入世界经济提供了历史性机遇。我国政府顺应时代潮流,以经济建设为中心,实行改革开放,发展与世界各国的经济技术合作,积极合理有效利用外资,充分发挥比较优势,促进了国际产业链分工的深化,为对外贸易发展创造了有利条件。在这个进程中,外国企业尤其是发达国家的跨国公司在我国获得大量投资机会,其拥有的资本、技术、管理经验和销售渠道等要素实现增值,分享了我国经济高速增长的成果。我国对外贸易的发展得益于改革开放,得益于经济全球化,得益于坚持走互利合作共赢道路。我国的发展离不开世界,世界的繁荣稳定也离不开我国。

思　考　题

1. 我国对外开放政策的主要内容是什么?
2. 在对外开放过程中,我国对外开放格局有何特点?
3. 改革开放以来,我国对外贸易发展的主要特点是什么?
4. 改革开放以来我国进出口商品结构不断优化有哪些具体表现?
5. 我国对外贸易发展对世界其他经济体有哪些贡献?
6. 20 世纪 90 年代以来,我国引进外国直接投资有哪些特点?
7. 我国“走出去”战略包括哪些内容?

第十一章　我国对外贸易体制改革及发展战略

第一节　我国外贸体制改革

一、外贸体制改革历程

从1949年开始一直到1978年,我国的外贸体制是整个计划经济体制的一个重要组成部分。在计划经济体制下,我国对外贸易的原则是"互通有无,调节余缺",并实行对外贸易的国家统制。

对外经营方面的进出口经营权被授予十几个国家级的外贸专业总公司及所属口岸分公司。对内经营方面则实行出口收购制和进口调拨制。所谓出口收购制,指的是由外贸企业向出口商品的生产者用买断的方式洽购出口商品,然后再由外贸企业转售给国外客户的出口贸易方式。进口调拨制,即由外贸部门进口商品,由政府统一调拨,大部分商品的调拨价不仅低于进口价格,有的还低于国内议价,盈亏由国家统负。

在外贸管理体制方面实行严格的指令性计划,外贸计划是管理对外贸易的唯一手段,而不是通过汇率、关税、进出口配额和许可证等措施来调节进出口。这种外贸体制一方面使对外贸易在总体上达到平衡,保证了国际收支的平衡,维持了较低的国内价格水平;但另一方面则使我国与世界市场的有机联系被割断,束缚了我国外贸和整个国民经济的发展壮大。

1978年后,随着全国经济改革的开始,外贸体制的改革也逐渐开始。我国外贸体制的改革与发展,从主要目标和改革性质上大体可以分为四个阶段。

1. 1979—1987年:以调动外贸部门经营积极性为目标的改革

1979年到1987年为我国外贸体制改革的探索阶段,改革的主要内容包括:一是增加对外贸易口岸,下放外贸经营权,广开贸易渠道,改革高度集中的贸易体制;二是改革单一的指令性计划,实行指令性计划、指导性计划和市场调节相结合;三是建立和完善外贸宏观管理;四是探索促进工贸结合的途径;五是采取鼓励出口政策措施。这一系列改革,对调动各方面的积极性,推动外贸发展,取得了一定的成效。

这期间,1984年9月国务院批转了经贸部《外贸体制改革意见的报告》,提出了"政企分开"和"工贸结合、技贸结合、进出结合"等措施。具体包括:增设对外贸易口岸,下放外贸经营权;实行指令性、指导性和市场调节相结合的外贸计划;探索贸工、贸农、贸技一体化的途径;完善外贸管理,重新实行进出口许可证制度,建立外贸经营权审批制;实行外贸减亏增盈分成制度,对出口产品实行退税等。

2. 1988—1993 年:以建立对外贸易承包经营责任制和自负盈亏为中心的改革

这一阶段改革的主要特征是,在仍然保持国家垄断外贸的前提下,试图通过将外贸企业的所有权和经营权分离来改善外贸部门的经营状况,包括实行承包经营责任制和转变企业经营机制,实行企业自负盈亏两个阶段。

从 1988 年到 1990 年,改革的主要措施是推行对外贸易承包经营责任制。1988 年 2 月,国务院发出了《关于加快和深化对外贸易体制改革若干改革问题的规定》,开始了全面推行承包经营责任制。其主要内容包括:一是由各地方政府以及全国性外贸总公司向国家承包出口收汇,上缴中央外汇补贴额度,承包基数三年不变;二是取消原有使用外汇控制指标,凡地方、部门和企业按规定所取得的留成外汇,允许自由使用,并开放外汇调剂市场;三是进一步改革外贸计划体制,除统一经营、联合经营的 21 种出口商品保留双轨制外,其他出口商品改为单轨制,即由各地直接向中央承担计划,大部分商品均由有进出口经营权的企业按国家有关规定自行进出口;四是在轻工、工艺、服装三个行业进行外贸企业自负盈亏的改革试点。

从 1991 年到 1993 年,改革的主要措施是实行自负盈亏的体制改革。1990 年 12 月 9 日,国务院作出了《关于进一步改革和完善对外贸易体制若干问题的决定》,该决定重点是要从外贸企业自负盈亏机制入手,在进一步调整人民币汇率的基础上,在对外贸易领域逐步实行统一政策,平等竞争,自主经营,自负盈亏的市场环境,推行代理制。

3. 1994—2001 年:以与国际市场接轨为导向的外贸体制改革

从 1994 年到 2001 年,我国外贸体制的改革进入了一个深化和稳步发展阶段。这一阶段的改革主要是围绕我国“复关”(恢复我国在关贸总协定中的缔约国地位)和加入世贸组织的目标进行的,主要包括:一是实行人民币汇率并轨,建立以市场供求为基础的、单一的、有管理的浮动汇率制度,实行人民币经常项目下的有条件的可兑换;二是改革外汇管理体制;三是取消进出口指令性计划;四是改进和完善出口退税制度;五是加强外贸政策的法制建设,于 1994 年 7 月 1 日正式实施了《中华人民共和国对外贸易法》。

4. 2001 年以后:以 WTO 规则为基础的对外经济贸易体制的全面改革

2001 年 12 月 11 日,我国正式成为世界贸易组织的成员国。我国外贸体制也进入了一个以 WTO 规则为基础进行全面改革的新阶段。WTO 的基本规则是建立在公平竞争和自由贸易的市场经济基础上的。入世之后,我国至少在三个方面加快了改革。首先,我国在非歧视原则、自由贸易原则和公平竞争原则下,调整修改不符合 WTO 规定的政策法规;其次,加快外贸主体多元化步伐,尤其是允许私营外贸企业的迅速发展;第三,转变外经贸主管部门的职能,从以行政领导为主转变为以服务为主,研究世界贸易发展趋势并向全社会提供相关信息,采用国际上通行的做法来分配外贸资源。

二、我国对外贸易政策的变化和调整

1. 我国关税改革的过程

1979 年以前的相当一段时间内,由于政府对外贸的直接控制,我国曾一度取消关税的实际征收。1980 年,国家恢复征收关税,并于 1982 年对进出口税则的税率作了较大的调整。1984 年,我国修订后的关税政策为:贯彻国家的对外开放政策,体现鼓励出口和扩大必需品进口,保护和促进国民经济的发展,保护国家的关税收入。同时对关税法进行了全面的修订。

从 1986 年开始,随着我国贸易赤字的逐步减少,外汇储备逐年增加,我国的经济实力也有了很大提高。为满足不断增长的消费者对进口产品的需求以及厂商对进口中间产品的需求,我国开始逐年降低关税总体水平。1992 年 12 月,我国进行了第一次关税大幅下调,算术平均税率从降税前的 43.2% 降到了 39.9%。1993 年 12 月,再次降低关税,使算术平均关税率降至 36.4%。1994 年 1 月,又进一步把算术平均税率降到 35.9%。1995 年底,取消了 176 个税目商品的进口控制措施。从 1996 年 4 月起,关税总水平降到 23%。1997 年 10 月、1999 年 1 月和 2001 年 1 月,平均关税水平分别又降到 17%,16.7 和 15.3%。

加入世界贸易组织以后,我国按世贸组织规则和我国"入世"承诺,对关税政策进行调整,截至 2010 年 1 月 1 日,我国加入世界贸易组织时的降税承诺已全部履行完毕,关税总水平逐年降低,由入世前的 15.3% 降至 9.8%。我国还对税则税目进行了较大范围的调整和细化。目前,我国税目数量(8 位)由 2001 年的 7 111 个增至 7 923 个,增长了 11.4%。

此外,在关税方面也有一些特殊的优惠政策。比如,1990 年在上海外高桥建立了第一个保税区,接着又先后建立了 12 个保税区与保税仓库,投资者在保税区生产的商品销往境外,可免除进出口关税。在逐步降低税率和取消非关税进口控制措施的同时,我国也在关税政策的规范化方面进行了改革。自 1993 年起,我国对各个进口环节的各种减免税政策进行了全面清理和调整,改变以往只按地区、部门甚至单个企业、项目进行减免的不规范做法。1996 年除保留了国际上通行的减免税作法外,全面取消了减免关税的优惠政策。

2. 配额和许可证

我国现行的数量限制贸易政策是改革开放以来逐步建立和完善的,主要由进出口许可证、进出口配额等措施构成。

我国的配额、许可证制度经历了多年的改革。1984 年发布了《中华人民共和国进口货物许可制度暂行条例》,从 1987 年 11 月 1 日起对 42 种商品实行进口许可证管理,实行许可证管理的商品的进口总额约占全部进口总额的 1/3 左右。到 2003 年,进口许可证管理的商品已减少至 8 种,出口许可证管理的大宗及敏感商品商品减至 52 种。

在进口配额许可证制度方面,我国将进口货物分三类管理,即一般进口类、凭许可证进口类和禁止进口类。为适应对外开放和参与国际多边贸易体系的需要,我国已大幅度减少了对进口的行政限制措施，也缩小了进口配额、许可证管理商品的范围，绝大多数商品已放开经营。

在出口配额许可证制度方面，我国实施出口配额许可证管理的商品主要包括：关系国计民生的大宗资源性出口商品及在我国总出口中占有重要地位的大宗传统出口商品；我国在国际市场或某一市场占主导地位的重要商品，国外对我国有配额或要求我国主动限制出口数量的商品；出口额大且易于引起经营秩序混乱的商品，重要的名、特、优出口商品，或有特殊要求的出口商品。我国对部分实行出口配额许可证的商品，实行行政分配配额招标和配额有偿使用的制度。

3. 出口退税机制

出口退税政策作为国家宏观调控手段为稳定国民经济和对外贸易发展发挥了不可小觑的积极而重要的作用。而调整出口商品退税率又是其中最为直接和效力最突出的政策。

退税率作为我国出口退税制度中一个极其重要的特殊要素，占据整个出口退税制度的核心地位，自1994年新税制改革以后，我国出口退税政策几次调整都集中反映在退税率的变化上，可以说，出口退税税率的增减变化直接描述了我国出口退税制度的演变历程，反映了我国宏观经济的调控轨迹。

追溯出口退税发展历史，自1950年伊始至今已有60多年，但是从1950年至1978年，出口退税政策处于不成型阶段。随着外经贸体制改革和出口形势的变化，出口退税范围和影响的不断扩大等，我国的出口退税也经历了不断调整的阶段。

（1）1979年至1993年：逐步建立和完善出口退税相关制度阶段

自1979年起，出口退税制度处于逐步建立和完善阶段。1980年规定对进口产品征税，对出口产品根据出口换汇成本的高低，视其亏损程度，在保本微利的原则下酌情给予减免税。1983年9月1日起，对一切单位进口的钟、表、自行车、洗衣机、金笔等17种产品征收进口环节工商税或增值税。对外贸企业、工贸公司和工业企业出口的上述17种产品，一律退还（免征）生产环节的增值税或最后生产环节的工商税。从1985年4月1日起，实行对出口产品退税政策：对煤炭、农产品、工业品等制定不同的增值税征税率和出口退税率。到1988年，确立了“征多少、退多少、不征不退和彻底退税”的原则。1988年和1989年，国家针对出口退税政策进行补充完善：在地方建立出口退税管理机构，出台了出口退税管理办法。

从1985年至1992年期间，国家先后对出口退税政策作出补充规定，建立了比较完整的出口退税系统。伴随着出口贸易由逆差走向顺差，国家的出口退税政策也经历了从鼓励各行业出口的高税率到限制部分行业的低出口退税率，我国的宏观调控政策逐步由“一刀切”向“协调性”方向发展。

（2）1994年至2008年：出口退税政策改革阶段，完成四次出口退税率调整

1994年，新税制改革，由于受税收征管水平和财政承受能力影响，出现了出口退税财力

负担较高的现象。1995 年至 1996 年,完成了第一次出口退税率调整:1995 年至 1996 年,国家先后两次下调出口退税率。

1998 年至 2003 年,完成了出口退税税率的第二次调整。1998 年至 1999 年,为了抵制东南亚金融危机及周边国家货币相继贬值对我国的影响,国家连续多次提高出口退税率,1998 年平均退税率由之前的 8.81% 达到 15.5%,几乎接近征税水平。2003 年,为解决出口退税资金缺口,调整产品结构和产业结构,国家又适时提高了部分农产品退税率,取消了部分资源性产品的出口退税政策,相应调低了部分货物出口退税税率。一系列政策措施极大地促进了中国的外贸出口。

2004 年实现了出口退税税率的第三次调整。退税率的几次提高,加之外贸连续三年出口大幅度超计划增长,国家财政拖欠退税款严重,因此 2004 年国家起调低部分货物的出口退税率,对出口退税率进行结构性的调整。综合退税率由 14.5% 下降至 11.5%。

2005 年至 2007 年,完成了出口退税税率的第四次调整。为促进外贸增长方式的转变和进出口贸易的平衡,2005 年至 2006 年,国家调低和取消了部分“两高一资”产品的出口退税率;提高了重大技术装备、生物医药产品的出口退税率;适当降低了纺织品等容易产生贸易摩擦的产品的出口退税率。2007 年 7 月又进行了出口退税率的大范围结构调整,取消了 553 项“两高一资”出口退税,降低了 2 268 项容易引起贸易摩擦的商品出口退税率。这两次出口退税税率的下调,是国家的出口政策开始从关注贸易规模到关注贸易结构转化,为了有力控制资源流失的一种保护手段。

(3)2008 年:时值我国改革开放 30 周年

2008 年金融危机爆发,我国外贸出口呈现急剧恶化的趋势。为应对国际粮油市场价格上涨和东南亚、非洲等国家出现的粮食危机,保障国内粮油市场稳定,从 2007 年下半年起一年内我国取消了小麦等原粮及其制粉、部分植物油的出口退税;后来又调高劳动密集型产品、机电产品出口退税率,从而顺利完成了第五次出口退税税率的调整。不仅对稳定我国进出口规模至关重要,而且对挽救贸易危机、促进经济增长也有良好的作用。

2009 年,为继续应对全球金融危机对我国出口贸易的冲击,国家又相应提高 553 种技术含量和附加值高的机电产品的出口退税率;将纺织品、服装出口退税率提高。

2010 年取消了部分钢材、部分化工产品、塑料及制品、橡胶及制品、玻璃及制品的退税率的调整,其他基本保持不变。

综上所列,多年来我国出口退税率的调整经历了由调低或提高两个过程,体现了国家不同阶段的政策导向。从中国历次出口退税率调整的情况来看,中国出口退税政策一直在刺激出口增长与减轻财政压力的矛盾中寻求平衡。在金融危机后继续保持出口退税政策的连续性和稳定性,这对保持我国外贸总体竞争力,以及稳定进出口规模至关重要。

4. 放开外贸经营权

改革以前我国的外贸经营权是由国家垄断的。除了国家直接拥有的十几家外贸公司以外，其他部门和公司不允许经营国际贸易的。国家对外贸企业直接进行管理，进出口商品种类和数量都纳入国家计划之中，由政府统一安排。随着经济体制改革的深入和与国际经济体系的接轨，外贸经营权逐步放开，经营主体出现多元化。外贸经营权的改革是在宏观管理和微观经营两个层次上逐步推进。

在宏观管理层面上，中央政府将外贸经营管理权和审批权逐步放开。一批中央部委所属的工贸公司、地方外贸公司得以建立。并且一些符合条件的生产企业也被赋予外贸经营权。2001 年外经贸部把外贸经营权的赋予由审批制改为登记和核准制。

在微观经营层面上，主要是赋予各类企业外贸进出口经营权，企业经营外贸商品将不再需要政府主管部门审批，只需到工商部门登记即可。除一些大宗产品由政府指定公司专营以外，其他商品的进出口逐步放开经营，国有、合资、外资、私营等多种经营成分的企业都可以从事外贸业务。

三、外汇体制的改革

（一）我国外汇体制改革的历史进程

1. 改革开放后经济转型时期的外汇管理阶段

1978 年以前，我国对外汇一直实行比较严格的管制。1978 年改革开放之后，随着我国的外汇管理体制逐步由高度集中向与市场经济相适应的外汇管理体制转变。

1979 年，恢复实行外汇留成制度，允许从事对外贸易的企业有外汇额度留成以调动外贸积极性和灵活性。

1980 年，我国恢复了在国际货币基金组织的席位。同年 12 月，我国颁布了《中华人民共和国外汇管理暂行条例》，采用有一定弹性的外汇管理制度。

1986 年，允许企业之间通过我国银行进行外汇调剂。1988 年正式在各地建立外汇调剂市场，进一步放松了对外汇的管制，并按市场供求情况确定调剂市场汇率，实行双重汇率体制。

2. 社会主义市场经济体制初步建立时期的外汇管理阶段

1994 年，确立了外汇体制改革的近期目标是实现人民币经常项目下的自由兑换，长远目标是实现人民币的全面自由兑换。同年，实现了人民币官方汇率和调剂市场汇率的并轨，实行以市场供求为基础的、单一的、有管理的浮动汇率制度；取消了外汇留成和上缴，实现了人民币经常项目下的有条件可兑换。从 1996 年 7 月 1 日起，外商投资企业在保留外汇账户的同时，也参加了外汇指定银行的结汇制与售汇制。

1997 年亚洲金融危机后，我国采取一系列稳定汇率的金融措施，人民币的汇率一直稳定在 1 美元兑 8.3 元人民币的水平上，直到 2005 年，我国汇率一直浮动不大。

3. 社会主义市场经济调节机制进一步完善时期的外汇管理阶段

2001 年我国加入世贸组织之后，贸易顺差急剧扩大，外资大量流入，国际收支大额顺差，国际收支不平衡的矛盾日益突出，对央行发行货币造成较大压力。同时，我国经济发展状况良好，经济实力增强，国内进一步改革外汇管理体制的条件日趋成熟。

2005年7月，我国再次宣布进行人民币汇率形成机制改革，从单一盯住美元改为实行以市场供求为基础，参考一篮子货币进行调节、有管理的浮动汇率制度；货币兑换起始水平从8.2765元人民币/美元调整为8.11元人民币/美元。同时，实施一系列配套外汇管理政策，包括提高经常项目外汇账户限额；提高个人因私购汇指导性限额和简化手续凭证；扩大银行为客户办理远期结售汇业务和开办人民币与外币掉期交易；调整银行挂牌汇率管理；并加强外汇政策的宣传和培训，等等。这些举措为改革开放后新时期的企业、银行逐步适应市场汇率波动的变化创造了条件。

（二）我国现阶段外汇管理体制特征

我国现阶段外汇管理体制有以下几方面的特征。

1. 人民币经常项目实现可兑换，资本和金融项目部分实现可兑换

企业可以将经常项下交易所取得的外汇卖给银行，也可以开立外汇账户，自主支配。同时，我国在服务用汇、个人用汇方面的限制也基本放开了。考虑到现阶段的国情和金融安全的需要，目前在资本和金融项下还实行一定的限制，我国对外投资尚处于逐步扩大阶段，特别是金融投资方面，迄今为止的投资规模还是较有限的，这也正是我国在此次金融危机中受冲击较小的原因之一。

近年来，我们加大了在资本和金融账户开放的力度，尤其是证券项目的开放力度较大。2002年以来，随着QDII和QFII制度的实施，为国外证券资本走进来、国内证券资本走出去建立了渠道。同时，在对外直接投资方面，步伐也明显加快，一些国内企业已成为国际市场的重要参与力量。最近，中石油、中铝、中国投资公司等企业在海外的投资不断扩大。这种局面都与近年来国家逐步放开资本和金融项目外汇管制政策有关。

2. 人民币汇率实行以市场供求为基础的、参考一篮子货币、有管理的浮动汇率制度

我国在人民币汇率的安排上，始终坚持“主动性、可控性、渐进性”的原则，力求保持国家经济、金融的平稳发展。我国汇率改革的目的是让人民币汇率形成的基础越来越坚实，逐步提高汇率弹性，让更多的市场主体参与汇率形成，使汇率不断贴近市场合理均衡水平。

3. 实行统一规范的全国银行间外汇市场

目前，中国外汇市场的网络交易平台日趋发达，产品工具日益增多，交易机制和交易方式不断创新，市场参与主体大幅度增加并更加多元化。2006年开始，引入了询价交易方式等制度，并逐步增加交易的品种，开展远期、掉期产品的交易，使市场价格发现的功能增强。与此同时，培养、锻炼了一批具备自主定价能力的中资做市商银行以及熟悉国际、国内规则的优秀本外币交易员。

4. 是实行与国际接轨的收支统计申报制度

国际货币基金组织一直重视国际收支相关数据报表的编制质量和公布频率。目前，我

国的国际收支相关数据报表已基本与国际接轨，其中国际收支平衡表每半年公布一次，从2006年开始每年公布一次国际投资头寸表，外债数据则是每季度公布一次。

5. 实行金融机构外汇业务监管

对于外汇业务，我国仍然采取市场准入的监管制度。国家外汇管理局与相关金融监管机构对所有金融机构的外汇业务实行监管。其中，银监会对其所管辖的银行业金融机构以及信托公司等非金融机构实行本外币统一监管，但证券经营机构和保险经营机构的外汇业务市场准入仍然由外汇局按照人民银行的授权来实施监管。此外，国家外汇管理局通过各种制度和电子技术手段，对金融机构及企事业单位的跨境收付行为实行监测。

6. 外汇管理法规体系不断完善

近年来，我国修订完善并发布了《中华人民共和国外汇管理条例》《境外直接投资外汇管理规定》《银行执行外汇管理规定情况考核办法》等一系列法律、法规，外汇管理框架和法规进一步健全。

四、我国外资政策的变化

从1949年到1978年改革开放前约30年间，我国基本上没有吸引外商直接投资，20世纪50年代仅有的几个中苏合营公司是两国政府间的合作。可以说，中华人民共和国吸引外资的历史是从1979年改革开放以后开始的。在此后20多年的时间里，我国的外资政策和形势可以大致分为四个阶段。

1. 1979—1982年：允许外商投资

1979年，《中华人民共和国中外合资经营企业法》宣告了我国对外国直接投资的开放。但是，由于几十年的封闭和对外资的不信任感，政府和民间在思想观念上对吸引外资仍然存在许多疑虑。加上缺乏经验，有关法律、法规不健全，对外商投资的政策变动不大，审批较严，优惠较少。这一阶段的外商投资政策只是试验性的开放，外商来华投资也多是试探性的。因此，这一期间外商投资总体增长缓慢。

2. 1983—1991年：以优惠政策吸引外商投资

这个阶段法律法规逐渐健全，政策日益宽松，吸引外商直接投资成为国家对外开放的最主要内容之一。1986年确立了社会主义市场经济的改革目标10月，国务院颁布《关于鼓励外商投资的规定》，简化审批手续，开办外汇调剂市场，清理乱收费等软环境的建设。这一阶段，扩大了地方政府自行审批外商投资的自主权，并在税收方面给予了许多优惠和减免政策。

3. 1992年—2001年：以市场与产业吸引外资

1992年初，邓小平巡视南方，奠定了进一步改革开放的基调。我国的改革加快，开放扩大，政府出台了一系列以发展市场经济为基础的外商投资政策，外商对我国的投资出现了高潮。

从 1994 年开始,我国的外资政策作了进一步调整,吸引外商直接投资由区域性优惠政策导向变为市场导向。1995 年我国公布了《指导外商投资方向暂行规定》和《外商投资产业指导目录》,引导外资投向基础设施、基础产业、高新技术产业、国有企业技术改造项目和中低档住宅项目。

4. 入世以后的外商投资政策:以 WTO 规则为基础开放外商投资

加入世界贸易组织后,我国在外商投资政策方面的总趋势是更加开放、更加透明、更加稳定。根据入世承诺,我国不仅扩大了生产领域外商投资的范围,也开放了许多过去不允许外商投资的服务领域(如金融、通信、零售等)。对于在我国投资的外国企业,政府要实行国民待遇,取消对外商制定的不符合 WTO 的政策(如国产化要求、出口比例要求、技术转让要求等)。与此同时,我国承诺加强对外商投资知识产权保护,与发达国家广泛开展了在知识产权保护方面的双边交流合作。

第二节　我国对外贸易发展战略

一、发展中国家对外贸易发展战略的模式

发展中国家对外贸易发展战略主要有进口替代战略、出口导向战略以及二者结合的战略等模式。

(一)进口替代战略

1. 进口替代战略的概念

进口替代是指采用本国生产的制成品替代进口的外国制成品。进口替代战略主张通过建立和发展本国的制造业、实现对进口制成品的替代,以加快工业化进程和减少对国外的经济依附。

进口替代战略是 20 世纪五六十年代发展中国家经济学家普雷维什和辛格提出的,之后亚非拉许多发展中国家都在不同程度上实行了进口替代战略。在国际市场上,发展中国家生产的农、矿初级产品价格不断下跌而发达国家生产的消费品价格不断上升,不平等贸易关系日益突出。为克服发达国家与发展中国家之间的不平等贸易,发展本国的民族工业,因而广大发展中国家努力发展一些原来依靠进口的货物的生产以供国内少数富裕阶层的消费从而实现进口替代。

进口替代一般要经过两个阶段:

(1)第一个阶段,先建立和发展一批最终消费品工业,如食品、服装、家电制造业以及相关的纺织、皮革、木材工业等,以求用国内生产的消费品替代进口品,当国内生产的消费品能够替代进口商品并满足国内市场需求时就进入第二阶段;

(2)在第二个阶段,进口替代由消费品转向国内短缺的资本品和中间产品的生产,如机器制造、石油加工、钢铁工业等资本密集型工业。经过这两个阶段的发展,进口替代工业日趋成熟,为全面的工业化奠定了基础。

2. 进口替代战略实施的限制条件

进口替代战略的实施需要实行贸易保护政策,主要包括三个方面。

第一,关税保护,即对最终消费品的进口征收高关税,对生产最终消费品所需的资本品和中间产品征收低关税或免征关税。

第二,进口配额,即限制各类商品的进口数量,以减少非必需品的进口,并保证国家扶植的工业企业能够得到进口的资本品和中间产品,降低它们的生产成本。

第三,使本国货币升值,以降低进口商品的成本,减轻外汇不足的压力。其中关税和配额是进口替代战略中最重要的保护措施。

3. 进口替代战略的影响

实施进口替代在一定程度上刺激了民族工业中消费品工业的发展,加强了发展中国家独立发展经济的能力,能够减少经济的对外依赖程度,一些专门技术人才和熟练劳动力也培养出来了,政府部门从中也获得了管理经济的经验和知识,因此许多拉美、南亚、中欧国家选择了进口替代战略,一定程度上实现了经济发展目标。但是这一战略对刺激民族工业的发展是有限的,因为它并不能完全消除对外的依赖性,它依然在很大程度上依赖进口,它只是改变了进口商品的结构,从成品进口改为进口国内不具备的原料、技术专利、机器设备、中间产品与资本等。当发展中国家用高关税保护民族工业时,发达国家也用各种措施破坏或打破关税保护,抵制发展中国家的进口替代,所以进口替代战略常常出现无能为力的状态,在实践中逐渐暴露出许多缺陷。一些学者在研究中认为,进口替代战略的核心问题是它违背了比较利益原则。20 世纪 60 年代末 70 年代初,进口替代战略受到许多学者的批评。

1970 年,利特尔等人考察了巴西、印度、墨西哥、巴基斯坦、菲律宾等国家及我国台湾地区的工业化发展经验后认为,进口替代战略严重降低了经济效率、抑制出口、加剧失业、导致国际收支恶化。因此,实际上从 20 世纪 60 年代中期开始,一些国家和地区就开始转向更加开放的贸易战略,特别是亚洲的日本、韩国、新加坡等国家及我国的台湾地区在经过一段时间的进口替代工业化过渡后,采取了不遗余力的出口导向战略。

4. 进口替代战略的积极作用

实施进口替代战略对一个经济落后的发展中国家来说通常能起到以下积极作用。

(1)为弱小的民族工业的成长创造出一个宽松的发展环境。这种战略及其配套政策要重点保护的是落后国家的幼稚工业,这种工业的产品成本高、质量低、竞争力较差,很难与外国的同类产品进行市场较量。各国的经济发展史已充分证明,在一个没有保护的市场中进行竞争,落后国家的幼稚工业会在发达国家的成熟工业面前败下阵来。实施进口替代战略的国家为本国的弱小工业提供了一个温和的成长空间，使民族工业能在这种环境里从幼稚走向成熟，从弱小走向强大。自己的国家也会在这个过程中由一个农业国或二流工业国发展成为一个新兴的工业化国家。

(2)改善了发展中国家的经济结构，增强了经济成长的独立性。发展中国家的传统经济结构是单一的、畸形的，主要依靠农产品和矿产品的生产和出口来维持国民经济的运行。通过进口替代战略的实施，这种传统的经济结构会发生明显的改善，主要表现为：国内生产总值中工业的比重在上升；工业生产总值中制造业的比重在上升；制造业中重化工业和机电工业的比重在上升。

这几个"上升"表明了发展中国家工业化进程的合理化与经济结构的多样化。这种多样化的经济结构使发展中国家摆脱了历史上对发达国家过分依赖的状态，增强了独立自主发展民族经济的信心和能力。

(3)扭转了发展中国家在国际分工体系中的不利地位。各种资料表明，国际分工体系对生产和出口初级产品的发展中国家是不利的，具体表现为这类国家的贸易条件处于一种长期恶化的趋势。这种趋势在战后更为明显，国际市场上初级产品的相对价格不断下降，工业制成品的相对价格不断上升。实施进口替代战略的国家已经在很大程度上扭转了这种不利局面，因为它们已改变了生产和出口初级产品并进口工业制成品的传统做法，把更多的初级产品留在国内，供自己的进口替代工业使用，国内消费所需要的多数工业制成品也已经能够由本国企业来提供，使加工和销售利润更多地留在了国内。

5. 进口替代战略的消极作用

进口替代战略在促进落后国家经济快速发展的同时，也产生着若干消极影响，使这些国家的经济难以长期保持快速增长的势头。

(1)保护完好的市场环境抑制了企业的积极进取精神，使经济发展易产生高成本和低效率。这主要是因为在严密的保护中，本国企业感受不到来自进口产品的激烈的生存竞争。对进口产品的数量限制，使本国企业的产品即使质量差、价格高，也仍然有销路，也同样有利润。在这种环境下的企业就会满足于既得利益，就会失去自我完善、不断改进技术水平和管理水平的内在动力和外在压力。长期实施进口替代战略的国家所普遍存在的企业的低素质和生产的低效率就是由此产生的。

(2)经济发展难以形成规模效益。现代经济发展非常注重规模效益问题，一个企业或一项生产的产品量只有达到一定的规模，经济效益才能提高。进口替代战略下的企业生产主要面向国内市场，政府并不特别鼓励去开发国外市场，这就使产品销售受到很大限制，囿于了收入水平低、消费层次浅的国内消费者群。这种状况在一定程度上制约了企业生产规模的合理扩大，并使企业的生产设备和人员常常得不到充分运用。在一些较小的国家和地区中，这种消极作用尤为明显。

(3)国际收支经常项目的逆差状况长期得不到缓解。实施进口替代战略的目标之一是想通过保护贸易政策限制产品进口,以便改善不利的国际收支状况。然而,该战略实施的结果表明,这一目标远远没能达到。所实际达到的结果不是进口产品量的大幅度减少,而是进口商品结构的改变:资本品的进口代替了消费品的进口。资本品的进口,无论是机器设备还是原材料,都是为了提高国内的工业化水平,以实现用国产品代替进口品这一重大战略目标,因而这一阶段多进口些资本品是合理的和无可厚非的。问题的关键在于应如何去平衡这种进口贸易以实现外汇的收与支相等呢?解决的途径只能是出口创汇。可是这一时期的各种政策并不有利于出口创汇。一方面,政府并没有特别的优惠政策扶植企业进入国际市场,使企业更愿意留在风险小、盈利有保障的国内求发展。另一方面,此时的保护性政策使企业普遍生产成本高、效益低,不具备进入国际市场的竞争能力。再加上高估本币币值的汇率政策,使不利的出口局面更加被动,尤其是传统的出口强项——初级产品的出口,也受到了这种汇率政策的抑制。

(4)进口替代战略易造成市场信号扭曲,导致资源配置不合理和产业结构失衡。进口替代战略下的政府对经济运行的干预较强,比如过重的进口许可证限制、过多的政府补贴,这些都会使市场信号出现扭曲,使产品价格不能正确反映一国资源的稀缺程度,从而导致资源使用上的浪费和产业结构上的倾斜。如保护政策所重点培植的国内进口替代行业,会因为产品价格高、利润大而诱导厂商们无节制地向这类行业投资,最终会导致产品滞销、设备闲置。这一时期,为了节约外汇,国家关税政策也重点限制非生活必需品(如奢侈品)的进口,这就在国内形成了一个保护良好的该类产品的生存空间,没有国外竞争对手,稳定的卖方市场,引致国内资源大量地投入这类目前尚不应过多投入的行业。

(二)出口替代战略

1. 出口替代战略的概念

出口替代战略又称出口导向战略,是外向型经济发展战略的产物。是指一国采取各种措施扩大出口,发展出口工业,逐步用轻工业产品出口替代初级产品出口,用重、化工业产品出口替代轻工业产品出口,以带动经济发展,实现工业化的政策。

出口替代战略其核心思想是使本国的工业生产面向世界市场,并以制成品的出口代替初级产品的出口。该战略是根据国际比较利益的原则,通过扩大其有比较利益的产品的出口,以改善本国资源的配置,从中获得贸易利益和推动本国经济的发展。这种以出口鼓励作为经济动力的发展模式,将本国产品置于国际竞争的环境中,其优点是比较显著的。以这种方式发展的国家,大都取得了实绩优良的高速经济增长,这一事实成功地推翻了传统的工业发展只能通过进口替代来实施的观点。

2. 出口替代战略的特征

出口替代战略是指发展中国家通过促进本国产品的出口,积累发展资金,发展经济的战略。这是发展中国家的工业化有了一定程度后采取的战略,这些国家的经济一般具有的经济特征是二元经济,即一部分是传统的、落后的经济,而另一部分却具有现代化的经济特征。它们以本地廉价的劳动力与发达国家的资金、技术相结合，发展出口产品的生产，从而加速外向型经济的发展。

出口替代战略一般也要经历两个阶段：

(1)第一个阶段，以轻工业产品出口替代初级产品出口，主要发展劳动密集型工业，如食品、服装、纺织品、一般家电制造业等，随着生产规模的扩大和国际市场环境的变化就进入了第二个阶段；

(2)第二个阶段是以重化工业产品出口替代轻工业产品的出口，致力于发展资本密集型和技术密集型工业，如机械电子、石化等行业。此后，极少数发展中国家和地区开始着手建立知识和信息密集型等高科技产业，力图在高科技产业产品的世界出口贸易中占有一席之地。

3. 出口替代战略的措施

(1)给出口企业提供减免出口关税、出口退税、出口补贴、出口信贷和出口保险等，目的在于降低出口成本，开拓国外市场，增强出口竞争能力。

(2)给出口生产企业提供低利生产贷款，优先供给进口设备，原材料所需外汇，大力引进资本、技术、经营管理知识，建立出口加工区等，目的在于降低生产成本，提高产品质量，增加创汇能力。

4. 实现出口替代战略的关键

这一战略的实施过程实际上是一个利用在本国的比较优势发展相关产业，并根据比较优势的变化而及时进行产业结构升级换代的过程。在第一个阶段，发展中国家可以利用本国劳动力成本低的优势，通过扩大劳动力密集型产品的出口来增加外汇收入，带动经济的增长，增加就业。随着经济的发展，收入水平的不断提高，劳动力成本将上升，劳动力优势逐渐丧失，此时应当及时调整产业政策，鼓励资本和技术密集型工业的发展。这一战略需要实行以下政策措施：

一是对出口企业给予优惠政策，如减免税收、低息贷款、增加补贴等；

二是对出口企业需从国外进口的资本品、中间产品和技术专利等实行减免税、放宽进口配额；

三是使本国货币贬值以降低本国出口商品以外币计算的价格，增加企业和产品在国际市场上的竞争力。实施这一战略可以通过保持较高的出口增长率来保持较高的经济增长速度，使一国经济在很大程度上融入世界经济大循环圈中。由于国际竞争压力对国内企业形成了有效的激励，促使国内企业必须不断提高生产效率、改善经济管理、开发新技术、培训员工，只有这样才能在激烈的国际竞争中求得生存和发展。

5. 出口替代战略的积极作用

在一个资金、技术缺乏，市场狭小和大部分人从事农业的不发达经济中，选择出口导向型战略有以下积极作用：

(1)可以充分利用国外的资源，并与本国具有绝对优势的劳动力资源相结合，生产并出口本国具有比较优势的产品，以缓解一国的外汇压力；

(2)可以在国际分工中节约劳动，充分发挥自身的比较优势，在全球性的产业结构调整中，促进本国产业结构的优化升级，获取因分工而产生的规模经济效益；

(3)可以通过对外贸易，互通有无. 使本国居民享受到更多的经济福利，提高其生活水平；

(4)可以通过外部市场的开拓，带动国内相关产业和部门的发展，不仅为国内的剩余产品或闲置生产资源找到了出路，还扩大了就业量。

6. 出口替代战略的消极作用

实施外向型经济的上述种种优越性，基本上已为人们所共识。但是，出口导向型发展模式也具有特殊的适用性及其局限性。

(1)出口导向型发展模式对于大国和小国的作用是不同的。一般而言，小国因地域狭小，人口总量不大，市场容量较小，如采取出口导向型经济发展模式，积极扩大外贸出口，就可以使其产品生产达到规模经济的要求，取得较大的规模经济效益。小国的失业劳动力、剩余产品、闲置生产资源的数量相对于大国而言都比较小，只要出口达到一定规模，就可能在很大程度上解决这些问题。而大国则不然，其庞大的国内市场足以支撑任何一种产品达到规模经济的要求，如美国、中国等大国，其国内供给满足其国内需求的程度较高，无须过分依赖于国外的市场需求；其次，相对于小国而言，大国面临数额巨大的失业劳动力、剩余产品等问题，即使有较大的出口增长，也只能在一个相对较小的范围内解决问题。

(2)依赖大量出口来推动本国经济发展，会增加本国经济的对外依赖性，从而丧失经济发展的主动权。无论是发达国家还是发展中国家，在经济的发展过程中，一味地将出口作为经济的发展动力的话，最终可能会降低甚至丧失本国经济自我发展能力和抵御外部冲击的"免疫力"，从而更易受到外部市场的摆布，这对一国经济的长远发展是非常不利的。特别对于发展中国家而言，这种危害性是很大而且显而易见的：发展中国家对外开放的水平受制于其国内的经济发展水平，这决定了即使一个经济落后的国家实行了全面的对外开放，其水平和层次也不会很高，这必然会降低其在开放中所能获取的比较利益；发展中国家在国际政治经济旧秩序中处于非常不平等的地位，不平等的贸易地位将使之获利较少甚至无法获利，并且其贸易条件将不断恶化，从而使这些国家在对外开放中陷入比较利益的陷阱而无力逃脱；出口导向型战略的实施，容易使许多跨国公司介入发展中国家的"出口替代活动"中，很容易使发展中国家的产品所有权、销售权和管理权落入其强有力的控制之中，这非常不利于发展中国家战略性产业的成长和起飞，并可能在发展中国家对一些跨国公司失去控制力的情况下，危及这些国家的经济安全。

(3)出口导向型发展战略的作用受到市场发展的制约。亚洲一些国家实施出口导向型战略，并取得较大成功有其特定的历史背景。一些国家所奉行的出口导向型. 是以国外市场的需求，主要又是发达国家的市场需求为重点的。在 20 世纪七八十年代，正值西方产业结构调整的高潮，西方产业结构的高级化，使得一些传统产业逐步退出其市场，这时实施出口导向型战略，将大量传统产业打入发达国家市场，正好适应了其市场上传统产品不足，需要填补的要求；另外，20 世纪 80 年代之前实行出口导向型战略的国家较少，传统产业的市场还未饱和，因此，相对于没有实施该战略的国家而言，少数实施出口导向型战略的国家，就很容易从相对较大容量的传统产品市场中获益。

进入 20 世纪 90 年代以后，实施出口导向型战略的国家增多，并加入传统产品的生产行列，这时，所有实施该战略的国家就不仅要面临来自发达国家具有更高生产效率对手的竞争，还面临来自发展中国家之间的竞争，这就使得其出口增长下降成为必然，并且在竞争中，发展中国家为了赢得并不丰富的市场，可能会形成一种恶性的价格竞争，结果只会恶化其出口结构，进一步降低其比较利益，这最终是不利于其产业国际竞争力的提高的。此外，发达国家还实行种种贸易保护措施，致使发展中国家的优势产品很难打进国际市场，即使进入，也会因发达国家各种名义的贸易保护措施而丧失其低成本的竞争优势，假如为促进出口，一国的出口补贴力度太大的话，又会加重发展中国家的财政负担，出现企业受益而国家损失的局面。

(4) 出口导向型发展模式在一定情况下可能会强化落后经济的“二元化”特征。出口导向型发展模式会改变出口国的区域经济结构，结构可能会朝不同的方向变化。发展中国家实施出口替代的一个出发点，本身是想借用“国际经济大循环”，通过国际市场的转换机制，纠正和消除落后经济中的“二元结构”的偏差，以实现经济的工业化和现代化。但如果该战略的实施导致区域经济差距扩大而不是缩小时，贫富分配不均出现两极分化时，反而会使该战略的实施结果违背其初衷走向反面，强化落后经济的“二元化”特征。

二、我国的对外贸易战略

(一) 出口商品战略

改革开放以来，我国在不同的历史阶段制定了不同内容的出口商品战略。

1. “六五”计划时期的出口商品战略(1981—1985)

根据我国刚刚改革开放，产业结构和生产技术落后的情况，我国制定的出口商品战略是：发挥我国资源丰富的优势，增加矿产品和农副土特产品出口；发挥我国传统技艺精湛的优势，发展工艺品和传统的轻纺产品出口；发挥我国劳动力众多的优势，发展进料加工；发挥我国现有工业基础的作用，发展各种机电产品和多种有色金属、稀有金属加工品的出口。

根据上述战略安排，“六五”计划期间，我国优先发展了石油、煤炭等矿产品和农副土特产品的出口，重点发展了轻纺产品的出口，逐步发展了机电产品及有色金属、稀有金属加工品的出口。

2. “七五”计划时期的出口商品战略(1986—1990)

针对 20 世纪 80 年代以来，初级产品贸易趋于萎缩，制成品贸易增长加速，我国出口商品中制成品比重有所上升,但初级产品仍占较大比重的情况,我国提出了以实现“两个转变”为核心内容的出口商品战略:出口商品构成要实现逐步由主要出口初级产品向主要出口工业制成品的转变,由主要出口粗加工制成品向主要出口精加工制成品的转变。

3.“八五”计划时期的出口商品战略(1991—1995)

从国际市场变化看,在各类商品中机电产品贸易增长最快。从国内经济发展看,一大批利用外资和引进技术项目建成投产并开始创造效益,国内产业结构不断优化。据此,我国制定的出口商品战略是:逐步实现出口商品结构的第二个转变,即由粗加工制成品出口为主向精加工制成品出口为主的转变,努力增加附加价值高的机电产品、轻纺产品和高技术产品的出口,鼓励那些在国际市场上有发展前景,竞争力强的拳头产品出口。

目前,我国出口商品结构进一步优化,机电产品早已取代轻纺产品,成为我国出口的最大宗商品,轻纺产品及农副产品、资源性产品,在出口中的比重虽然下降,但绝对额仍保持持续的增长。

4.“九五”计划时期的出口商品战略(1996—2000)

根据国家“九五”计划中提出的要实现经济增长方式从粗放型向集约型转变的方针,我国在该时期制定了“以质取胜”为核心的出口商品战略,努力实现外贸出口增长由主要依靠数量和速度转向依靠质量和效益。其具体措施是,进一步优化出口商品结构,着重提高轻纺产品的质量、档次,加快产品升级换代,扩大花色品种,创立名牌,提高产品附加值;进一步扩大机电产品出口,特别是成套设备出口;发展附加值高和综合利用农业资源的创汇农业。

通过“以质取胜”为核心的出口商品战略的贯彻实施,我国各类出口商品的内部结构都有较大程度的优化。机电产品中,高新技术产品出口增长迅速;轻纺产品中,出口结构有明显的升级,产品附加值有较大提高;在农副产品中,减少了粮食作物的出口,增加了创汇农产品的出口。

5.“十五”计划时期的出口商品战略(2001—2005)

21 世纪是知识经济时代,在国际贸易中,高附加值、高技术含量的产品增长十分强劲;经过改革开放以来 20 多年的经济发展,我国的产业结构和出口商品结构都有较大的提升,特别是高科技产业发展迅速、产品出口快速增长,但是出口产品中低技术、低附加价值产品仍占主导地位。因此,我国提出要继续贯彻以质取胜战略,重视科技兴贸,优化出口商品结构。

6.“十一五”计划时期的出口商品战略(2006—2010)

随着我国对外贸易规模的迅速扩张,我国出口商品结构调整势在必行。全球贸易持续增长,但竞争日趋激烈,国际间知识产权壁垒、技术性贸易壁垒趋于强化,资源性产品价格趋涨,环境保护压力加大。我国对外贸易中有近一半是以加工贸易的方式完成的,中国在以跨国公司为主导的全球生产体系中所承担的主要是劳动密集型的加工环节,产品自主知识产权含量低,获得的附加价值低,且资源耗费大,环境代价大。因此要求我国在出口贸易战略上:加快转变对外贸易增长方式,促进对外贸易由数量增加为主向质量提高为主转变;扩大具有自主知识产权、自有品牌的商品出口;支持自主性高技术产品、机电产品和高附加值劳动密集型产品出口;控制高能耗、高污染产品出口;严格执行劳动、安全、环保标准,完善出口成本构成;提高加工贸易行业准入标准,引导加工贸易向高技术含量和高附加值产品发展,规范加工贸易管理,促进加工贸易健康发展。

(二)以质取胜战略

"十五"计划时期,我国提出了以质取胜的出口战略。实施以质取胜战略,必须正确认识并处理好质量和数量、效益和速度、内在质量与外观质量、样品质量和批量质量,以及质量和档次等方面的关系,提高出口商品的质量和信誉,优化出口商品结构,开创出口商品名牌,把出口商品本身的质量同国际市场的需要有机结合起来。实施以质取胜战略的措施包括以下几项。

1. 强化质量控制的立法与执法

加强质量方面的法律法规建设,强化执法力度,为实施以质取胜战略提供必要的法律环境。

2. 提高产品科技含量

在当代科学技术迅猛发展,科技竞争已成为国际贸易竞争的重要方面,产品科技含量与产品竞争力的关系日益密切。因此,我国在提高出口商品质量的过程中,也要依靠科技进步。首先,要加强高科技产品的研制和开发,并加速科技产品在生产中的运用,使科技成果尽快实现商品化、产业化,提高我国出口商品的质量、档次和加工深度,形成国际竞争的综合优势。其次,要密切跟踪国际先进技术,通过引进先进技术和设备,推进技贸结合。

3. 推行与国际标准接轨的质量管理体系

面对国际贸易中技术性贸易壁垒日益加强的趋势,积极推行国际标准化,是提高我国产品技术标准化水平、立足国际市场的必由之路。首先,要采用国际标准,进一步完善产品质量认证标准;其次,要按照国际标准,建立健全企业质量保障体系认证标准;第三,还应积极宣传和推行《ISO 14000 环境管理标准系列》。

4. 实施名牌战略

创造名牌是实施名牌战略首要环节。在创造名牌的过程中,企业生产出优质的产品是关键,同时加强在国内外市场的广告宣传也很重要。

实施名牌战略还包括对名牌的保护。企业保名牌,一方面要保护商标不受侵犯,另一方面要通过保证产品的内外在质量和不断更新换代,争取市场,占领市场。同时,政府也要通过法律、经济、行政等各种宏观管理手段,为企业创立名牌形成一个良好的外部环境。

5. 加强全面质量管理

实施"以质取胜"战略,必须实现全面质量管理。首先,要狠抓生产过程的质量管理,把

"事后检验"放到"事先控制"。其次,要加强流通领域中的质量管理。在流通领域中,既有商品收购、存储过程中的质量管理,也有商品运输、销售过程中的质量管理。

(三)科技兴贸战略

科技兴贸战略从商品生产和交换角度看,包括两个方面内容:一是大力推动高新技术产品出口;二是运用高新技术成果改造传统出口产业,提高传统出口产品的技术含量和附加值。

1. 实施科技兴贸战略的重要意义

第一,确立了高新技术产品出口在我国对外贸易发展中的重要地位,适应了世界经济与国际贸易结构的发展趋势,将有力地推动我国对外贸易的发展。第二,提升我国在国际分工中的地位依靠技术创新建立我国出口产业和产品新的动态比较优势,从而在未来的国际分工和国际贸易中争取较为有利的位置,增强抵御各种外部风险与冲击的能力。第三,提升我国产业结构和经济结构,可在扩展国际市场,提升国际竞争力的过程中,有力推动国民经济进行产业结构调整和产业升级。

2. 科技兴贸战略成效的目标

1999 年科技兴贸战略启动,国家采取了一系列扶持鼓励政策措施,有力地促进了我国出口商品结构的优化和升级,带动了对外贸易的快速发展。

《科技兴贸"十五"计划纲要》指出,加快出口商品结构调整,推进我国高新技术产业国际化,大力改造和提升传统出口产业,促进国内产业结构升级,提高我国企业的竞争力,是科技兴贸"十五"规划的核心。

科技兴贸战略的具体目标包括:一是大力促进高新技术产品出口。二是提高传统出口产品的技术含量和附加值。以出口额最大的机电产品、纺织产品和农产品作为高新技术改造传统产业的重点。

3. 实施科技兴贸战略的保证措施

第一,促进高新技术产品出口体制创新,包括促进高新技术产业发展和产品出口的体制创新和促进高新技术产业发展和产品出口的资金投入机制创新。

第二,发展重点产业和技术领域的产品出口,首先要促进高新技术产业的国际化,其次要促进有自主知识产权的关键技术开发和产业化。

第三,加强对出口产品的高新技术支持,以提高传统出口产品的技术含量和附加值,提高技术引进、消化、吸收、创新水平。

最后,构筑科技兴贸服务体系,不仅要加强技术贸易法律法规体系建设,加强技术性贸易措施的研究与应用,加强信息技术在外贸领域的推广应用,而且要加大知识产权的保护力度。

(四)出口市场多元化战略

扩大出口规模、优化出口结构,必须有市场拓展作保证。任何市场的容量都是有限的,市场的分散和多元化成为市场扩展的主要方面。因此,出口市场战略就是对我国出口贸易的市场格局做出战略性安排。我国从"八五"计划起开始实施出口市场多元化战略,即根据国际政治经济条件的变化,充分发挥我国的优势,有重点、有计划地逐步建立起我国出口市场合理的多元化的总体格局。

我国实施出口市场多元化战略虽然取得积极进展,但从整体来看,至今尚未改变出口市场主要集中于美国、香港地区、欧盟和日本的特点。这种相对集中的市场格局,不仅使我国对外经济贸易发展的回旋余地受到限制,而且也潜伏着一定风险。因此,我国必须调整目前的出口市场格局,坚持实施市场多元化战略。实施出口市场多元化战略不仅有利于减少贸易摩擦、规避市场风险,也有有利于我国出口贸易持续、健康、稳定发展,提高我国在国际分工中的地位。

实施出口市场多元化,要针对不同市场的特点,制定不同的开拓战略。我国对发达国家市场的开拓要以商品结构的优化为重点,对新兴市场的开拓要适应不同的消费层次,针对不同国家和地区制定相应的出口政策,逐步实现以新兴市场为重点、以周边国家贸易为支撑、发达国家和发展中国家市场合理分布的市场结构。其具体措施如下:

1. 深度开发发达国家传统出口市场

首先,深度开拓要以商品结构的优化为重点,逐步扩大参与水平分工的比重,获取更多的比较利益。

其次,要进一步了解和研究发达国家和地区的贸易法规和惯例,充分运用其先进的贸易基础设施和经销网络,特别是要进入这些国家市场上深层次的销售系统。

第三,要改善售后服务,稳定和提高我国出口商品的市场占有率。

第四,在深度开发和巩固传统市场时,还应根据各个市场的不同特点,制定相应的开拓策略。

2. 稳定和扩大东南亚市场

香港是国际贸易和国际金融中心,应继续发挥其作为内地出口商品中转站的作用,推动内地与香港的经济合作向更高层次发展。同时,要加强对港澳地区出口的管理和协调工作,维护对港澳地区出口的良好秩序,保证对港澳地区出口的稳定增长。中国对东盟、中国台湾、韩国的贸易都呈逆差,应一方面调整商品结构,适应对方市场需求,另一方面加强双边磋商,按国际贸易规则,要求对方消除贸易壁垒,增加我产品进入市场的机会。

3. 开拓非洲、拉美发展中国家市场

针对许多发展中国家和地区经济发展水平低,贸易规模不大,外汇短缺,有些市场交通运输不便,气候不利等问题,我国应做好市场调研,根据市场需要,组织适销对路产品出口。同时我国应根据不同情况,采取灵活的贸易做法,将出口、援外、对外投资、承包工程和劳务合作等多种经济交往形式结合起来,对发展中国家和地区市场进行综合性开拓,以扩大对其出口。此外,我国还应在政策上对发展中国家出口有所倾斜,如提供优惠贷款、出口风险担保和运输担保等。

4. 积极扩大独联体、东欧国家市场

我国开拓独联体、东欧国家市场不仅面临机遇，而且也面临着挑战。因此，应采取有力措施积极开拓独联体、东欧国家市场。第一，要加强市场调研；第二，要努力扩大优质产品出口；第三，国家应进一步完善鼓励扶持政策。

（五）进口商品战略

进口商品战略指根据国内生产、消费的需要，对一定时期进口商品的构成所作的战略性规划。出口商品战略是我国对外贸易的重要组成部分，与此同时，随着我国经济参与国际市场竞争程度的不断加深，进口商品战略在我国对外贸易战略的地位也逐渐提高。我国各个五年计划都对进口结构进行了规划。

1. “六五”计划时期的进口商品战略（1981—1985）

引进先进技术和关键设备；确保生产和建设所需的短缺物资的进口；组织好国内市场所需物资和以进养出物资的进口；对本国能够制造和供应的设备，特别是日用消费品，不要盲目进口，以保护和促进民族工业的发展。

2. “七五”计划时期的进口商品（1986—1990）

进口重点是引进软件、先进技术和关键设备，以及必要的、国内急需的短缺生产资料。

3. “八五”计划时期的进口商品战略（1991—1995）

按照有利于技术进步、增加出口创汇能力和节约使用外汇的原则合理安排进口，把有限的外汇集中用于先进技术和关键设备的进口，用于国家重点生产建设所需物资以及农用物资的进口；防止盲目引进和不必要的引进；发展替代进口产品的生产，促进民族工业的发展；国内能够生产供应的原材料和机电设备争取少进口或不进口；严格控制奢侈品、高档消费品和烟、酒、水果等商品的进口。

4. “九五”计划时期的进口商品战略（1996—2000）

积极引进先进技术，适当提高高技术、设备及原材料产品的进口比例，努力发展技术贸易和服务贸易。

5. “十五”计划时期的进口商品战略（2001—2005）

根据“十五”计划期间我国社会经济发展目标和我国产业结构和进口结构的现状，我国进口商品结构的重点应是引进先进技术和关键设备；保证重要资源和加工贸易物资的进口；按照我国对国际社会承诺的市场开放进程和国内市场的需求，扩大消费品进口。

思 考 题

1. 我国现阶段外汇管理体制特征有哪些？

2. 试述出口导向战略的利与弊。

3. 进口替代战略的积极和消极作用有哪些？

4. 比较进口替代战略和出口替代战略实施的条件和实际实施的效果。

5. 实施以质取胜战略的重要意义和具体措施是什么？

6. 我国为何要实施科技兴贸战略？科技兴贸“十五”规划的主要目标和措施是什么？

7. 我国实施出口市场多元化战略的重要意义何在？我国实施出口市场多元化战略的具体措施是什么？

第十二章　世界贸易组织与我国对外贸易

第一节　我国加入世界贸易组织历程

一、我国与世界贸易组织的历史渊源

我国与世界贸易组织(WTO)的渊源可追溯到WTO的前身关税与贸易总协定(以下简称GATT)创建之初的1948年。1948年4月21日我国作为GATT创始国之一与其他缔约方签署了标志GATT形成的《临时适用议定书》,5月21日我国正式成为关贸总协定23个创始缔约国之一,并参加了GATT在1948年的第一轮和1949年的第二轮多边关税减让谈判。

1949年10月1日中华人民共和国成立,我国政府发生了更迭,中华人民共和国政府成为我国唯一合法的代表。但台湾当局却以“中华民国”的名义在1950年3月6日派代表照会联合国秘书长,决定退出GATT,由于当时中华人民共和国无法获得在联合国中的合法席位,联合国接受了台湾的“退出”决定,从此我国与GATT完全失去联系长达15年之久。以上一段历史就是我国“复关”——恢复关贸总协定缔约方地位,而不是重新加入或新加入GATT的由来。

1965年1月台湾当局向GATT缔约国大会递交了成为GATT观察员的申请,同年3月缔约国大会接受了台湾当局的申请,台湾成为GATT观察员。1971年第51届联合国大会通过决议承认中华人民共和国政府是代表我国的唯一合法政府,因此同年11月第27届GATT缔约国大会取消了台湾的观察员资格。此后,由于国内原因我国在GATT中的缔约方地位空缺又长达11年之久。在此期间我国陆续成为联合国贸发会和GATT下属机构国际贸易中心的成员。

历史进入20世纪80年代,为适应我国改革开放和对外贸易发展的需要,我国开始筹备“复关”谈判。1981年4月我国申请加入GATT所管辖的第三个《多种纤维协定》(简称MFA),取得了纺织品委员会观察员资格,并于1984年1月正式成为该委员会的成员。与此同时,1982年11月我国第一次派代表团以观察员身份列席了GATT第36届缔约国大会,此后我国每年都列席关贸总协定缔约国大会。1986年9月,GATT发起了第8轮多边贸易谈判即乌拉圭回合谈判,由于该轮谈判对观察员开放,因此在8年时间的谈判中,我国全面参与了整个谈判过程,并对乌拉圭回合谈判最终达成各项协议作出了较大的贡献,这个过程

也是与我国复关谈判并行的。

在上述背景下,又加之我国于1980年恢复了在国际货币基金组织(简称IMF)和世界银行(简称WB)中的合法席位,为了全面参与国际经济事务,1982年12月国务院批准了我国申请“复关”的报告,并在1986年7月我国政府正式向GATT提出恢复我国GATT缔约方地位的申请。1987年3月GATT我国组成立,至此我国开始了“复关”谈判的漫长征途。

二、我国的入世历程

我国加入WTO的历程可以分为两个时期四个阶段。两个时期的划分是以GATT和WTO的转换为依据的,第一个时期是从1986年到1995年5月,可称为“复关”谈判期;第二个时期从1995年11月到2001年12月11日我国正式成为WTO成员,称为我国的“入世”谈判期。我们再根据我国“复关”和“入世”的进程,可将我国的WTO之路细分为四个阶段:

第一阶段,从1986年我国提出复关申请到1992年GATT我国工作组第11次会议决定结束对我国贸易制度的审议。

1986年7月我国政府代表在日内瓦照会GATT总干事,递交了复关申请,并交GATT缔约方大会审议。缔约方大会通过审议,要求我国向各缔约方提供我国经济贸易制度的资料。1987年2月我国政府递交了《我国外贸制度备忘录》,经过GATT各缔约方的磋商,在同年6月GATT成立了“恢复我国缔约方地位工作组”,于是我国正式开始了复关谈判。但是,由于1989年的“六,四”风波,以美国为首的西方发达国家开始对我国实施经济制裁,1992年10月召开的GATT我国工作组第11次会议中决定结束对我国贸易制度的审议,至此第一阶段谈判宣告结束,复关谈判进入第二阶段。

第二阶段,从1992年到1995年,复关谈判进入市场准入谈判阶段,但由于GATT各主要缔约方在与我国进行的复关谈判中,要价过高,从而未能在GATT完成历史使命前结束复关谈判。

第三阶段,从1995年11月由“复关”转为“入世”到2001年9月我国与所有的WTO成员达成双边协议。1995年6月我国成为WTO观察员,我国政府于7月向WTO递交了“入世”申请,并要求将我国复关谈判工作组更名为我国入世工作组,同年11月WTO“我国入世工作组”成立,我国的“复关”谈判转为“入世”谈判。中美入世谈判在1999年11月15日以中美两国签署《中美入世双边协议》而告终。中美入世双边协议的达成,使我国的入世进程驶入快车道,到2001年9月14日我国与墨西哥签署了入世双边协议,我国完成了与WTO所有成员的双边谈判,我国入世只剩下时间问题。

第四阶段,从2001年11月WTO第四次部长级会议即多哈会议开始到我国正式成为WTO成员。

我国入世谈判完成与各成员的双边谈判后,紧接着的就是需要WTO部长级会议批准我国的入世申请。2001年11月10日在卡塔尔首都多哈举行的WTO第四次部长级会议中,WTO我国工作组将我国入世协议(包括入世议定书、市场准入协议、工作组报告三部分)递交部长级会议,142个成员通过投票表决以超过三分之二的多数接受了我国的入世申请,11月11日我国政府批准了我国入世协议。因为WTO规定,必须在得到申请国政府批准三十天后,该国才能成为WTO正式成员。因此,自2001年12月11日起我国才成为WTO的第143个正式成员,台湾随后也以"我国台湾澎金马特别关税区"的名义加入WTO。

第二节　我国加入世界贸易组织的基本承诺

在加入WTO旷日持久的谈判过程中,我国作出了众多承诺。这种承诺涉及内容广泛,且以法律文件形式所确定了下来。这些文件,已经WTO秘书处及我国外经贸部所公布。我国入世法律文件包括三份主件,9份附件。三份主件分别为:《中华人民共和国加入议定书》(以下简称《我国入世议定书》)《关于中华人民共和国加入的决定》《我国加入工作组报告书》。9份附件都是《我国入世议定书》的附件,主要记录了我国减让关税、逐步取消非关税壁垒、开放服务市场等承诺。一般我们所说的我国入世承诺,根据主要在我国入世法律文件中。我国入世所作的承诺,主要涉及修改相关经济政策和国内法律法规使之与WTO协定协议一致、减让关税、逐步取消非关税措施、取消被禁止的出口补贴、扩大对知识产权的保护范围、向其他WTO成员开放市场等问题。

一、修改相关经济政策和国内法律法规使之与WTO协定协议一致承诺

WTO以市场经济为基础,自由竞争为其基本原则,这是WTO最基本的制度规则。我国加入WTO,意味着我国接受这个制度规则。为此,我国必须改革其经济制度,修改相关经济政策和国内法律与法规使之与WTO制度规则一致。我国在这方面作了很多承诺,其中主要的承诺如下。

1. 遵守无歧视待遇(包括国民待遇)原则的承诺。"不迟于加入时,我国将废止和停止其实施效果与WTO国民待遇规则不一致的所有现行法律、法规及其他措施","我国将对包括外商投资企业在内的我国企业、在我国的外国企业和个人给予相同的待遇","除《我国入世议定书》另有规定外,在下列方面给予外国个人、企业和外商投资企业的待遇不低于给予其他个人和企业的待遇:第一,生产所需投入物、货物和服务的采购,及其货物据以在国内市场或供出口而生产、营销或销售的条件;及第二,国家和地方各级主管机关以及公有或国有企业在包括运输、能源、基础电信、其他生产设施和要素等领域所供应的货物和服务的价格和可用性","在与我国在《建立世界贸易组织协定》和议定书项下的权利和义务相一致的情况下,我国将对所有WTO成员给予非歧视待遇,包括属单独关税区的WTO成员"。

2. 遵守“透明度原则”的承诺。“我国承诺只执行已公布的、且其他 WTO 成员、个人和企业可容易获得的有关或影响货物贸易、服务贸易、TRIPS 或外汇管制的法律、法规及其他措施。

3. 全面修改投资指导目录,使之符合《建立世界贸易组织协定》。

4. 加速修订现有的自愿性国家、地方和行业标准,使之与国际标准相协调;进一步提高使用国际标准作为技术法规基础的比例,在 5 年内将这一比例由 40% 增加到 50%。

5. 保证对进口产品和国产品适用相同的技术法规、标准和合格评定程序。

6. 取消和停止通过法律、法规或其他实施的贸易和外汇平衡要求、当地含量要求、出口实绩要求、补偿和技术转让要求。

7. 政府采购以透明的方式进行,并实施最惠国待遇原则。

8. 在遵守《我国入世协定书》第 9 条第 2 款的前提下,允许每一部门交易的货物和服务的价格由市场力量决定,取消对此类货物和服务的多重定价做法。

9. 在进行边境税的调整方面,自加入时起给予外国个人、企业和外商投资企业不低于其他个人和企业的待遇。

10. 入世后的第 1 年(2001 年 12 月 11 日至 2002 年 12 月 10 日),外资占少数股权的合资企业将全部获得进出口权,在加入 WTO 后 2 年内(2002 年 12 月 11 日以前)进一步扩展至外资占多数股权的合资企业。入世后 3 年内(2004 年 12 月 11 日以前),所有我国境内企业都将获得贸易权。此种贸易权应为进口或出口货物的权利。我国将在入世后 3 年内(2004 年 12 月 11 日以前)取消贸易权的审批制。除《我国入世议定书》另有规定外,对于所有外国个人和企业,包括未在我国投资和注册的外国个人和企业,在贸易权方面给予其不低于给予在我国的企业的待遇。

二、减让关税承诺

《1994 年关税与贸易总协定》第 28 条附加第 1 款规定:各成员方“在互惠互利基础上进行谈判,以大幅度降低关税和进出口其他费用的一般水平,特别是降低那些使少量进口都受阻碍的高关税”,目前发达成员方的加权平均进口税已从 45 年前的 40% 下降到 3.8% 左右,发展中成员方也下降到 10% 左右。而我国由于种种原因,目前平均税率仍高于发展中国家的平均水平。所以,我国“入世”的首要义务就是要逐步将我国关税加权平均水平降到关贸总协定要求的发展中国家水平,并将最高关税一般地约束在 15% 以下,这将使我国许多产业更直接地面临国外产品的竞争,同时国家财政收入有可能会相应减少,但最终可使广大国内消费者受益。

我国在入世法律文件中,就关税减让的税目、幅度和时间作了非常具体的承诺。其中非常重要的是以下三点。

1. 我国关税总水平减让的幅度与时间。详情见下表。

表 12-1　我国降低关税壁垒时间表

年份	关税总水平	工业品平均关税税率	农产品平均关税税率
2002	12.7%	11.7%	18.5%
2003	11.5%	10.5%	17.4%
2004	10.6%	9.8%	15.8%
2005	10.1%	9.3%	15.5%
2006	10.1%	9.3%	15.5%
2007	10.1%	9.3%	15.5%
2008	10%	9.2%	15.1%

2. 自加入时(2001 年 12 月 11 日),我国将加入《信息技术协议》(ITA),并将取消我国关税减让表中所列所有信息技术产品的关税。此外,自加入时起,我国将取消 ITA 产品的所有其他税费。信息技术产品关税最迟将于 2005 年全部被取消。

3. 我国同意根据《1994 年关税与贸易总协定》第 2 条的规定,在我国减让和承诺表中将其他税费约束为零。

三、逐步取消非关税措施承诺

《1994 年关税与贸易总协定》第 11 条第 1 款规定:“不得设立或维持配额、进出口许可证或其他措施,以限制或禁止其他缔约方的产品的输入,或向其他缔约方输出或销售出口产品。”从而为实现自由贸易创造条件。我国本来是实行贸易管制的国家,当然除关税外,也存在种种非关税措施,因此在复关和“入世”谈判中主要议题之一就是要求我国削减如进口许可证、配额以及外汇管制、技术检验标准等非关税措施,作为“入世”费。这些非关税措施和关税一起被纳入市场准入的谈判,在市场准入的谈判中达成的任何协议都将按 WTO 的最惠国待遇原则,同等给予一切成员方。

我国在这方面的承诺也很多,其中非常重要的承诺是如下。

1.《我国入世议定书》附件 3 所列的非关税措施有:进口许可证、进口招标与进口配额。我国自加入 WTO 时(2001 年 12 月 11 日)起,将逐步取消这些非关税措施,至 2005 年,这些非关税措施将全部取消。

2. 我国承诺,在实施《1994 年关税与贸易总协定》第 3 条、第 11 条和《农业协定》的规定时,取消且不采取、不重新采取或实施不能根据《WTO 协定》的规定证明为合理的非关税措施。

3. 自加入时起,我国将保证在透明、可预测、统一、公平和非歧视的基础上管理关税配额,使用能够提供进口机会的明确规定的时限、管理程序和要求;反映消费者喜好和最终用户要求;且不抑制每一种关税配额的足额使用。我国将完全依照 WTO 规则和原则及我国货物减让和承诺表中所列规定实施关税配额。

四、取消被禁止的出口补贴

《1994 年关税与贸易总协定》第 16 条第 2 节第 2,3 款规定:一成员方对某一出口产品给予补贴,可能对其他的进口和出口成员方造成有害的影响,对他们的正常贸易造成不适当的干扰,并阻碍本协定目标的实现。因此,乌拉圭回合谈判达成了《补贴与反补贴措施协议》,以此约束 WTO 成员,加强补贴纪律,确立规范反补贴制度。该协议第 3 条定义了 WTO 禁止的补贴。

我国承诺:取消属《补贴与反补贴措施协议》第 3 条范围内的所有补贴。不对农产品维持或采取任何出口补贴。

表 12-2　我国取消非关税措施时间表

时间	措施种类	商品种类(比重)	代表性商品描述
加入时	进口配额及进口许可证	109 (28.9%)	部分食糖、烟草、化肥、汽车轮胎、纺织品原料等
	取消特定进口招标措施	54 (14.4%)	部分冷冻机、空调及其压缩机,起重机、纺织机械、洗衣机、录音设备、无线接收器、光缆、牵引车、冷藏船、光学仪器、医疗设备
	单一许可证	47(100%)	23 种粮油制品,9 种酒精饮料制品,15 种感光材料
2002 年	进口配额及进口许可证	58 (15.4%)	部分化肥、汽车轮胎、空调、录音录像设备、无线接收机、监视器、运输车
	取消特定进口招标措施	22 (5.8%)	部分载客电梯、压路机、造纸机械、机床、无线通信设备
2003 年	进口配额及进口许可证	16 (4.2%)	部分手表、照相机、发动机
2004 年	进口配额及进口许可证	39 (10.3%)	部分成品油、天然橡胶、汽车轮胎、客车、运输车、起重车、摩托车、汽车零部件
	取消特定进口招标措施	44 (11.7%)	部分机床、胶印机部件、油船、货船及其他船舶
2005 年	进口配额及进口许可证	35 (9.3%)	绝大部分机动车

五、开放服务贸易市场承诺

乌拉圭回合谈成的《服务贸易总协定》(GATS),要求成员方对服务贸易执行与货物贸易同样的无歧视和无条件的最惠国待遇、国民待遇、透明度和逐步地降低贸易壁垒,开放银行、保险、运输、建筑、旅游、通信、法律、会计、咨询、商业批发、零售等行业。WTO统计的服务行业多达150多种,都将属于开放范围。

我国在入世法律文件中,承诺逐步开放服务贸易市场,开放包括保险、银行、证券、旅游、会计、律师、建筑、交通、运输、商业、电信等服务业。下面将按行业介绍我国在这方面所作的具体承诺。应当提醒大家的是,我国所承诺的所有的市场开放都是有条件的,所有的开放都是逐步的,所有的开放都必须是我国政府批准的。

以开放银行金融服务业的承诺为例,对开放以下方面限制的承诺如下。

1. 地域限制方面

(1)对于外汇业务,自加入WTO时(2001年12月11日)起,无地域限制;

(2)对于本币业务,地域限制将按下列时间表逐步取消:入世时,人民币业务将限于上海、深圳、大连、天津;入世后1年内(2002年12月11日以前)推广至广州、珠海、青岛、南京和武汉;入世后2年内(2003年12月11日以前)推广至济南、福州、成都和重庆;入世后3年内(2004年12月11日以前)推广至昆明、北京和厦门;入世后4年内(2005年12月11日以前)推广至汕头、宁波、沈阳和西安。入世后5年内(2006年12月11日以前)取消所有地域限制。

2. 客户限制方面

(1)对于外汇业务:允许外国金融机构自加入WTO时(2001年12月11日)起在我国提供服务,无客户限制。

(2)对于本币业务:入世后2年内(2003年12月11日以前),允许外国金融机构向我国企业提供服务。入世后5年内(2006年12月11日以前),允许外国金融机构向所有我国客户提供服务,获得在我国一地区从事本币业务营业许可的外国金融机构可向位于已开放此类业务的任何其他地区的客户提供服务。

3. 营业许可限制方面

(1)我国金融服务部门进行经营的批准标准仅为审慎性的(即不含经济需求测试或营业许可的数量限制)。加入后5年内(2006年12月11日以前),取消现在的限制所有权、经营及外国金融机构法律形式的任何非审慎性措施,包括关于内部分支机构和营业许可的措施。

(2)满足下列条件的外国金融机构允许在我国设立外国独资银行或外国独资财务公司、中外合资银行或中外合资财务公司:提出申请前一年年末总资产超过100亿美元。

(3)满足下列条件的外国金融机构允许在我国设立外国银行的分行:提出申请前一年

年末总资产超过200亿美元。

(4)从事本币业务的外国金融机构的资格如下:在我国营业3年,且在申请前连续2年盈利。对于其他没有限制。

4. 金融租赁服务限制方面

(1)允许外资金融租赁公司与我国公司在相同的时间提供金融租赁服务。

(2)允许设立外资非银行金融机构提供汽车消费信贷业务,享受中资同类金融机构的同等待遇;外资银行可在加入后5年内向我国居民个人提供汽车信贷业务。

我国人民银行根据我国入世协议,于2001年11月11日公布了银行业开放时间表。我国将逐步取消对外资银行的限制。正式加入(2001年12月11日)时,取消外资银行办理外汇业务的地域和客户限制,外资银行可以对中资企业和我国居民开办外汇业务。

这份时间表的内容包括以下两点。

第一,逐步取消外资银行经营人民币业务的地域限制。加入时,开放深圳、上海、大连、天津;加入后1年内,开放广州、青岛、南京、武汉;加入后2年内,开放济南、福州、成都、重庆;加入后3年内,开放昆明、珠海、北京、厦门;加入后4年内,开放汕头、宁波、沈阳、西安;加入后5年内,取消所有地域限制。逐步取消人民币业务客户对象限制。加入后2年内,允许外资银行对我国企业办理人民币业务;加入后5年内,允许外资银行对所有我国客户提供服务。

表12-3 取消外资银行经营人民币业务地域限制时间表

时间	开放地域
加入时	深圳、上海、大连、天津
加入后1年内	广州、青岛、南京、武汉
加入后2年内	济南、福州、成都、重庆
加入后3年内	昆明、珠海、北京、厦门
加入后4年内	汕头、宁波、沈阳、西安
加入后5年内	取消所有地域限制

第二,允许外资银行设立同城营业网点,审批条件与中资银行相同。加入后5年内,取消所有现存的对外资银行所有权、经营和设立形式,包括对分支机构和许可证发放进行限制的非审慎性措施。允许设立外资非银行金融机构提供汽车消费信贷业务,享受中资同类金融机构的同等待遇;外资银行可在加入后5年内向我国居民个人提供汽车信贷业务。允许外资金融租赁公司与我国公司在相同的时间提供金融租赁服务。

汽车行业可能是我国入世后受冲击最大的行业之一。加入 WTO 以后，我国对汽车产品和汽车业所作的具体承诺如下。

(1)到 2006 年 7 月，轿车的关税将降到 25%；从 2002 年开始，每年有一个递减水平，直到 2006 年 1 月 1 日减为 28%，同年 7 月 1 日减为 25%。

(2)汽车进口配额许可证到 2005 年取消；对汽车服务贸易领域(主要指汽车分销，即批发和零售等)作了如下规定：汽车连锁店从 2002 年放开，允许合资，如果连锁店数量超过 30 家，外方不能控股，这一限制到 2006 年取消；允许国外非金融机构进入，从事汽车贷款业务；逐步放宽省级政府轿车项目审批权；取消发动机合资企业外方控股不能超过 50% 的限制。

(3)在汽车工业产业政策方面，关于企业生产的产品达到一定国产化率，政府可给予优惠的政策要取消；在汽车工业投资政策方面，对汽车生产者生产类别、类型和车型的限制政策要在 2003 年取消，以保证生产者有权选择自己所要生产的产品种类。但我国有权区分载货车、轻型商用车和轿车等种类，即被批准生产轿车的项目，不能生产大客车。省级政府审批权现在为 3 000 万美元以下的投资项目，2002 年可审批 6 000 万美元以下的，2003 年可审批 9 000 万美元以下的，2005 年可审批 1.5 亿美元以下的。

(4)各类客车最终税率与轿车基本相同，降税方式将从 2002 年 1 月 1 日起逐年递减，至 2005 年 1 月 1 日降至 25%。客车目前平均关税为 60% 至 45% 左右。载货车、专用车的降税方式与客车相同，至 2005 年 1 月 1 日的最终关税分别为：载货车大部分在 20% 至 25% 之间，各类专用车大部分在 9% 至 12% 之间。载货车目前平均关税为 50% 至 40% 左右。摩托车整车关税均从 2001 年 1 月 1 日的 50% 至 60%，降至 2004 年的 30% 至 45%，摩托车零部件依然维持 30% 的关税。2002 年摩托车整车关税为 48% 至 50% 左右。另外，汽车零部件的最终关税比整车最终关税低。到 2006 年 7 月 1 日，汽车零部件的平均关税将从目前的 25% 左右降至 10%。

第三节 加入世界贸易组织对我国经济发展的意义

我国经济最近二十多年的发展历程表明，其发展动力主要有两个：其一是体制改革，其二是对外开放。加入 WTO 将进一步扩大我国的开放和促进改革的深化，使我国经济发展进入以开放促进改革的阶段，从而更好参与世界经济全球化进程，促进我国经济的发展。加入 WTO 对于未来我国经济发展的影响将是极其广泛而深远的。

一、改善我国的对外贸易环境，使我国的国际贸易在一个多边、稳定、无条件最惠国待遇原则下进行，并进一步吸引外资

二战后世界经济一体化、全球化势不可挡，其中一个重要表现是世界贸易迅速增长，尤

其是在20世纪80年代后，世界贸易的增长要快于世界经济的增长，20世纪90年代世界贸易年增长速度超过10%。而世界贸易总额的90%以上是在WTO成员之间进行的，因此作为三大全球性国际经济组织之一的WTO被称为“经济联合国”。与此同时，我国的对外贸易快速发展，到现在已位居全球十大贸易国之列，对外贸易依存度（即进出口总额占GDP的比重）已超过20%。另外，我国的对外贸易中有90%以上是与WTO成员进行的，因此加入WTO将使我国经济进一步融入国际经济，参与经济全球化进程，更好地利用世界资源和市场。

首先，加入WTO后，我国可以获得多边无条件最惠国待遇，以发展中国家身份获得只有发展中国家才享有的优惠待遇，这将为我国营造一个有利的对外贸易环境。20世纪80年代初，一些关贸总协定的主要成员国将我国视为“非市场经济国家”，并对我国的进出口贸易实施不公正待遇，我国的一些出口产品常常被进口国征收高于其他国家的反倾销税和更严格的配额限制，如美欧等发达国家，虽然已于1995年开始实施逐步取消纺织品进口配额的协议，但对我国一直在增加纺织品配额限制，并要求我国继续签订纺织品配额协议，减少我国纺织品的出口。另外，由于我国不是WTO成员，因此就无法享受到GATT/WTO机制下几十年谈判取得的市场开放成果，因而也不能利用GATT/WTO机制有效地解决与贸易伙伴国的贸易争端，以致在双边谈判中处于不利地位。我国加入WTO后，同WTO各成员国的经贸关系将在WTO多边机制下进行，同时还将享有WTO给予发展中国家缔约方的种种优惠，从而会减少直至消除对我国的歧视性贸易限制措施，使我国同各国的经贸往来在真正平等互利的基础上进行，而减少非经济因素的影响，也可以提高在双边谈判中的地位。

其次，我国加入WTO，使我国能够参与世界贸易规则的制定与修改，从而可以在运作规则上发挥影响力，而不是被动地予以执行。入世后我国还可以充分利用WTO有关国际贸易争端解决机制，提升我国在与其他缔约方协调和处理贸易争端时的谈判地位，并有利于经济贸易问题的非政治化，获得一个解决贸易纠纷除双边渠道之外的多边途径或手段。比如，在我国未加入WTO之前，一些发达国家如美国、欧盟和一些发展中国家如印度、巴西等常滥用反倾销手段来限制我国的出口，我国对他们提出的反倾销指控，只能通过双边途径到出口国去应诉，因此我国应诉案例中的大多数也往往是以败诉告终。而我国一旦入世，就可以在双边谈判未取得协调一致的情况下，提交WTO仲裁，获得解决问题的多边渠道和取得较为公正的判定。

最后，加入WTO后，我国将按照通行的国际规则办事，遵守WTO有关贸易投资的各项规则。例如，对外商投资企业的产品外销比例将不再适用，外汇平衡制约将不复存在，贸易政策和管理的透明度将增加，贸易与投资政策将统一实施，给外资企业实行国民待遇将得到保证。因此随着我国“入世”，国内投资环境将趋于统一和得到普遍改善，加之国内潜在市场的巨大吸引力，将会有助于消除国外投资者对我国政策不稳定性和缺少透明度的疑虑，减少贸易和投资方面的纠纷，增强我国对国外投资者的吸引力。据预测，到2005年进入我国的外资将达到 1 000 亿美元以上，而整个 20 世纪 90 年代我国吸收的外资总额也没超过 2 500 亿美元。

二、加入 WTO 后将促进我国经济体制改革的深化，在国内形成一个平等竞争的体制环境

经过 20 多年的改革开放，改革开放已进入攻坚阶段。加入 WTO，从改革开放的逻辑上讲，可以借助外资和外在动力，促进改革进一步发展，突破改革进程中的瓶颈问题。建立社会主义市场经济体制是我国经济体制改革的目标，而 WTO 的基本原则是以市场经济为基础，以自由竞争为原则，价格由市场供求关系决定，因此两者是统一的。所以，我国入世后要适应 WTO 体制，就需要加速经济体制改革，建立市场价格机制，最大限度地减少政府对企业的不当干预，努力培育和发展全国统一的市场体系，使我国市场与世界市场接轨。从这个意义上说，加入 WTO 是我国经济体制改革的“催化剂”。另外，加入 WTO 后，要求我国各项政策增加透明度和统一实施，因而会改变现有的一些政府干预经济暗箱操作的局面，打破国内地方保护主义和部门垄断，促进借鉴各成员国建立现代企业制度的经验，加速完善我国的社会主义市场经济体制及其法制建设，为国内的企业创造公平竞争的国内环境。

三、有利于我国产业结构调整和企业竞争力的加强

加入 WTO 后，将使我国经济与世界经济联系更紧密，并使国内产业进入国际分工体系，从而将根据比较优势重新配置资源，促进我国产业结构的调整和升级。入世将有利于发挥我国劳动力充裕的优势，促进劳动密集型产业如纺织品、服装、鞋帽等行业的快速发展。除此之外，由于入世后进口关税的降低，进口原料的价格也将降低，有利于加工型行业成本的降低，从而进一步增强竞争力。因此入世对我国部分化工产品及部分钢铁产品，对已具有规模和技术成熟的彩电、电风扇、自行车、玩具、制笔业、文教用品和部分机电产品也是有利的，这些产品的出口将会进一步增加。此外，一方面加入 WTO 后跨国公司的进入将会使我国企业能更好地利用国外的资金、技术和管理经验，加快现代化企业制度的建立，提高企业的管理水平和竞争力。另一方面入世后将有更多的跨国公司进入我国市场，这将强化市场竞争机制，激发国内企业的竞争意识，使企业注重研究开发和对品牌的培育，加大技术投入，提高员工素质和企业管理水平，竞争的压力会促使国内企业尤其是国有企业加快经济结构和产品结构的调整，加快企业投资和管理体制的调整以增强风险控制意识，加速国企的改制、重组、联合兼并进程。比如农业，加入 WTO 后我国可以适量进口土地密集型农产品，出口劳动密集型农产品，农业劳动力将从种植业向劳动密集型制造业转移，从而实现资源的合理配置。再以汽车业为例，加入 WTO，国内企业将有更多机会与国外厂商合资，且国内厂商由于受到竞争的压力增强会促使他们之间加强联合，从而有利于实现企业的规模经济和有效生产，提高自身竞争力。因此，从这个意义上看，加入 WTO 对我国企业来说

是一种“鲶鱼效应”。

四、有利于提高人民生活水平和增加就业水平

首先,我国加入 WTO 后,国内的货物市场和服务市场开放的广度和深度都将增加,大量的国外商品和服务将进入我国市场,因此消费者在购买商品和服务时的选择余地将增加。另外,由于关税的下降和非关税壁垒的削减,这些进口产品和服务的价格也会下降,因此消费者可以买到更低廉的商品和服务。尤其是在服务业中,垄断将被打破,竞争将更趋激烈,其结果会使消费者买到质量更好、价格更廉的服务,在金融保险、电信、旅游等行业尤甚。从这个意义上来说,入世将提高我国人民的生活水平。

其次,加入 WTO 将增加我国的就业机会。入世对我国各行业的影响是不均衡的,其中对如汽车、机械、仪器等资本和技术密集型行业以及金融、保险等服务业的冲击较明显,这些行业在短期内可能就业人数会下降。但对于纺织服装业、制鞋业、玩具业等劳动密集型行业在入世后出口将会扩大,因此这些行业的就业机会将大大增加。另外,由于外国来华投资将会有较大幅度增加,从而也会增加就业机会。因此,从总体而言,我国入世后的就业人数将增加。在这里引用国务院发展研究中心的分析以此为说明:由于我国入世将使我国 GDP 额外增加 1 个百分点,从而使得每年增加 100 万个就业机会。

五、有利于实现祖国的统一

我国在加入 WTO 后,台湾随之以“我国台湾澎金马特别关税区”加入,这将使得两岸间的经贸往来在 WTO 机制下进行,有利于实现两岸经贸关系的自由化和非政治化以及促进大陆与台湾之间直接三通即通商、通航、通邮的实现。为此,两岸间经贸关系将会由于人为障碍得以消除,而使两岸间的直接贸易得以实现,两岸间的经济联系将进一步加强,这无疑将促进两岸在政治、文化、社会等方面加强交流,从而将有助于中华民族统一大业的实现。

当然,加入 WTO 对我国来说是一把“双刃剑”,是利弊共存的。我国加入 WTO,在改善我国经济外部环境的同时,也会使政府对我国经济的宏观调控难度增大,因为更开放的国内经济受世界经济波动的影响会更大;在促进经济体制改革的同时,也会带来一定程度的冲突和震荡,因为毕竟在政治体制、文化观念等方面我国与世界还有诸多的不同,在适应 WTO 规则的过程中必定会发生冲突和震荡;在促进我国产业结构调整和增加就业的同时,也会加大就业压力和收入分配不公的情况,因为入世对我国各行业的影响是不同的,如农业、资本密集型行业等势必会形成较大的就业压力,那么将会导致这些行业劳动者的收入减少。加入 WTO 之后,我国将降低关税税率及减少非关税壁垒,向外国资本、跨国公司开放更多的投资领域和市场。更多的外国商品和服务竞相涌入国门,这将导致我国市场的竞争加剧,使各行各业以及每个企业都会受到不同程度的冲击。因此,加入 WTO 对我国而言,机遇与挑战是共存的,问题在于如何趋利避害,如何将之运用自如。

思　考　题

1. 我国对于加入 WTO 后对于逐步取消非关税壁垒的承诺有哪些？
2. 我国加入 WTO 后承诺对银行业的开放具体体现在哪些方面？
3. 加入 WTO 对于我国经济发展有哪些意义？

参 考 文 献

[1] 陈同仇,张锡嘏. 国际贸易[M]. 北京:对外经济贸易大学出版社, 2005.
[2] 陈婷,吴宗金,李健. 国际贸易[M]. 北京:经济科学出版社, 2005.
[3] 范爱军. 国际贸易学[M]. 济南:山东人民出版社,1998.
[4] 冯正强,王国顺. 国际贸易——理论、政策与运作[M]. 武汉:武汉大学出版社,2005.
[5] 高成兴等. 国际贸易教程[M]. 北京:中国人民大学出版社,1995.
[6] 高永富. WTO 反倾销协议:规范与承诺[M]. 合肥:黄山书社. 2000.
[7] 贾金思. 新编国际贸易通论[M]. 北京:首都经济贸易大学出版社,1999.
[8] 姜春明,佟家栋. 世界经济概论[M]. 6 版. 天津:天津人民出版社,2009.
[9] 华民. 国际经济学[M]. 上海:复旦大学出版社 ,2010
[10] 黄汉民,钱学锋. 中国对外贸易[M]. 武汉: 武汉大学出版社,2010.
[11] 李红梅. 国际经济组织[M]. 北京:机械工业出版社. 2007.
[12] 刘海云. 跨国公司理论与实务[M]. 武汉:华中理工大学出版社,1996.
[13] 刘辉群,王荣艳. 中国对外贸易概论[M]. 厦门: 厦门大学出版社, 2010.
[14] 刘力,刘光溪. 世界贸易组织规则[M]. 北京:中共中央党校出版社,2000.
[15] 刘丽娟. 中国对外贸易概论[M]. 大连:东北财经大学出版社, 2011.
[16] 刘旭. 对外贸易发展战略与对策[M]. 北京:电子工业出版社 ,2011.
[17] 梁凯音. 当代世界经济与政治[M]. 北京:清华大学出版社,2010.
[18] 卢进勇,虞和军,朱晞. 国际服务贸易与跨国公司[M]. 北京:对外经济贸易大学出版社,2002.
[19] 石广生. 中国加入世界贸易组织知识读本(一):世界贸易组织基本知识[M]. 北京:人民出版社, 2001.
[20] 石广生. 中国加入世界贸易组织知识读本(二):乌拉圭回合多边贸易谈判结果:法律文本[M]. 北京:人民出版社, 2002.
[21] 孙丽云、王立群. 国际贸易[M]. 上海:上海财经大学出版社,1995.
[22] 佟家栋,刘程. 中国对外贸易导论[M]. 北京:高等教育出版社, 2011.
[23] 王新奎. 后金融危机中的中国贸易[M]. 上海:上海人民出版社,2011.
[24] 徐兆宏. 世界贸易组织机制运行论[M]. 上海:上海财经大学出版社,1999.
[25] 薛荣久. 世贸组织与中国大经贸发展[M]. 北京:对外经济贸易大学出版社,1997.
[26] 尹翔硕. 国际贸易教程[M]. 上海:复旦大学出版社,2001.
[27] 余洪滨. WTO 与中国对外贸易[M]. 北京:北京大学出版社 ,2006.

[28] 余永定. 中国“入世”研究报告[M]. 北京:社会科学文献出版社, 2000.
[29] 张二震. 国际贸易学[M]. 南京:南京大学出版社,1998
[30] 张鸿. 中国对外贸易战略的调整[M]. 上海:上海交通大学出版社, 2006.
[31] 周汉民. 中国走进 WTO[M]. 上海:文汇出版社,2001.
[32] 克鲁格曼,奥伯斯法尔德. 国际经济学[M]. 5 版. 海闻,译. 北京:中国人民大学出版社,2002.
[33] 罗布森 P. 国际一体化经济学[M]. 上海:上海译文出版社, 2001.
[34] 诺克斯 R. 世界经济中的均衡与发展[M]. 北京:商务印书馆,1961.